英语教学法教程
理论与实践

AN INTRODUCTION TO
ENGLISH TEACHING METHODOLOGY

何广铿 主编

暨南大學出版社
JINAN UNIVERSITY PRESS
中国·广州

图书在版编目（CIP）数据

英语教学法教程：理论与实践/何广铿主编．—广州：暨南大学出版社，2011.4（2023.1重印）
ISBN 978-7-81135-766-0

Ⅰ.①英…　Ⅱ.①何…　Ⅲ.①英语—教学法　Ⅳ.①H319.3

中国版本图书馆CIP数据核字(2011)第030684号

英语教学法教程：理论与实践

YINGYU JIAOXUEFA JIAOCHENG：LILUN YU SHIJIAN

主　编：何广铿

出 版 人： 张晋升
责任编辑： 张仲玲　梁月秋
责任校对： 武艳飞　胡艳晴
责任印制： 周一丹　郑玉婷

出版发行： 暨南大学出版社（511443）
电　　话： 总编室（8620）37332601
营销部（8620）37332680　37332681　37332682　37332683
传　　真：（8620）37332660（办公室）　37332684（营销部）
网　　址： http://www.jnupress.com
排　　版： 广州市天河星辰文化发展部照排中心
印　　刷： 湛江日报社印刷厂
开　　本： 787mm×960mm　1/16
印　　张： 19.25
字　　数： 317千
版　　次： 2011年4月第1版
印　　次： 2023年1月第13次
印　　数： 27001—28500册
定　　价： 48.00元

目 录

序

今年的春节格外冷，可是我心里却空前地暖，因为有一件令人欣慰的事情——何广铿老师的《英语教学法基础》写成了。

多年以来，我一直渴望着这样的一本书。虽然广东省历来有不少出色的英语教师（如钟仁正、刘桂灼、钟香举、陈永祯、方淑珍等各位先生），但是他们的心得体会均没有以书本形式留传下来。桂诗春先生的《应用语言学》是鸣锣开道之作，可是那是从语言理论家的角度看语言教学的，课堂活动讲得不多。

自改革开放以来，广东省的经济建设发展迅速，但是文化教育建设跟不上，英语人才的培养工作也跟不上。因此，为了加速并且高效地培养英语人才，我们就要改进英语教学法。但首先要有理论指导。

众所周知，关于英语教学法的书籍写作是很不容易的。第一，英语教学法范围广、历史长、变化多。第二，有的问题研究得比较透彻，有的却是冷门，没有多少人认真地研究过，如中国英语教学的历史。第三，参考资料主要来自外国，不易搜集得全，要想搜集全了，就得下一番苦功，好好地阅读和消化。

我高兴地看到，何老师是下了苦功的，下面这几点是明证：

首先，本书的内容是充实的。从英语教学法的历史、流派、理论基础，教师的教学技术，学生的学习策略，直到最后进行测试，作者都一一予以论述，如数家珍。

其次，本书的论点是新的。它清楚地指出，近 20 年来，英语教学的目标转向交际功能，英语教师的视线转向学生的需要和心理状态，英语教材的选择转向以实用性和原本性（authenticity）为准则。

本书材料丰富，但它不是简单地把材料堆积起来，而是有选择、有审议的。比如，关于学习的动机与成绩、学生的性格与学习效果之间的关系，学者们早已进行了不少研究，但是作者仍然认真考虑正反两方面的意见，提出自己的看法。

我觉得，作者注意下面这些问题，对初出茅庐的乃至经验丰富的教师都有很大帮助：对历史上各种有名的教学法，他作了详细而具体的介绍；对新编的 *Junior English for China*，他作了初步的评论；尤其重要的是，对于四项教学操作原则，他在第八章作了明白的阐述和合情合理的评价。

本书篇幅不多，材料充实，兴味也很浓。如果要打个通俗的比方的话，我看可与一罐八宝饭相比。在这里，我以先读为快者的资格，向我们的大学本科生、研究生、中学教师、大学教授以及对英语教学的各种问题（如语言学的、心理学的、社会学的、教育学的问题等）进行探讨的人们推荐这本书。依我看，这罐何记英语教学法八宝饭将会受到欢迎，因为只要揭开罐盖，就可以得到一份可观的精神食粮了。

王宗炎

1996 年 3 月 3 日于中山大学回春楼

新版前言

《英语教学法基础》自2001年修订（第二版）以来已印达18次，印数接近6万册。不少高校在英语教师教育的职前培训中将其作为教材，不少中学英语教师也将其作为学习外语教学理论和技巧、促进自身专业发展的读本。虽如此，十年已过，外语教学领域的变化日新月异，外语教学研究的成果不断涌现。外语教学应与时俱进，相应的教材、读本、资料也应不断更新。否则，提供的材料将跟不上时代的步伐，不能满足外语教师的需求，不能反映外语教学研究最新的成果，也不能展示我国外语教学改革的面貌。这就是我们要更新、扩展、再版《英语教学法基础》的原因。

本书是在《英语教学法基础》第二版的基础上修订的。作为新的版本它传承了第一版的编写思路，但也具有区别于第一版的特点，具体体现在内容的描述、章节的增减和书名的选取等方面。

本书名为《英语教学法教程：理论与实践》，它保持了《英语教学法基础》的基本框架和主要内容，传承了第一版的第1章导言篇、第2章简史篇、第3章流派篇、第4章理论篇、第5章学习篇和第7章测试篇，但每章都注入了新鲜的血液，补充和更新了原篇章的内容。本书所包含的关于形成性评价和终结性评价的第14章不是《英语教学法基础》中第7章的重复，而是原“测试篇”的传承、更新和发展。除此以外，本身删除了第一版的第6章研究篇，扩展了第一版第8章操作篇。删除第6章主要是考虑到近年来外语教育界已出版了适合本科生和在职中、小学英语教师使用的英语教学研究方法书籍，如何广铿、黄冰、勒妍（2009）；扩展的内容则为语言知识和语言技能的教学提供更多的教学策略、技能和方法。《英语教学法基础》的第 8 章操作篇扩展为本书的 8 个篇章，即第 6 章英语语音教学、第 7 章英语语法教学、第 8 章英语词汇教学、第 9 章英语听力教学、第 10 章英语口语教学、第 11 章英语阅读教学、第 12 章英语写作教学和第 13 章文化教学。综上，本书共由 14 章组成。

本书是华南师范大学“十一五校级规划教材”项目的研究成果，由何广铿老师主持。参与项目的有华南师范大学外国语言文化学院的田九胜老师（撰写第 6、7 章），许丽玲老师（撰写第 9、11 章），刘晓斌老师（撰写第 13 章），广东第二师范学院的傅瑞屏老师（撰写第 10、12 章）和华南师范大学增城学院的胡光忠老师（撰写第 2 章）。项目主持人何广铿负责全书的框架制定和第 1、3、4、5、7、8、14 章的撰写。在项目研究和教材编写及出版过程中，华南师范大学为我们提供了资助，华南师范大学外国语言文化学院资料室的何川、洪嫘、骆贵添等老师为我们提供了不少新的资料，暨南大学出版社教育分社张仲玲社长为内容及书名提出了不少宝贵的、有参考价值的意见。在此，我们向支持、帮助我们完成课题的单位和个人表示衷心的感谢。

本书可作为师范教育英语专业本科生相关专业知识课程的教材，也可作为中、小学英语教师的继续进修读本。

由于笔者水平有限，书中不妥之处在所难免，敬请读者提出宝贵的批评意见。

何广铿
2011 年 1 月于华南师范大学外国语言文化学院

第1章

导　言

这是一本研究英语教学法的书。按照传统的观点，英语教学法是对英语教授方法的研究。在过去很长的一段时间里，人们都把英语教学法看成是教授英语的方法的同义词。很多年来，人们都有这样一个观念：教学效果的好坏取决于教学方法的优劣和教材的好坏。因此，人们一直在努力地寻找能适用于一切环境、奏效于各种不同类型学生的理想教学方法，并希望编写出能达到这个目的的理想教材（Brown，2002：157～158；Littlewood，2008：1）。应该说，人们的努力是取得了一定的效果的。语法—翻译法、直接法、听说法、情景法等一系列教学方法创立起来。在不同的历史时期，一种教学方法又为另一种教学方法所取代（Richards & Rodgers，2001；Littlewood，2008）。尽管如此，教学效果还未达到人们原来的要求。人们发现，同一个教师在使用同一种教材、应用同一种教学方法去教授同一个班级的学生时都会出现不同的教学效果。有些学生学习成绩较好，有些学生的成绩却不尽如人意（田贵森，2002：F24）。人们慢慢地意识到，他们在注意到教学方法改进、注意到教材编写的同时，忽视了教学中一个重要的方面——学生。在教学中，只有教师的积极性，只有优秀的教授方法和高质量的教材，而没有学生的学习热情、努力和积极性，要取得教学上的成功也是很困难的。教学法本来就应包括教和学两个方面，因此，20世纪70年代中期后，英语教学法研究的注意力发生了转移，人们开始重视对学习过程和学习者的研究，研究学习过程的现象和规律，研究学习者各个方面的差异对教学效果的影响，研究不同的学习者使用的学习方法或策略。人们不但注意到对教的过程的研究，而且更重视对学的过程的理解。不少学者还认为，只有更好地理解和认识学习者是如何学习英语的，我们才能决定应如何进行教学；只有重视对教和学两方面的研究，才能把英语教学法的研究建立在更可靠的基础上，朝着正确的方向前进。

随着应用语言学的深入发展，人们意识到外语教学"没有一成不变、普遍适用的教学模式"，教师必须"因地制宜、因时制宜，制订不同的方案"，这是因为"外语教学是一个由诸多因素组成的过程，这些因素互相影响，互为补充"（桂诗春，2000）。桂诗春对此过程的描述如下图所示：

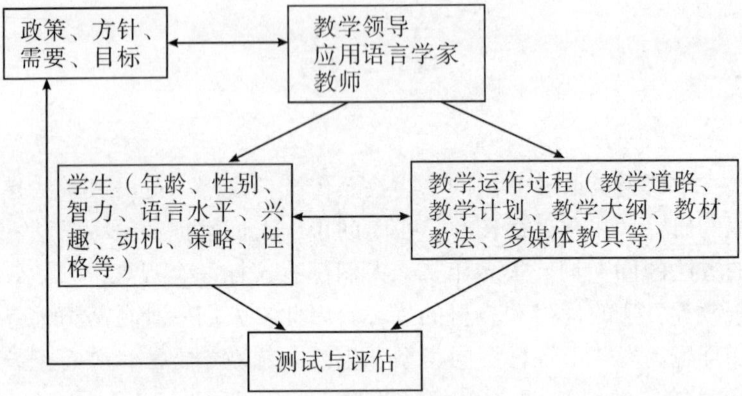

教学过程诸因素

从图中可以看出外语教学不仅涉及教师和学生，还涉及外语教育政策及其贯彻，涉及教学运作过程及教学评价。

基于上述的认识，英语教学法研究的对象不应仅是指教的方面，即仅探讨教的过程、教的特点、教的规律、教的方法、教的内容，还应涉及学的过程、学的特点、学的规律、学的方法等各个方面的内容。英语教学法研究不但应涵盖外语教育政策、教学大纲、教材编写等，还应探讨教学评价的标准、要求及实施。我们认为"教"的研究、有关"教"的探讨是应以对学习的研究为基础的。因此研究"教"本身也应包括研究"学"。英语教学法可译为english teaching methodology，我们使用布朗（Brown，2002：159）对methodology的定义，它的含义为：The study of pedagogical practices in general (including theoretical underpinnings and related research). Whatever considerations are involved in "how to teach" are methodological. 本书书名《英语教学法教程：理论与实践》就是*An Introduction to English Teaching Methodology*。

本书只是一本入门的书籍，对很多英语教与学的问题还未能详细深入地进行探讨。但是如果学习者掌握了这个基础，就可以对英语教学的某些问题进行进一步的学习、探讨和研究，为了更好地理解英语教学的内涵，在这里我们对它作简单的描述，在以下的各章里，我们对它的内容将会作较为详细的论述。

1.1 什么是英语教学法

英语教学法是一门独立的学科，它有自己的研究对象和内容，有自己的研究目的和方法，有自己的理论和区别于其他学科的特点。

英语教学法的研究对象是英语教学，具体来说，就是人们是怎样学习英语的，人们又应该如何去教英语。英语教学法研究的是英语教与学的问题，因此，它涉及以下内容：语言是什么，学习英语是一个怎样的过程，学习英语有什么样的规律，教授英语应遵循什么样的原则，教学过程是怎样的、有什么特点，教授英语可使用什么样的方法和技巧，英语教学与语言环境有何关系，教与学存在着什么样的关系，等等。

英语教学法研究英语的教与学，目的在于探讨英语教学的内部规律，从而为更好、更快、更有效地教授和学习英语提出有关的理论和方法。

英语教学法是个实验性强的学科，它的研究遵循着科学的实证研究的方法。研究可以通过实验进行。人们可以通过观察，归纳或总结有关语言教学的现象，提出假设，然后通过控制有关变量对假设进行检验，最后得出实验结论。研究还可以通过自然观察和有目的的调查来进行，对语言错误、某种教学策略或学习策略，可以通过观察和调查，把它记录下来，进行分析、归纳和总结，最后作出研究的结论。

作为一个独立的学科，英语教学法不但有自己的理论，还有区别于其他学科的特点，同时还与其他学科有着密切的联系。在不同的历史时期发展起来的教学法，如语法—翻译法、直接法、听说法、口语法和情景法等均可视为英语教学法的理论（Stern，1999：452 ~ 453；孙骊，1993：15）。与此同时，英语教学法也应用语言学、心理学、社会学和教育学等学科的理论以及与这些学科有关的其他学科的理论，如心理语言学、社会语言学等的论理来研究教与学的内容、教与学的过程、教与学的规律以及教与学的技巧和方法等问题。然而，尽管英语教学法与一些学科有着密切的联系，但是应用相关学科理论于英语教学的实践时，还需要应用语言学家或是外语教师的中介作用或努力。下图可说明由相关学科理论到教学实践的全过程：

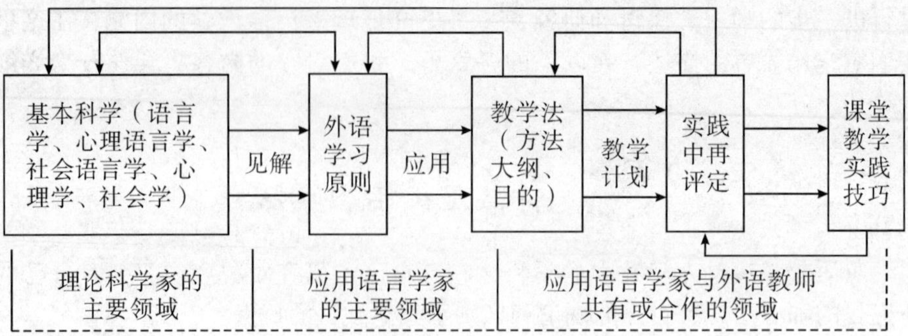

外语教学法和相关学科的关系图

（注：参照 Ingram 的模式改动而成，见 Stern，1999：38）

从上图我们可以看到，虽然英语教师进行的主要是英语教学工作，但他们要不断研究教学法，也要了解教学法和相关学科的理论问题。因此，对于英语教师来说，加强有关的理论学习，掌握英语（外语）教学法的理论是相当重要的。

1.2 语言和语言学习的环境

英语教学法研究的是英语的教与学，即语言的教与学，因此，明确什么是语言及语言的学习环境，对语言教师来说是必要的。我们知道，对语言本质的认识会直接影响到我们对英语教学原则的制定、教材内容的选择和教学方法的设计（Brown，2002：6）。

1.2.1 什么是语言

为了弄清楚语言的特征，了解什么是语言，语言学家、哲学家和心理学家做了大量的研究工作，他们从不同的角度对语言的本质和特点进行了描述。概括起来，语言有如下的一些特征（Brown，2002：5；桂诗春，1988）：

（1）语言是个系统，并且是个生成系统，它有着自身的结构。这种结构是多层面的，第一个层面是音位（phonemes），第二个层面是音节（syllables），第三个层面是语素（morphemes），第四个层面是词（words），第五个层面是句子（sentences）。语言这个系统储存在人们的大脑之中，并为规则所支配（rule-governed），这些规则既是复杂的，又是抽象的。人们可以凭着对语言规则的掌握形成无限的句子，并可以凭借这些规则判断某些句子是否正确（well-formed）。

（2）语言是一套具有任意性（arbitrariness）的符号，这些符号是声音符号，但也可能是视觉符号。语言符号所表示的意义是约定俗成的，语言符号和它们所指的事物没有内在的必然联系，这叫做语言的任意性。例如，某种有四条腿、食肉的哺乳动物在汉语中叫做狗，在英语中叫做 dog，在法语中叫做 chien，在德语中叫做 hund，这就是任意性的一例，因为我们无从解释为什么要这样叫。但用什么语言符号去表示意义是一种社会规约，意义的规约性往往会受到社会的不同和文化的不同的影响，因而总是具有人文性这一特点。桂诗春在《应用语言学》中举了一个很能说明意义规约性的例子："视不同社会的信念系统之不同，死亡的说法亦会有差异，在西方是见上帝，在我国，解放前是见阎王，解放后是见马克思。"（桂诗春，1988：146）

（3）语言是一种交际的工具。作为交际工具的语言是在社会交际需要中产生的，并在使用中得到发展，人们通过语言的运用而掌握语言，在交际中学会使用语言。

（4）语言在语言社团或语言文化中发生作用。语言和文化有着极为密切的关系，语言是文化产生与发展的基础，而文化的发展也促使语言变得更加丰富和精细。从某种意义上来讲，语言可被看成是文化的一部分。

（5）语言为人类所独有。科学家对动物交际的研究表明，虽然一些动物可以以某一种方式或通过一定的手段把有关的信息传给它们的同伴，例如，蜜蜂可以通过舞蹈来传播有关蜜源的信息；海豚可以对不同的灯光信号发出不同的信号；猿猴也能学到某些语言符号，但是它们并没有和人类相似的交际系统，它们之间的"交际"不是人类那样的语言"交际"。语言是人类独有的，人类语言有它的神经生理基础、社会基础以及用于抽象思维的特点和用于传递指称对象特殊信息的特点。从这些方面来看，人类语言与动物"语言"是不同的。

（6）所有的人都以大致相同的方式习得语言。语言和语言学具有普遍的特征。如果我们可以把人们描述为聪明、较聪明、不那么聪明等各种类型的话，除了一些有生理或心理障碍的人，所有的人在儿童阶段都能以大致相同的方式习得语言。儿童具备学会任何一种语言的能力，只要他们能够接触到周围讲某一种语言的人，与某一种语言环境保持接触，他们到一定的时候——五六岁时，都能使用某一语言进行交际。

认识语言的本质和特征，有利于我们探讨英语教学的问题。对语言不同的看法会使我们在英语教学研究中采取不同的态度和方法。如果我们把语言看成是一种任意符号，而这种符号首先是有声的，那么我们在英语教学中就会强调口语教学，加强听、说方面的训练，我们会“听说领先”；如果我们把语言看做交际工具，我们会以能成功地进行交际作为学习语言成功的标志，也会在教学中让学生参加各种语言交际活动，使学生在语言交际中学习语言；如果我们相信语言和语言学习具有共同的特征，我们也会去寻找学习者学习语言的共同方法、共同策略，看哪一种方法、哪一种策略更有利于语言学习。在本书第 3 章和第 4 章中，我们会更清楚地看到不同的语言观对语言教学的影响，不同的语言观会直接影响到某种具体方法和教学技能的运用，不同的教学方法都是以不同的语言观和语言学习观为基础的。

1.2.2 教与学的关系

英语教学法研究英语的教与学，弄清学习的特征，弄清什么是教，对研究英语的教与学是必要的。明确了教授与学习的特征，我们在研究英语教学法时，才会有明确的出发点、明确的前进方向，这样我们就可以取得较好的效果。

按照布朗的提法（Brown，2002：7），学习有如下特征：

（1）学习是习得（acquisition）或获得。

（2）学习是信息或技能的保持。

（3）对信息或技能的保持包含记忆、储存和认识结构的作用。

（4）学习涉及对有机体内部或外部事件积极、有意识的注意和对这些事件施加作用。

（5）学习是相对持久的，但也会遗忘。

（6）学习涉及某种形式的训练，或许是强化训练。

（7）学习是行为的变化。

这些特征有些说明了学习的过程，有些说明了学习的结果。在学习过程中，我们会对某些事物特别注意，尽量去了解，并作出反应和行动；我们会把有关的信息想方设法记忆下来，储存在大脑之中。这样一来我们的认识结构也会随之发生变化，我们为了保持有关的知识和信息，还会进行不同形式的操练。作为学习的结果，行为的变化和知识、技能的获得都表现得很具体。

我们不能离开学习去讨论教授。可以说，教授的目的是要指导和促进学习，使学习变得容易些，为学习的顺利进行创造有利的条件和提供各种帮助，最后达到促使学习者能学习到有关知识和技能的目的（Brown，2002：7～8）。因此，教无时无刻不与学连在一起，语言学习的理论直接影响着语言教学理论的建立，也影响着教学方法的采用。从这个意义上来说，语言学习理论和语言理论一样都对教学方法产生直接的影响。

在本书第4章我们将介绍语言理论和语言学习理论，至于它们是怎样影响教学中的问题，我们在第3章中会作较为详细的介绍。

1.2.3 母语、第二语言和外语的学习环境

英语在不同的国家里起着不同的作用。在一些国家，英语是母语或第一语言。有10个国家以英语为母语，它们是大不列颠及北爱尔兰联合王国、爱尔兰、澳大利亚、新西兰、巴巴多斯、牙买加、特立尼达、美国、加拿大和圭亚那（Fishman et al.，1977. In：Richards，1985：1）。英语在这些国家的地位就像汉语在中国的地位一样。应该指出，虽然英语在讲英语的国家里是作为母语，但是在不同地区和国家，英语的发音是不尽相同的。除此之外，还有词汇和语法上的区别。如果我们把这些有地理特点的英语称之为英语的方言，英语方言的差别就没有汉语方言之间的差别那么大（特别是口语）。

英语在一些国家或地区虽不是母语，却起着官方语言的功能，它是法律界、政府部门、学校、商界和大众媒介（电台、电视台和报纸）的主要语言。在这些国家和地区，英语起着第二语言的作用。在南非、印度、新加坡、尼日利亚等国家，英语是第二语言（English as a Second Language，ESL）。对于那些到英国、美国等讲英语的国家定居的移民来说，英语也是他们的第二语言。

在很多国家，英语既不是母语也不是第二语言，但英语也有它的用处——作为外语存在（English as a Foreign Language，EFL）。在这些国家里，英语是学校课程的一部分，是高一级学校入学考试中的一个科目。在我国，英语是一门外语。英语虽然在很多国家中只以外语的地位存在，但由于国际上不少会议是以英语为主要语言来进行的，世界上不少书籍、杂志是以英语为主要文字发表的，目前，在这些国家里也有不少人在努力地学习英语。学好英语和掌握好英语有利于他们与外界沟通，从外部世界获取各方面的信息。

明确英语的地位对于英语教学来说是重要的。在我们的英语教学中，最好先教授某一种英语的发音，并以此为基础对其他方言的发音进行描述（Cruttenden，2001：297）。这样能使学习者更好地掌握英语的发音，懂得英语发音的特点，在日常与英、美、澳等国人士接触时能明白对方的语言，进

而成功地进行交际。再者，我们也应懂得，英语在我国是外语，教授外语的环境与教授母语和第二语言的环境有着很大的差别。作为外语教学，除了在课堂里接触英语外，在其他场合接触英语的机会不多。从学习母语的经验中我们也知道语言环境对语言学习是很重要的，那么我们应如何为英语教学创造更好的环境，向学习者提供更多的语言输入，以使他们能更好、更快地掌握英语？这是我们研究英语教学法时要深入探讨的问题。

1.3 英语教学法及其相关学科

英语教学法与教育学、语言学、心理学等学科有着密切的联系，这些学科被称为它的相关学科。英语教学法在它的发展过程中，不断从相关学科中吸收自己所需要的养分，应用相关学科的研究成果来充实自己。可以说，英语教学法的发展与它的相关学科的发展是紧密相连的。

1.3.1 英语教学法和教育学

教育学阐述教育知识、研究教育现象、探论教育问题并揭示教育规律（华南师范大学教育系教研室，1993：1）。英语教学属于教育范畴，教育学的原则、原理和方法对英语教学有指导作用并能在英语教学中得到应用。在研究英语教学法时，我们会应用教育学的理论去处理教学中出现的问题。

教育目的、教育方针和培养目标从大的方面影响着英语教学，英语课的开设、开设的时数、开设的目的和要求无不受制于它们。

在教育学中，教育要适应社会发展和学生发展，这能帮助我们更好地理解历史上的各种教学方法是怎样因社会需要而发展起来的，同时它们也可以帮助我们根据学生年龄、心理和生理发展的特点选用适当的教学内容和教学方法。教育学中所论述的教学原则也能用来设计课堂活动，这些原则包括：科学性和思想性统一的原则、理论联系实际的原则、直观性原则、启发性原则、循序渐进原则、巩固性原则、因材施教原则等。

英语教学与其他学科一样都应处理好教师和学生之间、教与学之间的关系。在进行教育的过程中，教育学提出“教师主导，学生主体”（华南师范大学教育系教研室，1993：177～181）的思想，它为我们正确处理教师与学生之间的关系，摆正教师和学生在英语教学中的作用提出了原则和依据。我们可以把这些原则应用于英语教学实践，建立尊师爱生、民主平等的良好的师生关系，积极创造一个良好的语言环境，调动学生的学习积极性并激发他们学习的兴趣，把英语教学搞好。

《现代教育学》中对课外教育活动的论述也给了英语教学有益的启示。在英语教学中，我们也应结合语言学习的特点，设计英语的课外活动以促进英语学习。

除了应用教育学的原理、原则之外，我们还可以应用教育测量的理论和方法去进行测试命题和测试结果的研究、英语教学实验的设计、数据的处理，并对英语教学工作进行评估等。可以说，在英语教学实践中，我们都在应用教育学有关的原理、原则和方法。

1.3.2 英语教学法和语言学

语言学是研究语言系统的科学，英语教学法是研究一种语言——英语的教学的学科，两者的研究都涉及语言，因此它们之间的密切关系是不言而喻的。

在语言研究的领域里，理论语言学或普通语言学研究语言的一般原则和人类语言的特点。这些原则和特点反映了人们对语言的看法，可称为语言观。人们从各个不同角度对语言的探讨加深了人们对语言特点的认识。人们对语言不同的观点、不同的认识致使人们在不同的时期、按照不同的社会需要创立不同的英语教学法。例如，听说法、情景法是以结构主义语言理论为基础建立起来的教学方法；认知法可以说是受乔姆斯基转换生成语言理论的影响而创立的教学方法（Stern，1999：169）。当然，不同英语教学方法的建立除了根据不同的语言理论外，还得依赖语言学习理论，这点我们将在下文予以说明。

除了普通语言学，语言学的其他分支对英语教学法也有影响。描述语言学集中研究某一语言的系统、结构，它向我们提供有关英语结构和规则的描述；英语语音学描述英语语音的特点、语音现象和语音规律；英语语法学陈述英语语法规则和英语的结构；英语词汇学对英语的词汇特点作详细的描述。这些语言学的分支能为英语教学研究提供丰富的材料，在选取英语教学内容方面，我们也可以从这些学科里得到原则和依据。

作为语言学的一个新的分支，社会语言学将语言作为一种社会现象进行研究，研究语言运用中不同的功能变体、不同的文体（style）、不同的语域（register）、不同的话语范围（domain）和不同的语码使用（code）（桂诗春，1988：211～214；Stern，1999：125）。社会语言学唤起人们对语言得体性的注意，这一点对英语教学法也是有启示作用的：英语教学应注意培养学生使用得体语言的能力。

英语教学法不仅与教育学、语言学紧密相连，由于它研究教与学的过程和教与学的规律，它还与心理学有着密切的关系。

1.3.3 英语教学法和心理学

心理学是研究心理现象的科学，它不但对构成认识过程的感觉、知觉、记忆、思维、想象进行研究，而且还对构成个性心理的因素：需要、动机、兴趣、能力、性格等进行探讨。英语教学是教师和学生之间的教学活动，对认识过程中心理现象的理解及对学生个性心理的掌握，能帮助教师认识学习过程的特点，遵照学习英语的规律，结合学生的个性特征，寻找出能加快英语学习、帮助不同学生学习好英语的教学路子。

学习是心理学（特别是教育心理学）的一个研究得较多的问题。不同的学者从不同的角度对学习进行了不同的实验并提出了不同的学习理论。而英语学习是人们进行学习的一种活动，它同样受学习理论影响。事实上，不同的学习理论，如斯金纳的操作条件反射论、布鲁纳的认知发现学说等，都在创建不同的英语教学法过程中与不同的语言理论相结合，构成了不同的英语教学法的理论依据。

心理语言学主要研究语言的学习和使用，即个体怎样理解、生成和获得语言。心理语言学关于儿童习得语言的特点的论述，如“儿童置身于语言环境是儿童习得语言的必要条件”、“语言的理解先于语言的生成”（彭聃龄，1991：247～249），为英语教学中教学原则的制定、教学方法的设计以及第二课堂（课外活动）的开展提供了原则和理论根据。在心理语言学中，语言知觉的认知模式和阅读过程模式的研究为英语聆听理解和阅读理解课堂教学应采用什么样的教法提出了理论依据。外语阅读的相互作用模式就是根据“图式理论”设计的外语阅读路子，而“图式理论”又是来源于德国的格式塔心理学派——一个很有影响的心理学派，这个例子也说明了英语教学法与心理学及其分支学科之间的紧密联系。

1.3.4 英语教学法和哲学

英语教学法研究英语的教与学，在研究过程中，我们会碰到各种各样的现象和问题。怎样根据当时、当地的实际情况对现象和问题进行分析和探讨，需要掌握认识和分析问题的方法。从这个意义上来说，学好马克思列宁主义的哲学体系，以它的世界观和方法论来武装自己，也是研究所需要的，因为这种世界观和方法论是“最完整深刻而无片面性弊病的关于发展的学说”（列宁语）。

掌握好马克思主义的世界观和方法论，有助于我们在研究英语的教与学时客观、准确、全面、辩证地研究教与学的现象和问题，探讨教与学之间的关系，摸索教与学的规律。这样，我们才能按照学生的年龄实际、不同的心理特点、不同的语言背景、不同的个性，在不同的教学阶段、按照不同的教学目标来制定不同的具体要求和教学方法；我们才能从实际出发，辩证地看待各个教学法流派，认识它们的长处，同时也理解它们的不足，并能按照教学实际，灵活地使用各种教学方法；我们也才能对国外学者的研究成果作实事求是的分析，并能按照自己的实际情况，运用他们的研究成果来进行自己按中国学生实际而设计的实验。

一些哲学家对语言的研究促成了哲学中一个分支——语言哲学（philosophy of language）的产生。哲学家对语言的研究成果也作用于英语教学法。例如，哲学家格赖斯（Grice）提出了会话含意理论。在会话含意理论中，格赖斯提出了他的“合作原则”，并说明了组成此“合作原则”的四个准则，即质的准则、量的准则、相关的准则和方式的准则。格赖斯会话含意理论为我们在正确理解会话意义方面提出了原则性的意见（何自然，1988：70～87）。在英语教学中，应如何使用这些原则和准则，以达到更好地理解语言的目的，也是英语教学法要研究和探讨的问题。从这个意义上来说，哲学不但为英语教学法提供了研究的方法，还提供了对教学有启发作用的理论。

1.4 本书的特点

英语（外语）教学法书籍多着重于对教法的研究和介绍，毫无疑问，对英语教学法来说，这部分的内容是必要的。本书除包含一般英语（外语）教学法书籍所具有的内容外，还具有以下特点：

（1）本书重视对英语学习、学习者和学习者采用的策略等方面研究的介绍，从学习内容、学习环境、学习者的策略、不同心理特点和不同学能去探讨英语学习方面的特点和规律，并以此为基础去探讨英语教学法的特点。

（2）本书重视对英语教学法理论和有关学科理论的介绍，以使教师掌握有关理论并把理论应用于教学实践，设计出符合教学实践、学生情况、能达到教学目的的教学方法。

（3）本书重视对教学过程和结果的评估方法的介绍，其中包括对形成性评价和终结性评价的描述，以便更好地落实新课程的理念。

（4）本书重视对外语教学研究成果的介绍，把其研究情况展示给读者，以便他们能跟踪相关研究，结合自己的情况决定自己的研究课题。

（5）本书重视文化教学，介绍有关文化的概念和教学理念以便教师能在教学中提高学生的文化意识，增强对不同文化的理解，提高跨文化交际的能力。

本书共由 14 章组成，它们分别是：导言，外语教学法简史，外语教学法的主要流派，外语教学的理论基础，英语学习、学习者和学习策略，英语语音教学，英语语法教学，英语词汇教学，英语听力教学，英语口语教学，英语阅读教学，英语写作教学，文化教学和外语教学评价。

第 1 ~ 5 章和第 14 章的内容在原书的基础上作了修订和更新；第 6 ~ 13 章是有关语音、语法、词汇以及听、说、读、写和文化的教学，内容涉及研究情况、成果以及教学的操作原则和做法。

我们期待本书不仅能为准教师（师范生）和在职教师提供教学策略和教学的技巧，而且还能为他们在某一领域做相关研究提供文献和帮助。

思考和练习

1. 你如何理解桂诗春关于"没有一成不变、普遍适用的教学模式"的观点？试以自己的教师或自己教授英语的经历加以说明。

2. 什么是英语教学法？它的研究对象和研究内容是什么？

3. 人们是怎样研究英语教学法的？

4. 为什么说英语教师也要掌握与语言教学有关的学科如教育学、心理学、语言学和哲学等有关知识？

5. 你能说出语言是什么吗？母语学习的环境与第二语言和外语学习的环境有什么不同？

6. 为什么说认识语言的本质和特征有利于我们探讨英语教学的问题？

7. 举例说明英语教学法与教育学、心理学和语言学等相关学科的关系。

8. 阅读桂诗春 2010 年发表在《外语教学与研究》上的论文"关于我国外语教学若干问题的思考"中的第五部分：外语教学的反思。为什么桂诗春说他在这部分列出的三个问题都值得我们结合中国的实际来反思？

参考书目

[1] Brown, H. D. *Principles of Language Learning and Teaching* [M].

Beijing: Foreign Language Teaching and Research Press, 2002.

[2] Cruttenden, A. *Gimson's Pronunciation of English* [M]. London: Arnold, 2001.

[3] Littlewood, W. Foreign Language Teaching Methods: From Past Prescriptions to Present Principles [J]. *Foreign Language Teaching in Schools*, 2008, 31 (4).

[4] Richards, J. C. *The Context of Language Teaching* [M]. Cambridge: Cambridge University Press, 1985.

[5] Richards, J. C. & Rodgers, T. S. *Approaches and Methods in Language Teaching* [M]. 2nd ed. Cambridge: CUP, 2001.

[6] Stern, H. H. *Fundamental Concepts of Language Teaching* [M]. Oxford: OUP, 1999.

[7] 桂诗春. 应用语言学 [M]. 长沙: 湖南教育出版社, 1988.

[8] 桂诗春. 20 世纪应用语言学评述 [J]. 外语教学与研究, 2000 (1).

[9] 何自然. 语用学概论 [M]. 长沙: 湖南教育出版社, 1988.

[10] 华南师范大学教育系教研室. 现代教育学 [M]. 广州: 广东高等教育出版社, 1993.

[11] 彭聃龄. 语言心理学 [M]. 北京: 北京师范大学出版社, 1991.

[12] 孙骊. 关于外语教学理论的思考之一 [J]. 外语界, 1993 (3).

[13] 田贵森. 导读: 外语学习与教学导论 (*An Introduction to Foreign Language Learning and Teaching*) [M]. 北京: 外语教学与研究出版社, 2002.

第2章

外语教学法简史

作为未来的英语教学工作者，了解外语教学的历史和现状是很有必要的。正如凯利（Kelly，1969）和豪厄特（Howatt，1984）所论述的那样，目前外语教学中很多有争议的问题其实都不是什么新问题，今天的争论只不过是我们对外语教学史中不同时期曾经提出过的问题作出反应而已（Richards & Rodgers，2001：3）。因此，懂得外语教学法的历史能帮助我们了解在历史长河的不同阶段出现过的外语教学法，明白这些教学方法是在什么样的历史条件下发展起来的，一种教学方法又为什么和怎么样为另一种教学法所取代。了解外语教学法的历史，也能帮助我们加深对各种教学法流派的理解和认识，帮助我们理解外语教学过程的复杂性（桂诗春，2000），帮助我们更好地了解中国外语教学的发展过程，进一步明确应如何按照我国的实际情况，发展和建立我们自己的、具有中国特色的、符合国情的外语教学法体系。

2.1 古代和中世纪西方的外语教学

西方的外语教学有着20多个世纪的漫长历史（Kelly，1969. In：Bowen，J. D. et al.，1985：5）。在欧洲，拉丁语作为通用语（lingua franca）延续了几个世纪，直到中世纪末，某些地方的本地语言才慢慢地发展成为其国家的语言。远在公元前二世纪，罗马青少年就开始学习希腊文，他们的第二语言是在家庭中，由希腊保姆、奴隶教授的。这种希腊语的学习是在轻松、自在、无压力的氛围中进行的。到了学龄期，他们已能流利地掌握拉丁语和希腊语。在学校里，孩子们接受着双语教育（Bowen，J. D. et al.，1985：6~7）。

在中世纪的欧洲，拉丁语是当时文化教育、教会甚至政府和商业的语言。在各类学校中，拉丁语是一门必修课。当时拉丁语和母语一样，是以一种教授“活语言”的方法进行教学的，即先学习听、说，然后才学习读、写。教学形式也不单一，既有口头辩论又有古文阅读。当时，人们对拉丁语语法规则的学习也十分重视，它是中世纪大学文科研究的一门课程，人们认为拉丁语语法的掌握和用拉丁语交际的能力同样重要（Bowen，J. D. et al.，1985：8～10）。

2.2 文艺复兴时期至18世纪西方的外语教学

从文艺复兴时期到18世纪，拉丁语在欧洲的地位发生了较大的变化，它由一种教学语言慢慢变成学校中开设的一门课程。拉丁语的地位发生变化的主要原因是欧洲大陆政治形势的变化和语言发展的形势。当时欧洲大陆的其他语言，如德语、英语和意大利语等取代了拉丁语成为当时口头和书面交际的工具。尽管形势起了如此大的变化，拉丁语还是成为学校开设的一门课程，因为人们相信学习拉丁语能为学生提供智力方面的训练，提升他们的智慧。当法语、英语等语言进入欧洲学校课堂时，教师还是沿用教授拉丁语的方法去教授这些语言（Richards & Rodgers，2001：3～4）。

在16～18世纪，进入英国语法学校的学生开始时都要接受拉丁语的严格训练。这类训练是通过对语法条文的背诵、对词类变格和动词形式的各种变化的学习、翻译和书写句子来完成的。有时也使用双语的课文和对话进行练习。初级阶段任务完成后，学生们就开始学习拉丁语语法和修辞学。

这段时间外语教学的特点是：一些学者和教育家对当时语言教学实践不满并不断地进行改革。在这些学者中，突出的有16世纪英国的阿斯堪（Roger Ascham）和法国的蒙田（Michel de Montaigne）、17世纪捷克的柯米尼亚斯（John Amos Comenius）和英国的洛克（John Locke）（Richanrds & Rodgers，2001：3～4）。

英国学者阿斯堪（1515—1568）非常重视古文教学，他以翻译作为教学的主要手段。教学时，他先把文章由拉丁语译成英语，然后要求学生以书面形式按教师的方法进行翻译，最后要求学生对照译文和原文。在他的教学中，语法的讲授出现在翻译之后。

法国学者蒙田（1533—1592）从自己学习拉丁语的实践出发，提出用“自然法”学习外语。他是法国贵族的后代，是通过面授学会拉丁语的。他6岁时已能与父母用拉丁语交谈。他曾经说过，他学习拉丁语时既没有课本，也没有语法，更没有任何害怕心理。从自己的学习经验出发，蒙田主张到外国去向讲本族语的人学习外语，这不但可以学到语言也能吸收外国的文化。

柯米尼亚斯（1592—1670）是17世纪最有影响的教育家，被视为“直接法”（the direct method）的鼻祖。他认为当时拉丁语的教学法是不能接受的，因为教学效果极差。他主张使用“直觉法”（intuitive method）来教授拉丁语，他的著作 *The World in Pictures* 就体现了他的教学思想。该书出版于1657年，其特点是：课本由课文和图画构成，一页图画，一页课文。他认为这样的编排能更好地帮助学生理解文字的意义。他在另一本书中也对这种学习语言的方法进行了论述，他认为：“Pictures are what most easily impress themselves in a child's mind，to remain lasting and real. Children need to be given many examples and things they can see，and not abstract rules of grammar.”他主张语言应该通过实践学习，而不是靠学习规则来掌握。

洛克（1603—1704）是一名英国哲学家。我们在他的身上既可以看到阿斯堪的影响，又可以看到蒙田和柯米尼亚斯的影响。

洛克主张以翻译法来学习语言，并创造了隔行对照翻译法，即在课本里，拉丁语和英语一行对一行并排着。他在1693年出版了《有关教育的一些想法》(*Some Thoughts Concerning Education*)，书中他谴责那种用语法分析来教授拉丁语的方法，主张以“自然法”来学习外语并推荐法语作为第二语言。

此外，还有一些深受拉丁语语法影响、对改革者持反对意见并坚持以拉丁语语法作为其他语法模式的学者，罗伯特·劳斯（Robert Lowth）就是其中的一位。罗伯特·劳斯在1762年出版了《英语语法简介》(*A Short Introduction to English Grammar*)，他在该书中不但使用拉丁语的专门用语，而且拿拉丁语的语法条文来套用英语。他引用很多英国作家如阿狄生（Joseph Addison）、莎士比亚（William Shakespeare）作品中的句子作为“典型错误”的例子进行批判，以此来达到坚持“正确用法”的目的（Bowen，J. D. et al.，1985：16～17）。

2.3 19世纪西方的外语教学

19世纪西方的外语教学经历了“语法—翻译法”的建立及一连串的教学改革运动，最后促成“直接法”的创立。

2.3.1　语法—翻译法的建立

文艺复兴以后，欧洲的现代语言教学，如法语教学和英语教学都沿用了拉丁语、古典语等的教授方法。它注意系统语法的讲授、词形的变化、词类的变格等的讲解并使用翻译作为教授和掌握语言的手段。这种教学方法被称为语法—翻译法。在19世纪中期，外语课本都围绕着语法点来编写，课本中有语法规则的详细解释和例句说明。当时的课本也有翻译练习，练习包括两部分，即把母语译成外语和把外语译成母语。翻译的作用主要是帮助学生更好地应用语法规则。Johann Seidenstüceker（1785—1817）和 Karl Plötz（1819—1881）等都是主张使用语法—翻译法较有影响的学者。

主张语法—翻译法的学者认为，外语学习的目的在于培养阅读外国文学作品的能力或通过外语学习来提升智慧、促进智力发展。因此，他们教学的重点是阅读和写作能力的培养，对于口头表达能力和聆听理解能力则关注较少。由于语法—翻译法主张以阅读能力的培养为其重点，按该方法编出的课本大部分取材于文学作品。教师在课堂上使用母语进行教学，课堂的主要活动是语法规则的系统讲解和课文句子的翻译（Richards & Rodgers，2001：5～6；Littlewood，2008：2～3）。

2.3.2　19世纪中期的教学改革

到了19世纪中期，欧洲大陆资本主义的发展促进了各国人民之间的往来。在交往中，口头交际是最常用也是最直接的。由于相互间口头交际需要的增加，欧洲人越来越发现语法—翻译法的不足：它不能用来培养学生的口头表达能力和聆听理解能力。为适应社会发展的需要，一些学者对当时的外语教学作了一些改革的尝试。这些学者中较出名的有：法国学者马西拉（C. Marcel，1793—1896）、英国学者普雷多加斯特（T. Prendergast，1806—1886）和另一位法国学者古恩（F. Gouin，1831—1896）。这些学者有一个共同的特点，就是他们都注意到儿童在学习母语时的特点和一些较普遍的现象，他们想借助儿童学习母语的模式来进行外语的教学（Richards & Rodgers，2001：7～8）。

马西拉认为，学习外语可以模仿儿童学习母语来进行。他强调在学习中"意义"的重要性，提出在教授其他技巧之前应先教授阅读。马西拉主张以如下步骤来教授外语：①学生应广泛地听教师用外语大声朗读以训练听力；②学生学习教师朗读课文，先朗读简单的课文，然后逐渐加大课文的难度；③学生以课文为基础进行"说"的训练。马西拉不主张在教学中进行语法和翻译的正规训练，在他看来书写的能力不那么重要（Bowen，J. D. et al.，1985）。

普雷多加斯特注意到儿童学习母语的特点。他记录了儿童是怎样用上下文和交际情景来理解语言的，他们又是怎样使用一些惯用语（routines）来进行口头交谈的。他提出了“结构大纲”（structural syllabus）并主张语言教学中应先教授最基本的句型结构（Richards & Rodgers，2001：7）。

古恩的教学方法是通过观察儿童如何运用语言来创建的。他主张学生使用外语来描述由一系列关联动作组成的事。他相信这样做能使外语学习变得更容易。他使用情景和运用不同的主题来组织和示范口语教学。后来古恩的教学法被称为“古恩系列教学法”（Gouin Series）。他的方法可按如下的步骤去做：①教师用母语把某一主题的内容讲清楚；②教师表演某一件事的做法，一边做，一边用外语讲解；③把要做的动作分解再示范（边做边讲解）；④口头练习后再进行笔头练习。在古恩系列的选题中，有关于家庭的、关于社会和人的活动的，也有关于科学和职业的多种类型的选题。每个选题由 18 ~ 30 个句子组成，50 个选题组成一个系列（Richards & Rodgers，2001：7 ~ 8）。

马西拉、普雷多加斯特和古恩等语言教学专家为改进外语教学进行了一系列的改革，但遗憾的是他们的主张得不到广泛的支持和注意。这主要是由于他们的主张和方法只在教育界这个小圈子里发展和建立，所以得不到广泛的认可和贯彻；第二个原因则是当时教育界没有足够的宣传工具，有关的组织机构未能对改革的主张和做法进行讨论和宣传。到了 19 世纪下半叶，他们的不足之处就为另一些语言学家所补充和改进。这些语言学家的代表人物有英国的斯威特（Henry Sweet，1845—1912）、德国的菲埃托（Wilhelm Vietor，1850—1918）和法国的帕西（Paul Passy，1859—1940）。

2.3.3 19 世纪后期的改革运动

19 世纪下半叶起，斯威特、菲埃托和帕西等人继承了改革派的思想并引领了当时的外语教学改革潮流。

1886 年，国际语音协会（The International Phonetic Association）成立；1888 年，作标音用的国际音标（The International Phonetic Alphabet）第一版正式出版。国际音标的问世使人们能把有声的语言用书面的方式记录下来，为教授口语提供了有用的工具。

斯威特认为，好的外语教学法必须建立在语言学和心理学原理的基础上，必须以语言学科的整体知识为基础。他坚持口语是笔头语的源泉这一思想，主张外语教学应从口语教学开始而不是以文学语言的教授开始。学习外语应先学习口语，学好口语后再进行文学作品的学习，这是人们学习语言的自然顺序。他主张使用外语进行外语教学，还指出母语学习与外语学习存在差异，因为前者是在一个很有利的条件下进行的。

在进行语音教学时，斯威特认为不能单用模仿的方法，教师应传授一定的语音知识以帮助学生掌握发音规则，如用按住喉头感觉的方法去分辨清浊音等。他还主张使用“最小音差辨义词对”（minimal pairs）来教授语音。系统的语法教授在斯威特看来还是有必要的，但应在学生吸收了大量的语言材料和形成了“语感”之后才教授（Bowen，J. D. et al.，1985：25 ~27）。

斯威特主张的外语教学法是综合性和折中性的教学法。他主张利用语法—翻译法合理的地方来进行教学，并强调口语在教学中的第一性和教学法的科学性。

德国的菲埃托是个主张改革外语教学的学者。他坚持认为口语应成为教学的基础。他认为，既然儿童学习母语是从听开始的，成年人学习外语也应从听学起。教师应掌握语音学的知识并接受语音学科的训练。他还指出语言不是由孤立的词汇构成的，而是由词组（word groups）、口语句型（speech patterns）和有意思的句子构成的。学习外语时应用归纳法来学习语法，翻译可以作为一种技巧来教授，但不应只用于词汇的学习。

19 世纪后期的外语教学改革者们对语言教学的看法有如下的共同观点（Richards & Rodgers，2001：10）：

（1）口语是第一性的，教学法应反映这一基本原则。

（2）语音学应应用于教师培训和教学实践。

（3）学习听外语应先于学习阅读外语。

（4）词汇应结合上下文来学习，句子也应在有意义的上下文中进行练习。

（5）用归纳法教授语法，即语法规则的教授应放在学生在情景中练习了语法点之后；

（6）虽然母语可以用来解释单词和检查对语言的理解，但在翻译时应避免使用。

改革者们对语言教学的研究和他们的实践活动促进了语言教学的发展。他们提出的语言教学观点和原则为外语教学提供了理论基础，为新的教学模式的创立做了准备。

2.3.4 直接法的建立

古恩等学者的外语教学方法是在他们对儿童学习母语的观察和分析的基础上创立的。儿童学习（或叫习得）母语按照“自然”的顺序，即先开始听，然后才学习讲，再就是学习读和写，因此他们的方法后来又被称为“自然法”。在19世纪中后期，不少相信“自然法”的学者参与了外语教学改革运动，并想根据语言学习那种“自然”的顺序去寻找和创立成功的外语教学方法。不少学者不仅参与了理论的研究，而且创办学校进行实践。德国人贝力子（M. Berlitz，1852—1921）就是其中的一位。他创办的“贝力子外语学校”遍及欧美各国，在这些学校中，他使用自己编写的《贝力子法英语课本》为教材。贝力子办学成功，影响很大。通过学者们的努力，一种外语教学方法就慢慢地发展起来了。由于学者们相信只要能直接通过示范和行为把意义表达清楚，教外语时就无需再通过翻译，而可以直接地用外语进行教学，这种教学方法称为“直接法”。在美国，贝力子学校直接法是按照以下的原则和步骤来进行操作的（Richards & Rodgers，2001：11 ~ 12；Littlewood，2008：3 ~ 4）：

（1）外语是教学的语言，使用外语教授外语。

（2）只教授日常使用的词汇和句子。

（3）口头交际的技巧通过一系列从简单到复杂并组织得很好的操练去培养。

（4）语法用归纳法教授。

（5）以口头形式引入新的语言点。

（6）具体物品的词汇以实物、图画或表演方式教授，抽象词汇联系意念（idea）来教。

（7）听、说同时教。

（8）强调正确的发音和句子语法的准确性。

直接法在1902年被德国和法国视为官方肯定的（official）教学法。1920年以后，美国的一些学校也采用此法进行教学。

2.4 20世纪西方的外语教学

20世纪西方外语教学经历了各种不同外语教学法的创立和发展阶段。外语教学法在20世纪的发展反映了人们对语言和语言功能的认识不断加深。20

世纪70年代发展起来的"交际法"越来越为人们所认识、理解和采用，并有取代在它以前发展起来的"听说法"、"情景法"等外语教学法的趋势。与此同时，第二语言习得理论研究的深入、社会语言学和心理语言学等学科的发展，不断地加深人们对语言、语言学习过程、影响语言学习的各种不同因素的理解和认识，为外语教学解决越来越多的问题，并推动着外语教学法的改革。

2.4.1 20世纪初美国的外语教学和听说法（The Audiolingual Method）的创立

虽然"直接法"在20世纪初的欧洲比较流行，但在美国，到20世纪20年代才开始应用在教学中。"直接法"本身还有需要改进的地方。首先，它对教员要求较高。能用"直接法"教学的教员必须是说本族语的教师或与说本族语的教师听说能力相当的人，这是一个较难达到的指标。其次，"直接法"要求教师只用外语讲解，这就迫使教师不得不使用很长的时间去解释一个只用一两句母语就能解释清楚的概念和问题。1923年，美国对它的外语教学情况做了一个研究，研究的结果以一个报告的形式发表，报告名为"科尔曼报告"（Coleman's Report）。报告对当时美国外语教学目的进行了研究，认为不论是从教师水平还是从学习时间去考虑，当时教授口语是不切实际的；报告主张通过大量阅读来培养学生的阅读能力（Richards & Rodgers，2001：13）。按照这种"阅读法"，外语教学应通过有一定数量的阅读来进行，例如，它要求学生在两年内完成1 000页的外语材料阅读。当然这种阅读方法与那种只对语言材料进行语法详尽分析、小阅读量的精读方法有着很大的差别。这一报告主要的影响在于提出了美国外语教学的目标，即阅读能力的培养。在较长的一段时间里，强调阅读能力的培养是美国外语教学的特点。

美国全面参加第二次世界大战后，很快便意识到自己在外语教学方面的失败。虽然一些被派到国外去的美国士兵在国内已学习了一段时间所派往国家的语言，但他们既不会听又不懂得讲。为适应战争的需要，为在军队里培养能流利地说法语、德语、汉语和意大利语等多种语言的人才，1942年，美国政府决定设立一个"军队专门训练班课程"（Army Specialized Training Program）（Bowen，J. D. et al.，1985：32~36；Richards & Rodgers，2001：50~52）。1943年初，55所美国高校的人员参加了该课程的培训。当时参加课程的学者大都在进行对美洲印第安人语言的研究工作并设计了研究那些语言的方式，他们会很自然地把他们研究语言的方法，即结构主义的研究方法，移植到外语教学研究中去。

“军队专门训练班课程”最明显的特点是：首先强调口语训练，其次是语言结构的操练。培训士兵主要的方法是让士兵在课堂上模仿讲本族语的“教练员”（drill masters），进行口头复述和对话，并做问答练习。对话要求背诵，对话中包含要求士兵掌握的语言结构。

在执行“军队专门训练班课程”时，士兵们接受长时间的强化训练，每天学习10个小时，每周训练6天。由于训练是在极其有利的条件下进行的：经过严格选拔的积极上进的学生、良好的居住环境、高水平的教练员等，“军队专门训练班课程”取得了显著的成绩，在短时间内培养了大批会听、会说外语的士兵。“军队专门训练班课程”取得的成绩使一些有名望的语言学家看到了一种以强化方式进行、以口语训练为主的外语教学方法的价值。

随着美国国际地位的提高，越来越多的学生到美国留学。美国大学担负着对外国留学生进行英语培训的任务。为适应外语教学的形势，1939年，密歇根大学建立了美国第一所语言学院以培训留美学生和把英语作为外语或第二语言的教师。当时的院长查尔斯·弗里斯（Charles Fries）是一位受过结构主义训练的语言学家，他把结构主义的原则应用于语言教学。他主张以语法或结构作为外语教学的出发点。他认为教授语言应系统地教授语音，以口头的方法、强化训练的方式来学习句子结构。句型操练是课堂实践的主要活动，句型的掌握是学习者的重要任务，教学中可以用扩大词汇量的方法来加强操练。

像弗里斯这样的语言学家是不少的，拉多（Lado）就是其中的一位。拉多主张以对比分析的方法比较语言之间的异同，从中可以找出学习者学习一种新语言的难点，拉多认为两种语言的差异（语音、语法和词汇等方面的差异）将会成为学习者学习新语言时的难点（trouble spots）。学者们在各地的语言学院进行语言教学和研究，并在各种期刊上发表文章对各种外语教学问题进行研究和探讨，这些活动都促进了听说法的诞生。听说法主张听说领先，读写跟上；主张先进行语音训练，然后再进行说、读和写的训练；主张语言首先是言语，而言语应通过结构来学习。听说法的创立是结构主义语言学理论、对比分析以及行为主义心理学三者结合的产物（Richards & Rodgers, 2001：58～62）。

2.4.2 英国的情景法（The Oral Approach and Situational Language Teaching）的建立

19世纪末20世纪初，当直接法在欧洲盛行时，英国语言学家斯威特就对它持保留态度。斯威特认为直接法只提出了外语教学的一些做法，而缺少一个全面的方法论基础。从那时起，斯威特和其他语言学家就开始探讨建立一种以正确的科学理论为指导的教学方法。在这些语言学家中，帕尔默（Harold Palmer）和霍恩比（A. S. Hornby）就是两位杰出的代表。他们在总结前人经验的基础上，在语言方面进行了卓有成效的研究工作，最后提出了一整套教学法理论的原则，即如何挑选词汇及语法内容的选择性原则（principles of selection）、如何安排教学内容的分级原则（principles of grading）和如何进行教学示范的授课原则（principles of presentation）。这些原则就构成了英国的情景法的基础（Richards & Rodgers，2001：38）。

早在20世纪20年代和30年代，英国语言学家就注意到词汇在外语教学中的作用，并对英语词汇进行了调查研究。研究发现有2 000个英文单词是最常用的。帕尔默和另一位语言学家韦斯特（Michael West）与其他一些学者以此为根据，编写出一个外语教学词汇指南。后来该指南由韦斯特修改，在1953年以《英语基础2 000词表》（*A General Service List of English Words*）的书名出版。词表不但列出最常用的2 000个单词，而且列出它们的各种意义及其出现频率（frequency），以此作为编写教材的根据。

英国语言学家不但注意到词汇的作用，而且还注意到语法在外语教学中的作用。帕尔默结合自己在日本任教的经验，提出了他对语法教学的观点。他把语法结构看成是口语中的句型结构。他与霍恩比等语言学家一起对英语语法结构进行了分析和归纳，总结出英语的句型：动词句型25种，形容词句型3种，名词句型6种（Hornby，1976）。他们为把英语作为外语进行教学，编写出许多工具书，如《高级英语学生字典》（*The Advanced Learner's Dictionary of Current English*，Hornby，Gatenby & Wakefield，1953）、《英语口语语法》（*A Grammar of Spoken English on a Strictly Phonetic Basis*，Palmer & Blandford，1939）和《英语句型和惯用法》（*Guide to Patterns and Usage in English*，Hornby，1954）。这些研究成果促进了情景法的创立和发展。此外，英国语言学家和专家还按这些原则和研究成果编写了不少教材，如《牛津英语课程》（*Oxford Progressive English Course for Adult Learners*，Hornby，1954—1956）、《新概念英语》（*New Concept English*，Alexander，1967）。由于英国学者强调设计一定的情景，以便教师能引出某一语言结构及展示其意思，通过一步一步的操练让学生内化语言系统，他们创立的外语教学法就得名为情景法（situational language teaching）或结构情景法（structural-situational approach）（Littlewood，2008：4）。情景法的特点可总结为（Richards & Rodgers，2001：39）：

（1）语言教学应从口语开始，先听说后读写。

（2）以外语教授外语。

（3）以情景方式引出新语言点。

（4）词汇选择以常用为原则，先教授常用词汇，要保证先教授最常用的 2 000 个单词。

（5）语法项目按先简单后复杂的顺序来安排和教授。

（6）在掌握了一定的词汇和语法的基础上，开始读、写教学。

这些特点在教材编写和教学安排时都有清楚的体现，例如，按该教学法编写的教材《新概念英语》就强调情景法的三大原则。在写给教师的前言里，亚历山大说明："在第二册的第一、第二单元里，词汇主要是按照韦斯特的 2 000 个常用词汇编写的……。"（参看 xviii）语法项目也是按由简单到复杂来安排的。对于授课原则，亚历山大就把它更加具体化了。他写道：

Nothing should be spoken before it has been heard.

Nothing should be read before it has been spoken.

Nothing should be written before it has been read.

在交际法越来越为人们所接受的今天，我们还可以感受到情景法的影响。现在，《新概念英语》还一版再版，仍有不少人在使用这套按情景法原则编写的教材。

2.4.3 20 世纪 60 年代后的西方外语教学

尽管听说法和情景法在 20 世纪 60 年代以前风行一时，但不久人们便发现，学生在课堂里虽然进行了语言结构和语言技巧的大量操练，他们还是没有像人们期待的那样能在课后的实际交际中自如地运用这些结构和技巧。到了 20 世纪 60 年代后期，美国著名语言学家乔姆斯基（Noam Chomsky）对听说法的理论基础提出了挑战，外语教育界和语言学界便对乔姆斯基的理论作出了强烈的反应，人们对过去的外语教学方法进行了反思，导致 20 世纪 60 年代以后各种外语教学法的产生和第二语言习得理论研究的逐渐深入。

（1）乔姆斯基理论对外语教学的影响。

乔姆斯基对听说法的批判包括以下两个方面：一是批判它的结构主义语言观，二是批判它的行为主义语言学习观。乔姆斯基认为，语言不是一种习惯体系，而是受规则支配的体系。人们学习语言，不是单纯地模仿、记忆，而是创造性地活用语言。语言规则是抽象和复杂的，这些规则能推导、转换生成句子，帮助人们理解从来没有接触过的句子并说出从来没有学习过的句子。(Chomsky，1966. In：Richards & Rodgers，2001：65 ~66；Stern，1983：300)

乔姆斯基对听说法的批评在语言学界和外语教育界引起了强烈的反响。人们开始对那种句型操练、背诵记忆的听说法提出质疑。一些学者从乔姆斯基的理论出发，提出了"认知教学法"（cognitive-code learning)。认知法认为语言是受规则支配的创造性活动，因此，在外语教学中，要重视对语言规则的理解，在理解语言规则的基础上强调有意义的学习和操练，并进行运用语言的活动。它还主张听、说、读、写四个方面的训练可以在外语学习开始时就同时进行，在必要时不排斥母语的使用和依靠分析进行学习的方法。

在20世纪60年代末和70年代初，美国学者在本土进行了认知法和听说法的对比教学实验，并取得了显著的成绩。(章兼中，1983)

随着对第二语言习得理论研究的展开和深入，不少西方学者都在外语教学法方面进行了大胆的尝试，创立了一个又一个新的教学方法。在美国，阿谢尔（James Asher）创立的"全身反应教学法"（total physical response）和由克拉申和特雷尔（S. Krashen & Tracy Terrel）合作创立的"自然教学法"(natural approach）就是两例。除此之外，还有由英国数学家兼心理学家加特诺（G. Gattegno）在20世纪60年代初创立的"沉默法"（the silent way)、由保加利亚心理学家罗札诺夫（G. Lozanov）创立的"暗示法"（suggestopedia)。这些方法虽然只为少数教师使用（Littlewood，2008：1)，但它们是从不同的角度研究外语的教与学的成果，也是人们对外语教学研究的尝试。

（2）交际法（Communicative Language Teaching）的建立。

到了20世纪60年代中期，英国的应用语言学家也对情景法的理论基础提出了质疑。当然这也是他们针对乔姆斯基对听说法的批评的一个反应。要知道，不管是听说法还是情景法，都是建立在相同的语言观和语言学习观的基础上的（见第3章)。但与乔姆斯基不同的是，英国的应用语言学家从功能语言学家韩礼德（Halliday)、美国社会语言学家海姆斯（Hymes）和语言哲学家奥斯汀（Austin）的著作中获取了不少观点，在讨论语言教学时，他们强调的是语言的功能及其交际作用，这是当时外语教学没有注意到的问题。

20世纪70年代的欧洲在政治、经济、科学和文化方面发展都较快，为加强相互之间的联系和合作，欧洲各国成立了欧洲共同体。为了解决共同体内各国人民交往时出现的语言障碍，负责文化和教育合作的文化委员会在1971年组织了专家研究和探讨是否可以为成人开设一个基于单元—学分制度的教学课程（unit-credit system）。该课程把学习任务分成若干单元，每单元提供学习者需要学习和掌握的内容的一部分，各单元内容之间互相联系。专家们研究了成人学习外语各方面的需要，英国专家威尔金斯（D. A. Wilkins）提出了从功能和交际角度给语言下定义，并讨论制定一个交际性教学大纲。威尔金斯分析了学习者语言交际所需理解和表达的意义，把它分为两类，即意念层次的意义（如时间、地点、频率等）和交际功能层次的意义（如请求、否定、提供帮助、抱怨等）。威尔金斯把文件修改后，在1976年出版了《意念大纲》一书，书中他对意念大纲的三个成分，即语义语法成分、情态意义成分和交际功能成分及大纲的应用作了详细的论述。随后，不少语言学家如威杜信（Widdowson）、坎德连（Candlin）、布鲁菲特（Christopher Brumfit）等发表文章和专著研究交际法的理论基础。交际法的课本也相继出现，亚历山大编写的《主导英语》（*Main Line*）、英国广播公司英语教学部出版的《跟我学》（*Follow Me*）就是两例。

20世纪70年代初期，美国的海姆斯针对乔姆斯基的语言能力提出了他的“交际能力”概念，以表述语言在社会中的使用。也是在同一时期，美国学者萨维农（Savignon）在一个研究项目里观察成人学生使用交际策略进行交谈的效果。研究表明，在语言准确性方面，使用交际练习代替句型操练的学生能在分离式的语法考试中与进行句型操练的学生达到同一水平，但他们在语言使用的流利性和理解能力等方面都比不用交际训练的学生要好（Savignon，2006：16）。美国学者后来在课堂教学中还使用了角色扮演、游戏以及其他形式的交际活动进行语言教学。

交际法强调语言是交际工具，因此语言教学的目的在于培养学生的交际能力。外语教学的目的不但要培养学生掌握语言结构，还要培养他们懂得对什么人、在什么时候、在什么场合使用这些结构和语言。交际法的课堂活动强调信息的传达、语言的运用。教师既是课堂活动的组织者，又是交际活动的参与者；既是示范表演者，又是帮助学生学习外语的能手，作用是多方面的。交际法的课堂生动活泼，有角色扮演、解决问题等课堂活动。

由于对语言形式、语法和学习过程有不同理解，主张交际法的学者对语法、语言结构的作用和如何教学也存在不同的观点。有学者把交际法分为强式交际法和弱式交际法（Nunan，2004：9；Howatt，1999：279）。强式交际法（strong version of CLT or strong interpretation of CLT）回避聚焦于语言形式的学习法，主张在交际中学会交际，而弱式交际法（weak version or weak interpretation of CLT）承认学习语言形式的必要性，主张为交际学习语言形式，学习运用语言形式进行交际（Nunan，2004：9；Littlewood，2000：73）。

英、美学者都认为交际法不是一种特别的方法，而是一种学习外语的途径，它的目的在于培养学习者的交际能力。为了在语言教学中培养学习者的交际能力，学者们做了研究和尝试，他们发现使用交际任务进行语言教学效果较好（Prabhu，1987）。学者们按照学习者的需求，设计不同类型的任务，让学习者使用语言去完成任务，较有效地培养了学习者的交际能力（Prabhu，1987；Willis & Willis，2001）。在研究中，学者们试图把任务作为语言教学大纲和教学活动的核心，他们的努力促进了任务型语言教学模式的建立。因此，该模式的建立是交际法的发展（Littlewood，2008：10）。

（3）任务型语言教学模式的建立（Task-Based Language Teaching）。

在探讨使用任务活动进行语言教学方面，印度学者普拉波胡（Prabhu）是较早进行实验的学者之一。他在印度南部主持一个班加罗尔计划（Bangalore Project），探究使用信息沟活动、观点沟活动和推断沟活动（information-gap，opinion-gap and reasoning-gap activities）来进行语言教学。项目获得成功，普拉波胡的学生的语言使用能力超过以传统方法教授的学生（Willis & Willis，2001：175）。1987 年，普拉波胡发表了他的专著《第二语言教学》，并提出了他的观点：聚焦语言形式实际上会阻碍语言学习，在使用自然语言交际的过程中学生能发展起自新的语言能力（Willis & Willis，2001：175）。

20 世纪 80 年代起，不少学者参与到任务型教学的讨论中（Breen，1987；Candlin，1987；Doughty & Pica，1986；Swain，1995 等，引自 Willis & Willis，2001：175 ~ 177）。不少学者发表了论文和专著（如 Skehan，1996；Skehan，1999；Nunan，2000；Nunan，2004；Willis，1996 等），从理论和实践上对任务型语言教学模式进行研究。按任务型语言教学途径进行教学的教科书也随之出版，如 *Longman Express*，*Go for It* 等，为该教学模式在学校的使用提供了方便。

虽然学者们都同意任务型语言教学的一个特点是真正的交际任务活动在教学中起着核心作用，但在任务活动的界定、任务型大纲的设置、任务型语言教学的实施方面还存在不同的观点；也与交际法一样，任务型教学可分为强任务派和弱任务派。

在如何界定任务活动方面，强任务派认为："Tasks are always activities where target language is used by the learner for a communicative (goal) in order to achieve an outcome."，其他以练习语言为主的活动如语法、结构等活动不能被视为真正意义上的任务（Willis，1996：23）。但弱任务派则认为："A task is any activity that learners engage in to further the process of learning a language."，按此观点，凡是能促进学习者语言学习的活动都被视为任务。

也有学者把"任务"放在一个连续体中来认识（如 Littlewood，2004，2008；刘道义，2006：32）。下表能帮助我们理解这种连续体的含义。

不同语言教学活动类别

以形式为主⟵				⟶以意义为主
非交际性学习	交际活动前语言练习	交际语言练习	结构性交际	真实交际
关注语言结构形式、意义等，练习有替换练习、"发现"和理解性活动	有意义的语言练习，如问答练习，但不传递新的交际信息	在语境中练习使用学过的语言传递新的信息，如信息沟通活动或个性化问题等	在未知情景中运用已学的语言进行交流，如角色对话、简易解题练习等	在意思不可预知的情景中运用语言进行交流，如具有创造性的角色表演、复杂的解题和讨论等
练习⟵		Ellis		⟶任务
使能性任务⟵		Estaire 和 Zanon		⟶交际性任务

（引自刘道义，2006：32）

在大纲设计方面，强任务派认为不应按语言难易程度来设计大纲（如传统大纲一样），而应按任务难易程度去设计任务型语言教学大纲。但弱任务派则认为需要按语言难易程度设计大纲，不过可用任务去包装结构。（Skehan，2003，引自龚亚夫、罗少茜，2006：4）

在实施任务型语言教学时，强、弱任务派的区别在于如何处理语言结构和何时处理语言结构。强任务派主张在完成任务后才按学习者的需要进行语言分析和练习，分析也应使用意识提升活动（consciousness raising）；弱任务派则认为任务型语言教学课堂过程与传统的 PPP（Presentation-Practice-

Production）并无太大不同（Skehan，1996）。

任务型语言教学有其研究基础（Nunan，2004：76），但应如何在实践中不断完善、不断探究，还需我们努力探索。

（4）目前教学法研究的趋向。

现代外语教学法研究的第一个趋向是研究重点的转移。人们过去对外语教学法的研究多集中在教的方面，认为只要教师掌握了有效的方法，组织好课堂活动，教学就会成功。因此过去外语教学法的研究和描述多是有关教师的具体做法，如教师应如何进行句型操练、如何进行语法教学等。但事实证明，用同一种方法去教不同的学生会得出不同的效果。很难找到一种万能的教学方法。随着应用语言学、心理语言学、社会语言学及第二语言习得理论研究的深入，人们把外语教学改革的研究重点慢慢地转移到学习者身上。这是一种从教授方法向学习方法延伸的研究。近三四十年来，人们在继续研究教法的同时，对不同学习者外语学习的情况进行了不少研究，如学习者的学习动机怎样影响他的学习态度，不同性格的学习者有何不同的表现和不同的效果，自尊心、焦虑等因素对外语学习有何影响，不同的学习者在学习上怎样采取不同的学习策略来进行学习等（Cohen，2000；Johnson，2002；Oxford，2008）。这些研究的成果，加深了我们对学习者学习语言过程的理解，能提醒教师注意对不同的学习者使用不同的教学方法，以达到更好的教学效果。

现代外语教学法研究的第二个趋向是把教学方法的改革扩大到教学大纲的改革上去。我们知道教学大纲上连教学思想、教学计划，下接教材、教法，居于一个重要的中间位置。因此大纲的改革定会牵涉外语教学的一系列改革，目前进行的课程标准（大纲）改革就是一个很好的说明。由于使用了体现新的理论的英语课程标准，我们要不断更新教材和教学方法，更新我们的评价体系和方法。

现代外语教学法研究的第三个趋向可以说是教学手段的现代化。由于科学技术的发展、计算机的广泛应用和教学设备的不断更新和改进，现代外语教学逐渐从一个教师使用一支粉笔和一块黑板的形式向着多媒体的教学方向前进。各种现代化的教学设备如录音机、录像机、幻灯机、投影机和影碟机的使用，为学生学习外语提供了多种形式、生动活泼的语言输入方式，使外语学习更加直观、形象、真实和有趣味。教学手段的现代化将进一步提高外语教学的效率，缩短外语学习的时间，为外语学习带来更好的效果，也给外语教师带来了更大的挑战。

现代外语教学法研究的第四个趋向是外语教学越来越多地受到外语教学相关学科研究成果的影响。语言学、心理语言学、社会语言学、教育学等学科的研究为外语教学提供了不少启示。阅读过程模型的建立就为我们使用互动阅读模式教授阅读课提供了理论依据，同样道理，词汇和语法关系的探究和“Lexicogrammer”的提出（Halliday，1978. In：Schmitt & Celce-Murcia，2008）也为我们在词汇教学中要求学习者注意搭配、词汇知识、词汇用法和词块提供了理据。

了解目前外语教学法研究的趋向，能使我们明确外语教学改革的方向，积极参与教学改革的实验（有关教改实验，可参看何广铿等，2009），改进我们的教学方法，取得更好的教学效果。

2.5 中国外语教学简史

中国外语教学史从1862年同文馆建立时算起，到现在已有一百多年了。笔者认为可以将其粗略划分为五个阶段：从外语教学开始到新中国成立这段时间的外语教学是第一阶段；新中国成立后，1950—1966年的外语教学是第二阶段；文化大革命期间，即1966—1976年的外语教学是第三阶段；从1977年到20世纪90年代期间的外语教学是第四阶段；21世纪前后的外语教学是第五阶段。

2.5.1 从外语教学开始到新中国成立期间的外语教学

我国的外语教学虽可追溯到1862年创办的京师同文馆，但就较大范围即在中、小学开设英语课而言，是从1902年开始的。1902年，清廷颁布了张百熙所拟的《钦定中学章程》。章程规定中学的课程有12门，其中就有外国文（英文）一门。为配合当时的中学英语教学，商务印书馆出版了不少英语教科书，如《英文教程》（1909）、《简明英文教科书》（1910）等。根据一些学者回忆，当时英文教学常用翻译作为教学手段（李良佑、张日升、刘犁，1988：126）。可以说，语法—翻译法是当时大部分教师采用的教学方法。

1912—1949年这段时间的中国外语教学受到了西方外语教学改革的影响，不少学者主张宣传和推广直接法。这些学者中最出名的当属张士一。张士一不但提倡把直接法推广到我国的普通中学，而且还在理论上进行探索，在实践中进行试验。早在1922年，张士一就在《新教育》杂志上发表“我国中等学校英语教授的改良”一文，介绍直接法，同年编写出版了《英语教学法》

一书，宣传、推广直接法。他还亲自参加直接法的教材《初中直接法英语教科书》（商务印书馆，1930）的编写并亲自进行教学实验和培养教师。除张士一外，周越然、陆殿扬、沈同洽等也都是主张推广直接法的学者。

由于种种原因和当时条件的限制，直接法虽宣传了20多年，但只在一些有外国人任教的学校里使用，并未在大多数学校里推广。大多数学校在实际教学中采用的仍然是语法—翻译法。

2.5.2　1950—1966年的外语教学

新中国成立以后，由于当时与苏联的特殊关系，提出了向苏联学习的口号。为了适应政治上、经济上和其他方面的需要，外语教学在一段时间里（1950—1956）突出了俄语教学，英语作为一门学科，在当时只处于为保留语种而开设的状况。这种状况直到1956年教育部下发《关于中学外语科的通知》才得以改变。通知要求有条件的地区应从高中一年级增设英语课并准备从1957年秋季起在初中一年级恢复外语科（刘道义，2008：4）。由于当时在很多行业、很多战线上的管理都套用苏联模式，外语教学这个领域也不例外。当时被视为苏联唯一正统的外语教学法"自觉对比法"得到了介绍、提倡和推广，并被视为我国唯一的外语教学法。当时从外语教学大纲制定到教材编写，从教学过程到教学方式都是以"自觉对比法"为依据的。其实"自觉对比法"同以往的语法—翻译法之间有着继承和发展的关系，同多于异，实际上是一种现代形式的语法—翻译法（章兼中，1983）。因此，我们可以说在新中国成立后很长的一段时间里，中国外语教学的基本路子是语法—翻译法。

尽管在20世纪50年代时直接法在我国曾被视为"帝国主义教学法"、"资产阶级教学法"，受到了严厉的批判，但到了20世纪60年代，由于中央领导同志以及当时教育部对外语教学的重视，在一些高等学校和中学中曾出现提倡听说领先法的热潮。当时的听说领先法主要是直接法。正如许国璋先生所说："当听说法在1964年引进时，我们只注意了方法方面的问题，对于学习内容和以学生为中心的学习策略等方面都未能涉及。"

从新中国成立到文化大革命前，教育部不但在不同的时期按当时变化的形势调整英语教学方面的工作（韩宝成、刘润清，2008：150），而且组织编写和出版了一系列英语教材。由周谟智等编写的《初中英语》和《高中英语》课本（人民教育出版社，1956—1957），上海外国语学院、北京外国语学院和人民教育出版社编写的《初中英语》和《高中英语》（人民教育出版社，1960—1961），以及由人民教育出版社出版的《十年制中学英语》都是当时使用较多的教材。影响较大的英语教材当属许国璋主编的《英语》。这套大学英语教材既体现了20世纪五六十年代结构主义学派的教学思想，也集中反映了新中国成立以来北京外国语学院的教学经验。它具有课文题材多样，文字讲究，语音、语法、词汇系统安排得当等特点，在外语界和广大群众中享有盛名。由于社会的需求和人们的喜爱，在“文革”后它也一版再版。

2.5.3 文化大革命期间的外语教学

1966年开始的文化大革命是中国外语教学史上最黑暗的年代，在十年浩劫期间，中学外语几乎陷于停顿状态（刘道义，2008：7）。如果在一些学校里还开设有英语课的话，它的开设目的只不过是为了学习好英语的字母以利于其他学科的教学。其学习的内容，大部分都是一些政治口号的英译。在此期间，中学英语教学遭到巨大的破坏，学生的英语水平大大降低。

2.5.4 从1977年至20世纪90年代的外语教学

随着“四人帮”的垮台和文化大革命的结束，中国的外语教学迎来了繁花盛开的春天。1977年，邓小平根据我国科技和教育的情况一次又一次作了抓好科技工作和人才培养的指示。为更快、更多地培养建设人才，1978年，教育部颁布了《全日制十年制中小学英语教学大纲（试行草案）》，对英语课的开设、教学目的和要求、课时和方法等都作了具体的规定。之后，当时的国家教委在1986年颁布了《全日制中学英语教学大纲》。该大纲把英语学科从单纯的工具性学科提升到以交际工具性为主，兼有传授语言知识、文化背景知识，提高文化素质，开发智力的综合学科。国家教委还组织专家学者开始编写中、小学各科（包括英语）的通用教材。由中小学通用教材英语编写组编写的全日制十年制学校初中英语课本和全日制十年制学校高中英语课本分别在1979年和1984年出版并在全国范围内使用。在编写通用教材的基础上，由刘道义、唐钧等专家组成的教材编写小组对上述教材进行修订，最后，分别在1982年和1986年由人民教育出版社出版了初级中学英语课本和高级中学英语课本。在修订过程中，专家们既参考了不少听说法和情景法的教材，也考虑到我国外语教学的实际情况。可以说，它们还是结构主义语言观和行为主义语言学习观的产物（刘道义，2006：18）。

与此同时，北京外国语学院受教育部委托，编写专业教材《英语》，该教材也采用听说领先、句型为主的听说法。

20世纪八九十年代，我国学者与外国学者之间的交流不断增加，我国学者越来越多地参与了交际法、第二语言习得理论以及心理语言学和社会语言学等方面的研究，并取得了丰硕的成果。为搞好基础教育阶段的英语教育，提高中小学英语教学质量，当时的国家教委还组织专家对英语教学大纲进行编写和修订。国家教委在1986年颁布了《全日制中学英语教学大纲》后，1992年正式颁布《九年义务教育全日制初级中学英语教学大纲》，1993年又颁布了《全日制高级中学英语教学大纲》。大纲中内容的更新和变化反映了我们的语言观和语言学习观的变化。上述1992、1993年颁布的大纲，接受了交际大纲的优点，更强调语言的运用，重视学生对日常交际用语的掌握，重视培养学生的交际能力。在新大纲指引下，在20世纪80年代后期和90年代初我们已编出了重视语言运用，重视培养学生交际能力的多种中学英语教材（刘道义，2006：21），如 *Junior English for China*，*Senior English for China*，沿海版英语教材等八种不同的教材，真正出现了"一纲多本"的局面。

1977年以后，高等学校的英语教学也发生了很大的变化。1986年，《大学英语教学大纲》正式问世；同年，在上海讨论并通过了《高等学校英语专业基础课教学大纲》；1987年11月又讨论通过了《英语专业高年级英语教学大纲》。这些吸收了交际大纲精华的教学大纲的问世，标志着中国外语教学进入了一个新的时期。在中国，英语教学正朝着培养学生交际能力的方向前进，交际法的很多原则越来越为人们所理解和接受，交际法的操作方法越来越多地为人们所使用。

1977年以来，中国外语教学的繁荣发展，不但体现在大纲的制定、教材的编写、教法的改进上（桂诗春，2000：2~3），还体现在外语教学界学术活动和学术气氛的活跃、学术团体的建立和学术刊物的兴办上。

2.5.5 21世纪前后的外语教学课程改革

为了迎接21世纪对基础教育的挑战，教育部在20世纪90年代中后期决定进行新一轮的课程改革。在对我国九年义务教育课程实施状况进行调查的基础上，结合对国外课程改革的研究，教育部组织专家着手研制相关的课程标准。1999年4月，以陈琳为组长、王蔷为副组长的专家组开始进行国家义务教育阶段英语课程标准的制定。英语课程标准将成为我国21世纪中小学教育英语科的大纲。《全日制义务教育普通高级中学英语课程标准》（征求意见稿）于2000年1月在《中小学外语教学》杂志上公开发表征求意见，其实验稿由教育部于2001年正式颁布并于同年进行实验。截至2003年，全国共有1 642个实验区，3 500万中小学生使用新课程（王湛，2003：2）。同年教育部又颁布了《普通高中英语课程标准（实验）》并于2004年开始在广东、山

东、宁夏和海南省进行实验。以上英语课程标准有如下五个特点:

(1) 在课程的总体目标设计上，力求体现素质教育的思想，突出对学生综合语言能力的培养。

(2) 以目标分级方式设计新的英语课程，取代现行大纲分学段、分年级的设计模式。

(3) 以培养学生的语言运用能力为主线，突出语言的实践性，适当提高对词汇的要求。

(4) 建立了新的评价体系，不仅包含对学生的评价，而且提出对学校和教师的评价，并提出重视对学生学习过程进行评价的思想。

(5) 充分利用现代化教学资源，拓宽学习渠道，创设良好语言环境，为学生自主学习和终身教育创造条件。

为了配合英语课程改革，人民教育出版社、北京师范大学出版社、外语教学与研究出版社等单位纷纷出版了反映新课程理念的教材，如 *Go for It*, *New Senior English for China* 等。新世纪外语教学改革在高等学校层面上也同时进行。

20 世纪 90 年代末，为总结 20 世纪 80 年代颁布的《大学英语教学大纲》(分理工科和文理科) 和 20 世纪 80 年代末 90 年代初颁布的《英语专业基础阶段大纲》和《英语专业高年级大纲》的实施情况，研究如何在新的形势下进行大学英语教学和英语专业的教育方面的改革，以迎接 21 世纪的挑战，由高等学校大学外语指导委员会和高等学校外语专业教学指导委员会组织专家对过去的大纲进行修订，并制定了新的《大学英语教学大纲》(不再分理工科和文理科)、《大学英语课程教学要求（试行)》和《高等院校英语专业英语教学大纲》(不再分基础阶段和高年级)。新的大纲都已由教育部高等教育司分别于 1999 年、2000 年和 2004 年颁布并开始在全国实施。新的大纲体现了教育思想和观念的转变，体现了新世纪对大学英语和英语专业新的要求，为我们培养具有扎实的英语基础、宽广的知识面、较强的能力和较高素质的大学生指明了方向并制定了措施。

随着对英语课程标准、《大学英语课程教学要求》和《高等院校英语教学大纲》的学习和讨论，我国英语界在世纪之交再一次出现对教育思想和观念展开大讨论以及对英语教学不同层面的改革进行研究的景象。轰轰烈烈的英语教学改革的浪潮正席卷全国。

思考和练习

1. 为什么说目前外语教学很多有争议的问题其实都不是什么新问题，今天的争论只不过是我们对外语教学史不同时期曾经提出过的问题作出反应而已？

2. 语法—翻译法是怎样建立起来的？

3. 在建立情景法时，哪些英国语言学家作出了较大的贡献？

4. 以听说法为例，说明教学法的发展与社会环境、社会需要联系密切。

5. 交际法是在怎样的历史环境中发展起来的？

6. 你认为强任务派还是弱任务派更能被你接受，为什么？

7. 你是如何理解21世纪出现在我国的外语教学课程改革的？

8. 阅读韩宝成老师2010年发表在《外语教学与研究》上的文章“关于我国中小学外语教育的思考”，谈谈你的看法。

参考书目

[1] Alexander, L. G. *New Concept English* [M]. 4 books. London: Longman, 1967.

[2] Bowen, J. D., Madsen, H. & Hilferty, A. *TESOL Techniques and Procedures* [M]. New York: Newbury House Publishers, 1985.

[3] Cohen, A. D. *Strategies in Learning and Using a Second Language* [M]. Beijing: Foreign Language Teaching and Research Press, 2000.

[4] Hornby, A. S. *Guide to Patterns and Usage in English* [M]. Oxford: OUP, 1976.

[5] Howatt, A. P. R. *A History of English Language Teaching* [M]. Shanghai: Shanghai Foreign Language Education Press, 1999.

[6] Johnson, K. *An Introduction to Foreign Language Learning and Teaching* [M]. Beijing: Foreign Language Teaching and Research Press, 2002.

[7] Littlewood, W. *Foreign and Second Language Learning* [M]. Beijing: Foreign Language Teaching and Research Press, 2000.

[8] Littlewood, W. *Principles and Practice of Task-Based Language Teaching* [J]. *Foreign Language Teaching in Schools*, 2004, 27 (3).

[9] Littlewood, W. Foreign Language Teaching Methods: From Past Prescriptions to Present Principles [J]. *Foreign Language Teaching in Schools*, 2008, 31 (4).

[10] Nunan, D. *Designing Tasks for the Communicative Classroom* [M]. Beijing: People's Educational Press, 2000.

[11] Nunan, D. *Task-Based Language Teaching* [M]. Cambridge: CUP, 2004.

[12] Oxford, R. *Language Learning Strategies: What Every Teacher Should Know* [M]. Beijing: Beijing World Publishing Corporation, 2008.

[13] Prabhu, N. S. *Second Language Pedagogy* [M]. Oxford: OUP, 1987.

[14] Richards, J. C. & Rodgers, T. S. *Approaches and Methods in Language Teaching* [M]. 2nd ed. Cambridge: CUP, 2001.

[15] Savignon, S. J. Communicative Language Teaching (CLT) for the Twenty-First Century [A]. In: Celce-Murcia, M. *Teaching English as a Second or Foreign Language* [C]. Beijing: Foreign Language Teaching and Research Press, 2006.

[16] Schmitt, N. & Celce-Murcia, M. An Overview of Applied Linguistics [A]. In: Schmitt, N. *An Introduction to Applied Linguistics* [C]. Beijing: Beijing World Publishing Corporation, 2008.

[17] Skehan, P. A Framework for the Implementation of Task-Based Instruction [J]. *Applied Linguistics*, 1996, 17 (1).

[18] Skehan, P. *A Cognitive Approach to Language Learning* [M]. Shanghai: Shanghai Foreign Language Education Press, 1999.

[19] Willis, J. *A Framework for Task-Based Learning* [M]. London: Longman, 1996.

[20] Willis, D. & Willis, J. Task-Based Language Learning [A]. In: Carter, R. & Nunan, D. *The Cambridge Guide to Teaching English to Speakers of Other Languages* [C]. Cambridge: CUP, 2001.

[21] 陈琳，王蔷，程晓堂. 普通高中英语课程标准（实验）解读 [M]. 南京：江苏教育出版社，2004.

[22] 高等学校外语专业教学指导委员会英语组. 高等学校英语专业英语教学大纲. 外语教学与研究出版社，上海外语教育出版社，2000.

[23] 龚亚夫，罗少茜. 任务型语言教学（修订版）[M]. 北京：人民教育出版社，2006.

[24] 桂诗春. 20 世纪应用语言学评述 [J]. 外语教学与研究，2000 (1).

[25] 韩宝成. 关于我国中小学外语教育的思考 [J]. 外语教学与研究, 2010 (4).

[26] 韩宝成, 刘润清. 我国基础教育阶段英语教育回眸与思考 [J]. 外语教学与研究, 2008 (2).

[27] 何广铿, 黄冰, 勒妍. 英语教学研究方法 [M]. 广州: 广东高等教育出版社, 2009.

[28] 教育部高等教育司. 大学英语课程教学要求（试行）[M]. 上海: 上海外语教育出版社, 2004.

[29] 课程教材研究所. 20世纪中国中小学课程标准·教学大纲汇编——外国语卷: 英语 [M]. 北京: 人民教育出版社, 2001.

[30] 李良佑, 张日升, 刘犁. 中国英语教学史 [M]. 上海: 上海外语教育出版社, 1988.

[31] 刘道义. 新高中英语教与学 [C]. 北京: 人民教育出版社, 2006.

[32] 刘道义. 基础外语教育发展报告（1978—2008）[M]. 上海: 上海外语教育出版社, 2008.

[33]《面向21世纪的大学英语课程教学内容与课程体系改革研究与实践》项目组.《大学英语教学大纲》（高等学校本科用）修订说明. 外语界, 1999 (4).

[34] 王湛. 巩固成果　开拓进取　深入开展基础教育课程改革的实验与推广工作（代序）[P]. 见: 陈琳, 王蔷, 程晓堂. 普通高中英语课程标准（实验）解读 [M]. 南京: 江苏教育出版社, 2004.

[35] 章兼中. 国外外语教学法流派 [M]. 上海: 华东师范大学出版社, 1983.

[36] 中华人民共和国教育部. 全日制义务教育普通高级中学英语课程标准（实验稿）[S]. 北京: 北京师范大学出版社, 2001.

[37] 中华人民共和国教育部. 普通高中英语课程标准（实验）[S]. 北京: 人民教育出版社, 2003.

[38] 中华人民共和国国家教育委员会. 全日制中学英语教学大纲（修订本）[M]. 北京: 人民教育出版社, 1990.

[39] 中华人民共和国国家教育委员会. 九年义务教育全日制初级中学英语教学大纲 [M]. 北京: 人民教育出版社, 1992.

第 3 章

外语教学法的主要流派

外语教学法简史告诉我们，不少学者为了使外语教学更有成效，按照他们对语言理论的不同理解和对语言学习的不同认识，不断地进行有关外语教学方法的研究和探讨。2 500 多年的外语教学历史长河中出现过不少教学法流派。这些教学法的相继出现和不断改进，促进了外语教与学研究的深入，提高了人们对外语教学的认识。研究结果使人们逐渐明确什么是语言，逐渐了解语言学习的过程，以及应如何按照不同的对象、不同的学习目标，使用不同的教学方法去进行语言教学。因此，了解各种教学法的原则和具体的操作方法有利于我们了解各种外语教学方法的优缺点，从而使我们能从实际出发，在教学实际中选用恰当的方法进行教学，以便能在教学实践中取得理想的效果。

本章介绍外语教学法的主要流派有以下三个目的（Richards & Rodgers，2001：16；Larsen-Freeman，2001：ix ~ x）：①外语教学法的研究能让外语教师了解外语教学的发展现状；②外语教学法不是作为一成不变必须遵守的教学规范去学，而是作为在实践中可利用的资源去研究，以便明了自己教学行动背后的理据，以使他们能按自己的实际和需要加以运用；③对各种教学法的学习能让教师了解教学的基本技能，有助于他们在工作中的专业发展。

3.1 描述各种教学法的框架

理查兹和罗杰斯（Richards & Rodgers，2001）在他们所著的《语言教学的途径和方法》中，把构成各种教学方法的组成部分描述为观点（approaches）、设计（design）和步骤（procedures）。在理查兹和罗杰斯的模式里，观点指的是语言理论和语言学习的理论，或称语言观和语言学习观。

设计中包括了使用此方法的目标，教学大纲，教学中的活动，学习者、教师和教材的作用。步骤则指在课堂上看得见、摸得着的一个接着一个的具体教学环节。在这个模式中，我们更能了解语言理论和语言学习理论在某一教学方法中的作用。理查兹和罗杰斯关于教学方法的描述可见下图（Richards & Rodgers，2001：33）：

- 教学方法
  - 观点
    - 语言理论
      - 语言能力本质的描述
      - 语言结构基本单位的描述
    - 语言学习理论
      - 语言学习中语言心理和认知过程描述
      - 语言学习所需要的条件的描述
  - 设计
    - 使用此方法的目标
    - 教学大纲（选择和组织教学材料的标准）
    - 教学中的活动（课堂教学中的任务、活动的设计）
    - 学习者的作用（学习者要完成的任务、学习者控制学习内容的能动性、学习者的组织形式、学习者相互影响的程度、学习者的角色）
    - 教师的作用（教师要完成的任务、教师对学生的影响力、教师对学习内容的控制度、与学生之间互动的形式）
    - 教材的作用［教材主要功能、教材形式（课本、录像等）、教材与其他语言输入的关系、对教师和学生的关系的观念］
  - 步骤—方法使用时课堂的技巧、活动的行为
    - 教师使用的资源
    - 课中互动模式
    - 教师、学生使用的策略

语言教学方法的组成部分

（引自 Richards & Rodgers，2001：33）

理查兹和罗杰斯的模式是一个描述各种教学方法较好的框架，它不但包含各种外语教学方法创立的理据（语言理论和语言学习理论），还包括实施这些方法的具体技能和活动。基于理查兹和罗杰斯的模式，我们在下面将从八个方面对各种方法进行描述。

3.1.1 语言和语言学习的观点

一种外语教学方法的创立或使用能反映人们对语言和语言学习的认识。如果我们认为语言是一个由结构组成的系统，该系统由音素、词素、单词、句子和篇章组成，学习语言就是掌握这个系统，这样的认识可称为结构主义

的语言观（Richards & Rodgers，2001：20～21）。对语言的认识除了结构主义的观点外，还有其他的认识，如功能派和互动派的观点等（Richards & Rodgers，2001：21～22）。

由于对语言学习过程和所需条件有不同的理解和认识，人们会提出不同的语言学习理论和观点。如果我们认为语言学习是一个习惯养成的过程，在这个过程中我们接收语言输入，通过语言结构的操练可逐步地掌握语言技能。这种观点可称为行为主义的语言学习观。语言学习理论可分为两类：一类强调学习条件，一类强调学习过程（Richards & Rodgers，2001：22～24）。斯温纳提出的“可理解输出”假设属于前者，而习惯养成理论和技能学习理论（skill learning model，见 Littlewood，2000：73～74）则属于后者。除这些理论以外，还有其他的理论，如二语习得理论，克拉申的监察模式就是一例，它是既强调条件也强调过程的理论。

有些外语教学方法主要是依据语言理论建立起来的，而另一些可能是依据语言学习理论创立的。当然，也有同时以某一语言理论和某一语言学习理论为基础的教学方法，如听说法和情景法（Richards & Rodgers，2001：54～58）。

3.1.2　教师的教学目的

教师的教学方法不仅受教师对语言和语言学习的看法的影响，而且还受制于他的教学目的。如果教师将语言看成是一门知识，他的教学目的是通过外语教学对学生在智力方面进行磨练，使学生能阅读外语的文学作品，他便会使用语法—翻译法进行教学；但如果将语言看做一种技能、一种习惯，想通过大量机械的模仿练习让学生掌握语言，他就会采用听说法、口语法或情景法去教授外语。教师的教学目的是各种各样的，它可以是培养学生的交际能力，训练学生懂得对不同的人、在不同的场合和时间说不同的话；也可以是通过教学，促使学生弄懂有关某一门外语的知识；还可以是培养学生的听、说能力或阅读能力。当然，教师所采用的教学方法也从一个侧面反映了教师的教学目的。

3.1.3　主要教学活动和特点

不同的教学方法可以采用不同的教学活动来达到其教学目的。不同的教学活动也可以成为区别不同教学方法的依据。通常可以观察到的教学活动包括：课文朗读、句子翻译、课文大意译述、对话、问答、句型操练、对指令的反应、信息交流、角色扮演、用语言来解决问题和课文内容复述，等等。当然，不同的教学方法会采用不同形式的教学活动，这也与教学理论有关。

但在采用不同的教学方法时，也有可能采用同样的教学活动和形式。当然，这些活动的采用可以为不同的教学目标服务。例如，在听说法和在交际法中都会使用句型操练这一教学活动，但句型操练在听说法里是教学中最中心的活动形式，而在交际法中，它是为交际做准备的一种活动。因此，同一种教学活动可以为不同的教学目的而出现，使用于不同教学方法的教学过程中。

3.1.4 强调哪一方面能力的培养

不同的教学方法在能力培养方面都有其不同的侧重点。有的教学方法着重培养学生的听、说能力，有的则着重培养学生的读、写能力；有的重视对语言结构的掌握，有的则重视对语言功能而不是语言形式的掌握。由于有不同的教学对象和不同的培养目标，我们应该按照实际情况采用不同的教学方法，这样才能做到有的放矢。

3.1.5 教学材料的设计

教学材料的设计是按照教学大纲来进行的。不同的教学方法采用不同的教学大纲。语法—翻译法和听说法的教材是按照语法大纲来编写的，而交际法的教材很多则以功能—意念大纲为主线（有些也结合语法大纲来考虑）来编写。不同的教学材料在其内容（语音、语法、语言功能等项目）和内容的安排方面都会有所不同。传统的做法是线性排列、项目按次序一个个地传授和训练。现在更多学者则主张螺旋式的排列。这种排列能让项目在完成一定次序后再出现，逐步深化，这种安排更接近我们对事物的认识和语言学习的自然过程。比较一下人民教育出版社编写的初级中学和高级中学的《英语》、它和英国朗文出版集团有限公司合编的 *Junior English for China* 和 *Senior English for China* 以及按《普通高中英语课程标准（实验）》编写的 *New Senior English for China*，我们对教材中各个项目内容的排列和设计会有一个更明确、更清楚的认识（参看刘道义，2006：17～29）。

3.1.6 教师和学生在教学中的任务和作用

在不同的教学方法中，教师和学生的作用是不同的。在一种教学方法里（如语法—翻译法），教师被视为知识的传授者和教学上的权威代表，而在另一种教学方法里（如交际法），教师可被看做语言的交际伙伴，同时也是课堂教学的组织者、学生学习上的顾问和学生学习外语的带路人（facilitator）。和教师一样，学生在不同的教学方法中担任的角色也不同。他的作用可以是主动的，以表演者、交际者、问题解决者的角色出现，也可以是被动的，以知识的接受者或对语言刺激作出相应反应的模仿者出现。就是在教学的不同阶段或教学的不同时间，教师和学生的作用和任务也可不同。

当然，使用不同的教学方法或在不同的教学阶段，教师和学生作用的不同，也受到不同的语言观和语言学习观的影响。

3.1.7 母语的作用

不同的教学法对母语的作用有不同的看法。著名的语言学家斯特恩（Stern）认为，怎样看待和处理母语和外语的关系，是学习外语要解决的一大难题（Stern，1999：402~403）。语法—翻译法认为母语的知识可以被运用到外语学习上来，因此在使用语法—翻译法教授外语时，教师基本上是使用母语进行的。而直接法则认为外语教学应与母语脱钩，因此，在使用直接法教学的课堂里，母语是避免使用的。虽然使用母语与否只不过是在教学过程中表现出来的一种现象，这一现象却反映了人们对语言学习的观点。在学习外语时，需要建立一个外语语言系统，这个系统与母语系统之间的关系如何？它是在母语系统基础上重建的，还是在母语系统之外独立建造的呢？这是两种不同的看法（Stern，1999：403）。怎样正确对待母语和外语之间的关系，是个值得研究的问题。

3.1.8 对待学生错误的态度

在学习外语的过程中，错误的发生是不可避免的，教师对学生所犯的错误可以采取不同的态度。如使用听说法的教师，在学生的错误一出现时，马上就加以纠正，这也是强调语法教学和主张行为主义的教师的做法。在这些教师看来，语言是一套习惯，要养成良好的习惯，必须把不正确的习惯在刚开始出现时，就克服掉。但有些教师认为，学习外语的学生能像母语学习者一样，在学习语言过程中自我改正错误。也有些教师认为，熟能生巧，练习多了，错误便能自己改正，因此对这部分教师来说，错误可以少管或不管。

对待学生的错误的不同处理方法也反映了我们对外语学习过程的不同理解。外语学习是一个漫长的内化过程，在这一过程中，学生会以一种中继语（介乎母语和外语之间的语言）进行交际。因此，错误的出现是不足为奇的。对错误应分析原因、找出问题、注意时机，并采取不同的方法帮助学生克服。

下面的各节将按上述框架对外语教学法的主要流派进行描述。

3.2 语法—翻译法

语法—翻译法是外语教学的一种方法，以翻译和语法学习为主要的教学活动。语法—翻译法为欧洲教授拉丁语和希腊语的传统方法。这种方法从19世纪开始用于教学现代语言，如法语、德语和英语，至今还在许多国家应用。(Richards et al.，2000：201)

3.2.1 语言和语言学习的观点

语法—翻译法把目标语（外语）看成是一个规则系统，这一规则系统能在文本和句子中了解到，并与母语规则和意义有联系。语言学习被视为智力活动，这种智力活动涉及规则学习、规则记忆和以大量翻译方式与母语意义相联系的操作。(Stern，1999：455)

3.2.2 教师的教学目的

按照使用语法—翻译法的教师的理解，学习外语的目的是通过学习外语来培养其阅读文学作品的能力。为达到此目的，学生必须掌握外语的词汇和语法规则以便能运用其进行翻译。这些教师还相信，在学习外语的过程中通过背诵语法规则、背诵词汇、应用语法规则做翻译练习等，学生们可以得到很多逻辑、思维的练习，从而使智慧得以提升。

3.2.3 主要的教学活动和特点

语法—翻译法主要的课堂教学活动包括：对整篇课文大意的译述，把课文逐句从外语译成母语的活动，对课文中语法规则作演绎式的讲解，以及直接阅读课文以加深对课文的理解等活动。

假若我们在一个以语法—翻译法为教学方法的课堂听课，教师正在开始教授“最后一课”（“The Last Lesson”），课堂的活动很可能会作如下设计：

首先，教师会用母语把文章的作者和写作背景作一个简单介绍，接着教师会对文章大意进行译述，以使学生对文章的整体有一个初步的理解。

其次，对课文进行逐句翻译。一般来说，在翻译之前，教师会带读单词表里的单词以使学生知道单词的发音和意义。在逐句翻译的时候，教师会先朗读句子，然后用母语解释词的意义、短语的意义和句子的意义。碰到语法方面（包括词法、句法及惯用法）的问题，教师会较详细地解释语法现象、规则和用法，并举例加以说明。逐句翻译和语法讲解是语法—翻译法课堂教学的中心活动，它占去课堂活动的大部分时间。教师在教授第一段“I was very late that morning on my way to school and was afraid of being scolded. The master had told us he would question us on verbs, and I did not know a thing about them, for I had not studied my lesson. ”中的第一句时，教师会边朗读“l was very late. . . ”边把它译成“那天早晨上学，我去得很晚，心里害怕挨骂”。教师还会复习短语“on one's way to a place”，并说明它的意思是“在去某地的路途中”。为让学生更好地掌握该短语的用法，教师会举例“He is now on his way to Shanghai. ”即“他现在正在赴上海的途中”，“On my way home/there/here, I saw my teacher, Mr. Li”中，“home”前不用“to”，因为“home”是副词。教师还会让学生翻译一些句子，如“上学途中我碰见李明”，等等。

在讲授第一句下半句时，教师会较详细地解释“of being scolded”，说明“being scolded”是动名词的被动式。他不但会说明动名词被动式的构成法是being + 过去分词，还会举例说明其用法。例如，动名词的被动式可放在动词后面，也可以放在介词后面，如“I remember being taken to Beijng when l was a child. ”和“Li Ping came in without being asked. ”“I”是“being taken”的语法主语，“Li Ping”是“being asked”的语法主语，但这些都不是逻辑主语，因为它们不是主动者。教师会用这种边翻译、边用演绎法解释语法项目的方法完成全篇课文的讲解。课堂活动除了课文朗读和学生用英语翻译进练习外，绝大部分时间是在用母语进行教学。

在讲解清楚语法和翻译了课文的基础上，教师还会让学生直接阅读课文并做一些阅读理解的练习以加深对课文整体的理解。阅读理解的练习多半是以多项选择的形式出现。例如：

Choose the correct answer to each question according to the text.

1. Where was the writer of the story from?

A. France.

B. Germany.

C. England.

D. Switzerland.

2. Who was little Franz?

A. A hard-working student.

B. A boy who did not work hard at his lessons.

C. A boy who usually went to school on time.

D. A soldier's son.

到此为止，教师基本完成了一课的教学。教师还可以根据情况让学生做一些笔头的翻译练习。

3.2.4　强调哪一方面能力的培养

语法—翻译法重视词汇和语法的学习，强调阅读和写作两个方面能力的培养，而听、说能力没有得到应有的重视。

3.2.5　教学材料的设计

在语法—翻译法的教材中，不少课文选自外语的文学原著或选自文学原著的简写本或改写本，课文会按照语法现象和项目的出现顺序来安排，很多教材采用线性排列的组织方法。课文后一般编有语法项目的解释、练习，并有外语和母语对照的词汇表，词汇按阅读课文的需要来选择，通常选择生词或旧词新义。

3.2.6　教师和学生的作用

在该教学法里，教师是课堂教学的权威、知识的传授者和课堂教学的组织者。学生在教学中接受教师的教导并按教师的指示去做。

3.2.7　母语的作用

母语在语法—翻译法中是教学语言，教师用母语翻译外文，进行语法讲解，并用母语回答学生的提问。外语的意思是靠译成母语来理解的。

3.2.8　对待学生错误的态度

由于使用语法—翻译法的教师重视语言准确性的培养，他们期待学生能在翻译方面达到较高的水平，因此，他们对学生的错误会及时纠正并为学生提供练习的正确答案。

3.3　直接法

直接法是外语教学的一种方法，具有以下特点：

（1）只使用目标语进行教学。

（2）意义通过语言、动作、物体等手段结合情景来表达。

（3）先教说，然后教读、写。

（4）用归纳法讲授语法。

直接法在19世纪末是作为对语法—翻译法的批判而创立的（Richards et al.，2000：136～137）。

3.3.1 语言和语言学习的观点

主张直接法的学者认为口语而非笔头语是第一性的，所以学生应学习日常使用的目标语。外语学习和母语学习相似，语言学习过程可用联想心理学（associationist psychology）解释。因此，声音、简单句子会与教室、家庭、街道等不同环境中的实物、人物等相联系进行教学（Stern，1999：459）。

3.3.2 教师的教学目的

使用直接法的教师旨在培养学生使用外语进行交际的能力。虽然听、说、读、写四种技能都要培养，但在入门阶段，重点放在口语能力的培养方面。为了达到培养学生用外语进行交际这一目的，学生应学会用外语进行思维，只有这样，学生才能摆脱母语的干扰，用外语表达自己的思想。

3.3.3 主要的教学活动和特点

直接法得名主要是由于它主张在外语教学中外语词语应该同它所代表的事物和意义直接联系起来。这种联系是直接的，它不需要以翻译作为中介。直接法的主要目的是培养学生用外语进行交际的能力，而在初级阶段主要是口头交际的能力。因此，在直接法的课堂里，教学活动有如下三个特点：①全外语的教学。教师使用外语进行教学，并广泛使用实物、图画、手势、表情等直观手段对外语的词义和句子作解释，以使意义清楚。②模仿、朗读和问答是主要的教学活动形式。这些活动有利于帮助学生掌握好正确的语音、语调和培养学生的口头表达能力。由于直接法主张听、说、读、写同时并进，在突出听、说技能训练的同时，读、写也要从一开始就抓起。③教师要求学生在提问或对教师的问题作答时，均以完整的句子说出问句或答句，因为句子被视为口头交际的基本单位。

美国教学法专家拉森—弗里曼记录了一些教师参观一个直接法教学课堂的情况。根据拉森—弗里曼的描述我们能更好地理解直接法课堂教学的活动和特点（Larsen-Freeman，1986；2001：23～26）。当时，教师正在教授一篇题为“Looking at a Map”的课文，课文描述美国地理的情况：

We are looking at a map of the United States. Canada is the country to the north of the United States, and Mexico is the country to the south of the United States. Between Canada and the United States are the GreatLakes. Between Mexico and the United States is the Rio Grande River. On the East Coast is the Atlantic Ocean, and on the West Coast is the Pacific Ocean. In the East is a mountain range called the Appalachian Mountains. In the West are the Rocky Mountains.

该课是以学生一个接着一个朗读课文的句子开始的。每当学生们读完一个句子，教师即指向教室中挂着的地图的某一部分，这一部分就是学生朗读句子所指的那一部分。这样一来，在地图的帮助下，学生们明白课文内容并加深了对句子意思的理解。接着教师让学生提问。当有同学问及“mountain range”的意思时，教师在黑板上画了好多个锥体（∧∧∧ ∧∧∧∧）来解释山脉之意。然后按课文内容向学生提问并要求学生用完整的句子作答。例如：

Teacher：Class，are we looking at the map of Italy?
Students：No，we aren't looking at the map of Italy.
Teacher：Are we looking at the map of the United States?
Students：Yes，we are looking at the map of the United States.
Teacher：Is Canada a state in the United States?
Students：No，Canada isn't a state. It is a country.
Teacher：Are the Great Lakes in the North of the United States?
Students：Yes，the Great Lakes are in the North.
Teacher：Is Mississipi a river or a lake?
Students：It's a river.
...

教师提问结束，再让学生发问。当教师发现有学生在某些单词如“Appalachian”的发音有问题时，他随即要求学生模仿他的发音和他所说的句子，以保证学生发音正确。课文提问环节结束，教师开始另一项练习：以课室为情景，练习使用介词，以使学生更明了介词的意义和用法。教师用提问的方式来练习：“Antonella，is your book on your desk?”“Who is sitting between Luisa and Teresa?”等等。该课是以一个介词的笔头练习和一个听写练习结束的。我们可以注意到，语法的教学在直接法和语法—翻译法的课堂处理是完全不同的。在语法—翻译法的课堂里，语法是以演绎法的途径教授的，即讲授语法规则，然后用例子加以说明和解释。而在直接法的课堂里，语法是以归纳法的途径去教授的，即让学生先掌握语言材料，再从他们所积累的感性语言材料中总结出语法规则，教师不在学生接触语言材料之前去讲授任何语法规则。

3.3.4 强调哪一方面能力的培养

在直接法的课堂里，虽然听、说、读、写的训练一开始就已出现，但是口语被视为基础，特别是在入门阶段，教师的工作重点是培养学生口头交际的能力。阅读和书写的练习都是根据口头练习过的材料来设计的。由于对口头表达能力的偏重，教师从一开始就重视训练学生良好的发音和扩大学生的词汇量。相比之下，语法规则的学习和讲解则重视得不够。

3.3.5 教学材料的设计

主张直接法的学者在编写教材时，很注意使用“活语言”作基本材料，在教材中安排讲授“日常用语”，以使学生能学用结合，学以致用。有些学者认为，按直接法的教学大纲编写教材是以情景（如教授“购物”、“在银行里”等情景中使用的语言）或以某一话题为基础的（如教授谈论“天气”、“地理”等话题的语言）（Larsen-Freeman，2001）。

3.3.6 教师和学生的作用

虽然在直接法的课堂里教师主持所有教学活动，但学生要比在语法—翻译法中主动得多。教师和学生有着一种搭档（或伙伴）的关系，学生可以向教师提问和回答教师的问题，教师可以向学生提问和回答学生的问题。此外，学生也可以与学生进行对话并讨论问题。

3.3.7 母语的作用

由于直接法强调语言形式同客观表象之间联系的直接性，认为在外语形式和客观表象之间不应加进相应的母语形式，否则，母语将会成为学习外语的障碍，干扰外语的学习。因此，直接法主张全外语式教学，不应该在外语课堂中使用母语。

3.3.8 对待学生错误的态度

从教学法简史我们知道，直接法是在学者们对孩子学习母语、运用母语进行观察的基础上建立起来的。而孩子学习母语，犯错误是不可避免的，父母不会过多指责孩子的错误，相反他们会以不同的形式，讲出正确的语言，好让孩子自己去纠正错误。使用直接法的教师对学生的错误也如父母对待孩子的错误一样，采用各种不同的方法使学生自己纠正错误。例如，当一个学生提问“What is the ocean in the West Coast?”时，教师可以说“You say ‘what is the ocean on the West Coast?’”以谆谆教导的方式让学生自己意识到自己的错误，最后达到自我改正的目的。

3.4 情景法（Situational Language Teaching）

情景法又称口语情景法（oral approach and situational language teaching, J. C. Richards & T. S. Rodgers, 2001），是20世纪30年代至60年代期间由英国应用语言学家创立的英语教学法。帕尔默（Harold Palmer）和霍恩比（A. S. Hornby）是创立该法的两个著名的代表人物。情景法的影响较大，我们不少人现在还在使用按它的原则编写出来的教科书、工具书和字典，如《新概念英语》（*New Concept English*）、《英语句型和惯用法》（*Guide to Patterns and Usage in English*, A. S. Hornby）和《现代高级英语学生字典》（*The Advanced Learner's Dictionary of Current English*，后来改名为 *Oxford Advanced Learner's Dictionary of Current English*, A. S. Hornby 等）。虽然情景法和听说法具有共同的理论基础，但是，情景法也有不同于听说法的特点，即它强调语言在情景中的应用。皮特曼对情景法的论述如下：“Our principal classroom activity in teaching English structure will be the oral practice of structures. The oral practice of controlled sentence patterns should be given in situations designed to give the greatest amount of practice in English speech to the pupils.”（Pittman, 1963: 179. In: Richards & Rodgers, 2001: 40）。

3.4.1 语言和语言学习的观点

情景法的语言观是英国的结构主义。英国学者霍比恩和帕尔默（Hornby & Palmer）认为口语是语言的基础，结构是讲话能力的核心，应在情景中通过口头练习来学习语言结构。帕尔默还指出学习语言有三个过程，即接受语言输入，通过重复操练记住和在实际练习中使之变为个人技能（Richards & Rodgers, 2001: 40 ~41）。很明显，行为主义的习惯形成理论是他们的语言学习观。

3.4.2 教师的教学目的

使用情景法的教师希望通过英语教学培养学生四种基本的语言技巧，即听、说、读、写的能力。他们认为这些技巧是通过对语言结构的掌握获得的，而语言结构又是通过口语的训练来掌握的。

3.4.3 主要的教学活动和特点

亚历山大为使教师能遵循情景法的教学原则和操作步骤去教授《新概念英语》，在教师用书中，他不但就每册课本提出了具体的操作步骤，而且对每一课的课堂活动也作了详细的说明。《新概念英语》的教学活动可以概括为：提出情景，学习语言；听说领先，反复操练；书面练习，巩固结构。

教师首先根据课本中提供的图画（情景）向学生说明将要学习的内容，接着是听力训练：听对话或课文的朗读（或录音）。由于教师要求学生合书而听，在这一阶段，学生只接触到声音符号和图画提供的信息，没有与文字符号打交道。然后，教师开始对课文或对话进行讲解，并要求学生明白新的词汇和语法结构。教师用英语解释，但碰到特别困难的词汇和结构时，也可用母语讲解。在学生理解课文内容的基础上，教师指导学生对课文的重点结构进行操练。操练时，教师向学生提供一定的语言线索或情景，控制操练的内容，学生则按要求口头操练不同的语言结构。比如，在教授《新概念英语》第二册第一课时，教师可以用两种形式来操练，即提问形式和句型练习形式。用提问形式来练习时，教师可说："Ask me if I went to the theatre." 要求学生说出："Did you go to the theatre?" 教师可以不断地提出要求，要求学生不断发问，如教师可说："Now put 'when' in front of your question." 这时学生应继续发问："When did you go to the theatre?" 用句型操练形式练习时，教师提供关键词和练习的模式，要求学生操练课中的结构。例如，在练习简单句句型时，教师可以提供一定的语言线索，如"walk across the stage，slow"，要求学生说出："She walked across the stage slowly，didn't she?" 句型操练后，教师还可以把一些关键词写在黑板上，要求学生口头复述课文内容。

在听、说练习的基础上，教师会安排笔头练习，好让学生把学到的语言结构加以巩固。笔头练习的形式包括：回答问题、句型转换、造句等（参看《新概念英语》）。

3.4.4 强调哪一方面能力的培养

在《语言教学的途径和方法》一书中，理查兹等总结了情景法的六大特点。其中两个特点是：①"Language teaching begins with the spoken language. Material is taught orally before it is presented in written form." ②"Reading and writing are introduced once sufficient lexical and grammatical basis is established." 这两个特点告诉我们，虽然情景法的目标是培养学生听、说、读、写的能力，但是它强调的仍然是听、说方面的能力。在主张情景法的学者看来，口语是第一性

的，是笔头语的基础，是在教学中应强调的方面。

3.4.5 教学材料的设计

情景法的教材在编写方面有如下两个明显的特点：①按照语言项目的出现频率，选择词汇和语法项目，常用的先安排，先教授；②按照从简单到复杂的原则安排和组织教学内容。

《新概念英语》很能体现这两个编写原则。就词汇项目而言，它先覆盖韦斯特所编的常用词汇表中的2 000个常用词，然后才教授一些较难和出现频率较低的词；就语法结构而言，先教授简单句，然后教授并列句，最后才是复合句（《新概念英语》前言：写给老师们）。

3.4.6 教师和学生的作用

在情景法的教学中，教师不仅是语言楷模，而且是课堂活动的设计者和指挥官。作为语言楷模，教师以正确的英语去设计学习的情景，教师的语言是学生模仿的标准；作为课堂活动的指挥官，他组织和控制所有的课堂活动；作为活动的设计者，他在教学中观察学生的错误，然后考虑在下一堂课中应如何设计教学以便帮助学生改正错误。

在学习的初级阶段，学生是个模仿者，模仿教师的语言，按教师的指令去做。随着学生水平的不断提高，教师会鼓励他们多提问和多做一些控制性较少的活动，如对话等。

3.4.7 母语的作用

在情景法的课堂里，英语是教学语言，教师应用英语组织教学、解释语言项目和布置家庭作业。但在解释语言词汇或结构时，如碰到一些难以解释清楚的项目，教师也可以使用母语讲解一下，但教师不鼓励学生使用母语进行翻译。

3.4.8 对待学生错误的态度

主张情景法的学者认为，语音和语法方面的准确性是十分重要的。因此，在学习过程中应想方设法使学生不犯错误，当错误出现时，教师应予以纠正，以使学生养成良好的语言习惯。

3.5 听说法

听说法是在第二次世界大战期间由美国语言学家建立起来的外语教学方

法。它和直接法共同的地方是强调口语的第一性，强调口头能力的培养。但它也有自己独特的地方，它认为语言是不同的，母语是外语学习的主要干扰，可以使用 CA（Contrastive Analysis）对比分析母语和外语各个层面的异同，预测学习外语时碰到的困难：困难来源于两种语言的差异。“听说领先，读写跟上”可以说是听说法特点的一种表述。

3.5.1 语言和语言学习的观点

听说法把语言看做一个系统，这个系统由在结构上相互联系用以表意的成分组成，这些成分是音素、词素、单词、结构和句型。因此，听说法在语言学理论方面是以结构主义作为其理论基础的。

在语言学习理论方面，听说法是以行为主义的学习理论作为依据的。按照行为主义言语行为的学习模式，语言技能的获得必须通过刺激—反应—强化这一过程。学生会对教师的语言（刺激）作出反应。教师应尽量强化正确的反应，使它们重复出现。由于语言学习被视为习惯的培养，教师会要求学生重复某些语言结构以加快习惯的养成。因此，句型操练在听说法中被视为一种有效的方法。

3.5.2 教师的教学目的

使用听说法的教师希望通过教学培养学生使用外语进行交际的能力。他们认为语言是一套习惯（Language is a set of habits.），学习外语就要养成一套新的习惯。而要这样做，就要超量地学习（overlearn）语言，通过大量的模仿、记忆和操练，熟练掌握各种语言结构（包括语音、语法和词汇的结构），在运用各种语言结构进行交际时能达到不假思索脱口而出的程度（或称为自动化的程度）。为能自动化地使用外语，学生们必须克服母语的旧习惯对外语新习惯的干扰。

3.5.3 主要的教学活动和特点

由于听说法重视口语教学，教材中每课书均由对话开始。因此教授对话是听说法课堂的主要活动。听说法课堂的教学活动和特点可以总结为：教授对话，听说领先；跟读模仿，句句复述；强化操练，掌握句型；巩固口头，读写跟上。

为把对话教得生动活泼，教师可以通过不同的方式进行表演。例如，在一个听说法的课堂中（参看由 Larsen-Freeman 编导的录像带，1989，USIA），教师正在教授真空吸尘器推销员和顾客之间的对话。为了表演得生动逼真，男教师一会儿把一个蝴蝶结放在头上表演女顾客，一会儿又把蝴蝶结放在脖子前面表演男推销员。

一般说来，教师会把对话表演两次，以使学生听懂对话的内容。然后教师会要求学生一句一句地模仿跟读。如果碰到长的句子，教师会用逆向组句法（a backward building-up drill）来训练学生掌握难句。例如，教师发现学生在跟读"I'm going to the post office."碰到困难时，他会用如下方式教授此句：

Teacher：Repeat after me：post office.
Class：Post office.
Teacher：To the post office.
Class：To the post office.
Teacher：Going to the post office.
Class：Going to the post office.
Teacher：I'm going to the post office.
Class：I'm going to the post office.

这样一来，一步跟着一步，学生便能掌握一些较长或较难的句子。

多次的模仿和跟读后，教师、学生之间会表演对话。表演的形式可以是多样的，既可以由教师扮演对话一方，全体学生扮演对话的另一方，也可以由一半学生扮演对话的一方，另一半学生扮演对话的另一方。无论跟读或对话，其目的都是为了使学生能背诵对话。

接着教师会抽出对话中的一些句型进行句型操练。句型操练可以说是听说法一个很有特色的训练项目。它可以是替换词型（a single-slot substitution），也可以是句型转换型（transformation）。作替换词型的操练时，教师先提供一个句子："I'm going to the post office."然后，教师可以向学生展示一间银行的图画，接着说"I'm going to the bank."接着他可以向学生展示不同的图画：药店、公园、餐馆……训练学生说出"I'm going to the drug store/park/restaurant..."至于句型转换型的操练则更加灵活了，教师可以说出肯定句，训练学生说出否定句或疑问句。教师还可以说出两个句子，训练学生把它们合成一个复合句（定语从句、状语从句等）。教师也可以说出一个句子和提供一个情景，训练学生说出一个某种句型的句子（如倒装句、虚拟语气的句子、感叹句等）。句型操练是训练学生掌握各种句型、句子结构的一种行之有效的训练方式。只要我们运用得当，它会是一种很好的训练项目。

不管是在模仿跟读还是在句型操练的阶段，教师对读得好、做得对的学生都会予以鼓励，教师会说“good”或“very good”，以此促进学生良好习惯的养成。

一般来说，听说训练完成后，教师可以布置阅读和书写的练习，以巩固听、说的效果。也就是在听、说训练完成后，教师才让学生拿到或看到所学对话的书面形式，这大概也就是很多人把听说法的具体操作总结成“听说领先，读写跟上”的原因。

3.5.4 强调哪一方面能力的培养

创立听说法的学者认为口语是第一性的，文字是第二性的；听说训练好了，有利于读写能力的培养。因此，听说法强调听、说能力的培养，课堂大部分的时间都花在听和说的训练方面。教师很注意学生的发音和语调，不少教师还使用语言实验室加强听的训练，特别训练学生区分含有不同音位(phoneme)的词对和句子，例如：

We are going to live here.
We are going to leave here.
She's got a pen in her hand.
She's got a pan in her hand.
They came at last.
Day came at last.

他们还会使用语言实验室训练学生掌握正确的语音和语调。

3.5.5 教学材料的设计

听说法教材的编写有两个较明显的特点：一是按结构大纲(structural syllabus)来编写；二是考虑学习者的母语和文化背景，根据不同母语背景的学生的特点来编写。

在结构大纲里，对语言不同的层面（语音、语法、词汇）都有较详细的描述。各种结构都按由简单到复杂的顺序排列好以供编写教材使用。因此，在听说法的教材里，我们可以看到有语音的训练项目（发好某一个音的要领、发音的示意图等）、语法结构的训练项目和词汇的训练项目。但最中心、最重要的项目应该算是句型的训练，这是因为支持听说法的学者认为，语言首先是言语，而言语应通过结构去学习。

由于美国结构主义语言学家认为语言是一套习惯，而语言又各有所异，因此，在学习外语时必须要克服母语习惯的影响而养成外语的新习惯。要找出母语对外语学习的负面影响，使用对比分析方法，比较两种语言（母语和外语）各个系统（语音、语法和词汇系统）的异同，从而找出某一母语的学生在学习某一外语时会碰到的问题。因此在编写教材时，编者会作两种语言不同系统的比较，比较母语和外语在各个层面的异同，并按照学习者不同的情况、不同的母语等编写出不同的教材。

3.5.6 教师和学生的作用

在听说法的教学中，教师不仅是学习外语的楷模，还是课堂活动的指挥官。学生是个模仿者，他时时都在模仿教师的语音、语调，他尽自己的努力争取模仿得像教师这个楷模一样。课堂上的活动，不管是对话的教学还是句型操练都是在教师的指挥下进行的。教师控制操练的速度，掌握操练的类型，鼓励学得好的学生，并纠正学生的错误以防止错误变成坏的习惯。从这个意义上来说，听说法是一个教师起支配作用的（teacher-dominated）方法。

3.5.7 母语的作用

在听说法中，母语的习惯被视为学生学习外语过程中养成外语新习惯的干扰，因此母语不在听说法课堂里使用，外语是教学的语言。为了找出学生学习外语的难点（trouble spots），可以把母语和外语两个系统进行对比分析。按照对比分析结果，母语和外语的不同点将构成学习上的难点。

3.5.8 对待学生错误的态度

听说法认为学习外语是掌握一种新的语言习惯，而习惯的形成主要靠正确的模仿和大量的操练。因此从学习外语的第一天开始，教师就要严格要求学生，要求学生做到理解正确，模仿准确，表达无误。教师应对学生的错误及时纠正，使学生养成正确的外语习惯。

3.6 认知法

认知法是外语教学的一种方法，所依据的观点是，语言学习是主动的心理活动而不单是形成习惯的过程。它强调学习者在运用和学习语言特别是学习语法过程中的积极作用。（Richards et al.，2000：74）

3.6.1 语言和语言学习的观点

乔姆斯基（Chomsky）提出转换生成语法和心理语言学可视为认知法的语

言和语言学习理论（Stern，1999：470）。乔姆斯基认为：语言不是一套习惯的结构，而是一套受规则支配的体系；人类学习语言不是单纯的机械模仿，而是受规则支配的创造性过程。在学习理论方面，学者迪拉（Diller，1978. In：Stern，1999：47）提出认知理论的四原则：①活的语言是受规则支配的创造性活动；②语法规则有其心理的现实性；③人类有独特的学习语言机制；④活的语言是思维工具。按照这些原则，语言教学应视为一个有意识学习的系统（a consciously learnt system），新语言应在实际中呈现和实践，学习语言应在有意义的实践中进行。

3.6.2 教师的教学目的

认知法的教学目的是培养学生实际、全面地运用外语的能力，它探讨怎样才能使成年人掌握外语，以达到使用外语的目的。

3.6.3 主要的教学活动和特点

认知法把外语教学过程分为三个阶段，即语言理解、语言能力和语言运用。

在语言理解阶段，学生要理解教师讲授或提供的外语材料，明白语言规则并懂得它们的构成和用法。按照认知法的理论，语言规则的讲授可采用发现法（discovery learning）。教师可提供易于使学生发现规则的语言材料，从已知到未知，引导学生发现和总结出语法规则。例如，讲到过去时的时候，教师可让学生复习现在时的句子：

He often plays basketball in the evening.

He often stays in the China Hotel.

He often stops to have a rest at noon.

然后说出或写出下面含有过去时的句子：

He played basketball yesterday afternoon.

He stayed in the Garden Hotel last week.

He stopped to have a rest at 2：00 yesterday.

引导学生总结出动词过去式的构成、用法和意义。提供适当的语言材料，引导学生理解和总结语言规则是第一阶段教学的工作。

第二阶段的教学主要是语言能力的培养。语言能力，必须在理解语法规则的基础上，通过有意识、有组织、有意义的操练来获得。操练形式是多种多样的，其中有些形式会与听说法的练习形式相同。但是认知法主张的是做表达思想感情的有意义的练习，而反对那种只重形式的机械性练习。练习的形式可以是看图说话、描绘情景、转述课文、造句和翻译等。

如果第二阶段的练习是紧扣课文、围绕课文的语言点进行且控制性较大的话，第三阶段的教学活动应该是控制性较小的、使学生享有更大自主权的交际性练习。通过多样化的交际性练习培养学生运用语言材料进行听、说、读、写的能力，特别注意培养学生真实的交际能力。

交际性的练习可以是按指定的情景进行交谈，如围绕在商店购物、在医院看病、在餐馆用餐等进行交谈；也可以是按指定的题目进行叙述和讨论，例如，在看了有关“babies”的一篇文章或电影、录像、幻灯片后，要求学生叙述文章或电影、录像中的内容，然后对中国的人口政策——“one family one child”进行讨论等。交际性的练习可以是口头的角色扮演，也可以是书面的作文和翻译。不管其形式如何，第三阶段的交际活动是以学生为中心的，教师处于从旁指导的地位。

3.6.4 强调哪一方面能力的培养

虽然认知法主张听、说、读、写齐头并进，但它过分强调规则的指导作用和成人学习外语的特殊性，因此对语音、语调方面要求的严格程度稍逊于学生的理解能力和自学能力。

3.6.5 教学材料的设计

认知法的教材按有利于培养学生发现和理解语言规则的原则来设计。教材中包括反映外语在不同情景中使用的电影、录像和录音等材料，以便让教师在教学时能对不同的语言结构进行不同形式的操练并创造外语环境让学生进行交际的操练。

3.6.6 教师和学生的作用

认知法认为，在外语学习中，教学活动应以学生为中心，只有激发学生对外语的兴趣，激起他们学习上的动力，教会他们正确的学习方法，他们才能积极、主动和有创造性地学习外语。因此，在外语教学中教师是导师，引导学生解决学习上的问题，引导学生发现语言规则，创造情景让学生操练语言规则。学生是外语的积极使用者，他们在教师的指导下，发现语言规则、理解语言规则并在大量的交际活动中创造性地运用这些规则。

3.6.7 母语的作用

主张使用听说法的学者强调语言的差异性，而赞同认知法的学者则强调语言的普遍性和共同性。他们认为，成年人学习外语可以利用自己在母语学习中已掌握了的语法知识、概念和规则，为外语学习服务，促进外语学习。因此母语应该在外语教学中使用，它可以用来讲解语法规则和语言现象。与此同时，支持认知法的学者也意识到母语和外语在结构上存在着差异。母语的过多使用必然会干扰外语的学习。因此，他们认为母语的使用要适量和恰当。一般说来，在教学的第一阶段，即语言的理解阶段可多用母语，在第二和第三阶段应多用外语。

3.6.8 对待学生错误的态度

支持认知法的学者认为，语言习得是按照“假设（hypothesis）—验证（check）—纠正（correct）”的过程进行的。在语言习得的过程中，出现错误是难免的，也是很自然的。学生的错误可能由各种原因造成。母语干扰、教学不当或外语内部某些成分相互干扰都会造成错误。因此，对错误要作具体分析，找出原因，给予必要的指点和提出纠正的方法。但在交际过程中，由于不熟练、疏忽或某些语言项目未习得而出现的错误，只要不影响交际，教师就不必打断学生说话而进行纠正，以便创造一种轻松愉快的交际气氛，让学生更好地运用语言。

3.7 交际法

交际法（the communicative approach）又称功能法（the functional approach）或功能—意念法（the functional-notional approach），产生于20世纪70年代初期的西欧共同体国家。英国学者为创立交际法作出了杰出的贡献。交际法是人们深入研究语言功能的结果，标志着在外语教学中人们开始从只注意语言形式和结构的教学转向注意语言功能的教学。

3.7.1 语言和语言学习的观点

交际法视语言为交际工具。因此，外语教学的目的是培养学习者的交际能力。一个掌握了语言交际能力的人，不仅懂得语言的结构，而且还知道在什么时候、什么场合、对什么样的对象得体地使用语言。在语言教学中，学习者不但要学会结构，更重要的是要学会使用结构，掌握语言功能。强调交际中意义的传递、语言的使用是交际法的特点。

交际法的语言学习理论依据可以从其实践中了解到（Richards & Rodgers, 1986; 2001）。可将它们归纳为三个原则：交际性原则、任务性原则和意义原则。交际性原则认为，涉及真正交际行为的活动促进语言学习；任务性原则指出，使用语言来进行有意义任务的活动能促进语言学习；根据意义原则，对学习者有意义的语言能促进语言学习。按照这些原则，我们应让学生在真正的交际活动中进行有意义的活动，完成一定的学习任务以达到培养语言交际能力的目的。

3.7.2 教师的教学目的

支持交际法的教师的教学目的是培养学生外语的交际能力。“交际能力”是美国社会语言学家海姆斯首先提出来的一个概念。海姆斯认为，一个学习语言的人不但应该有识别句子是否合乎语法规则的能力和造出合乎语法规则的句子的能力，他还必须懂得怎样恰当地使用语言，即对不同的对象使用不同的语言，在不同的场合、不同的时间使用不同的语言。因此，外语教学应培养学生外语的交际能力，即要培养在一定的社会环境中恰当地使用语言的能力。要达到此目标，学生需要懂得语言的形式、意义和功能。他们应该懂得不同形式的语言结构可以表示同一种功能。例如，一个人向另一个人提议做某事时，在非正式场合可以说：“Let's...”，“What about...”，“How about...”，“Why don't we...”；在正式的场合则可说：“May/Might I suggest...”，“Would you care to...”，“If I may/might make a suggestion...”同时他们也应该懂得同一结构也可以用来表示不同的功能。比如用祈使句可以表示：

请求——Pass the salt.

建议——Try the smoked salmon.

邀请——Come around on Sunday.

指引——Turn right at the corner.

因此，学生要通过学习学会使用正确的语言形式来表达思想。

3.7.3 主要的教学活动和特点

利特尔伍德在1981年出版的《交际法》（*Communicative Language Teaching*）一书里描述了交际法教学活动的类型，如下图所示。

图中的四项教学活动是在交际法课堂出现的教学活动。准交际活动是为真实交际做准备而设计的教学活动，可以是句型操练、对话等项目，目的是对外语中的句型和结构进行训练，为交际活动做好准备。如果没有对外语结构和句型的掌握，要进行交际就是困难的。功能性的活动是利用语言功能获取有关信息。社会交际性的活动是利用语言建立和维持人与人之间的友好关系，可以是角色扮演、解决问题等活动。

交际法的教学活动

在交际法的课堂里也有语言结构性的活动。在 *Junior English for China* 的教学步骤中，第 3 项 Drills 就是属于这一类型的活动。这一类的活动与听说法的句型操练有相似的地方，但不完全一样。因为按照支持交际法的学者的要求，可以把这一类型的活动设计得很像真正的交际活动。

按照支持交际法的学者的理解，真正的交际活动应该有三大特点：信息沟（information gap）、选择性和消息的反馈。缺少这些特点的对话就很可能是句型操练，而不是真正的交际。例如，对话双方都知道当天是星期二，为了要练习一下词汇和句型，一个人问另一个人："What day is it today?" 另一个人回答："Tuesday"。这样的对话就不是真正的交际活动，因为两人之间的交际没有信息沟的存在。当一个人不了解某事而与另一个了解该事的人交换信息时信息沟才存在。再举一例，如果我们要求学生把一个陈述句的句子转变为问句，我们可以说："Will you change my sentence into a question? —I went home yesterday." 回答可以说"Did you go home yesterday?" 但这样的对话也不是真正的交际，因为回答者没有选择的自由，而发问者又不可能从回答者的回答中了解到他是否已明白了自己的意思。因此，教师在设计教学活动时也应注意真正交际活动的三大特点。例如，当教师希望学生练习句型"Is it + *adj.* (colour)?" 时，教师可以说："我脑子里想着一个球，球是个有颜色的球，你知道球是什么颜色的吗?" 学生可以问"Is it white/yellow/black/green...?" 等等。这样的操练比听说法的句型练习前进了一大步。

交际法教学的另一特点是教师会尽量使用真实的材料进行教学，这些材料可以取自外文的报纸和杂志，也可以取自外国的电台、电视台或电影。

3.7.4　强调哪一方面能力的培养

在交际法里，语言的功能比结构更受重视。一般来说，交际法的教材按功能大纲来编写。同一功能不同结构的语言分不同的阶段介绍，先介绍简单的，然后再介绍较复杂的。例如，学习“请求”时先介绍“Would you...”“Could you...”然后再学习“I wonder if you would mind...”等。

听、说、读、写四种技能从一开始就进行训练。口头交际被认为是在说话者和听话者之间通过磋商（negotiation）而实现的；进行书面交际时，语言的书面形式的意义也是通过作者和读者之间的相互活动而理解的，读者不仅要看懂文章，更要了解作者的含义。

3.7.5　教学材料的设计

交际法的教材有不同的设计类型，有纯粹功能型的，有结构—功能型的，也有功能—结构型的，还有题材型的。纯粹功能型的教材，考虑到语言形式的不足，会使语言结构失去系统性；结构—功能型的教材，注意了语言结构的安排，但对功能意念项目考虑不足，也会失去系统性；题材型的教材，可以照顾语言形式的系统安排，又能适当地安排功能项目，是编写教材较好的设计形式。

笔者认为，*Junior English for China* 可以算是题材型的教材。在该书中，编者以一组学生、家长和教师为中心人物，通过他们在校内的活动（如上课、生活、过教师节、过愚人节、开运动会、互相帮助等）和校外活动（过生日、过中秋节、家长教师谈话、在农场劳动等）来展示各种学生、家长和教师在实际交际中出现的较真实的情景，让学生在情景中学习英语和运用英语。

题材型的教材可以使语言形式和功能项目有机地结合，能采用语言结构和语言功能项目循环式的编排方法，使语言结构的出现从简单到复杂，使语言功能项目多次出现，有利于学生掌握和运用语言。

3.7.6　教师和学生的作用

在交际法中，教师的作用是多方面的。教师既是组织者，安排全部的教学活动；在教学活动中又是顾问，回答学生提出的问题，观察学生的表现；同时也是交际者，不时与学生用外语进行交际。教师的职责是使学习变得容易些、有趣些。从这个意义上来说，教师也是学生学习的提供方便者（facilitator）。

学生主要是以交际者的身份参加学习的，他们在交际法的课堂上通过交际学习交际。

3.7.7 母语的作用

母语在交际法中没有特别的作用，外语应是交际活动中唯一的语言。在解释课堂活动和布置作业时也应用外语进行。支持交际法的学者认为，要使学生明了外语不仅是一个学习的项目，而且是进行交际的工具。但有些学者认为，有时审慎地使用母语也是可取的，但要合理、适当地使用。

3.7.8 对待学生错误的态度

主张交际法的学者认为，学生在使用外语进行交际时犯这样或那样的错误是正常的，是不足为怪的。学生会在使用外语进行交际的过程中，不断完善自己，从多犯错误到少犯错误。因此，教师应鼓励学生积极用外语进行交际，就算在交际过程中，学生犯某种错误，只要不影响交际，教师也不应打断学生的思路去纠正学生的错误。

3.8 全身反应法

全身反应法是美国心理学家詹姆斯·阿谢尔（James Asher）在20世纪60年代后期创立的一种外语教学法。阿谢尔创立该法的依据是儿童习得母语的表现。儿童学习语言是从听开始的，儿童学习讲话也发生在听别人讲话之后。而且儿童对成年人的指令（command）一般是先作行动的反应，然后才作语言的回答。例如，母亲对玛莉说："Go and get me the duster."玛莉不是先回答母亲，而是先去拿扫帚，回来才对母亲说："Here you are，Mum."阿谢尔认为，成人学习外语与儿童习得母语有相同的地方，因此可以借助儿童学习母语的方式去学习外语。

3.8.1 语言和语言学习的观点

全身反应法的创始人阿尔谢认为，目标语的大部分语言结构以及数以百计的词汇项目都可以通过教师有技巧地使用祈使句来教授。阿尔谢还把刺激—反应看做语言教学方法的学习理论（Richards & Rodgers，2001：73）。因此，我们可以认为，全身反应法体现了以语法为基础的语言观和行为主义的语言学习观。由于在全身反应法中使用了语言和行动的结合，在语言学习层面上，它还与心理学中的记忆痕迹理论，降低忧虑、紧张有利于语言学习等观点有联系。

3.8.2 教师的教学目的

教师希望使用全身反应法帮助学生在轻松自如的学习环境中掌握初步的听、

说能力。在学生还不愿意或不敢参与“说”的训练的时候，教师不应强迫他们参与“说”的活动。这样一来，学生在学习外语时就不会感到有太大的压力。

3.8.3 主要的教学活动和特点

全身反应法主要的教学活动是发命令（issue commands）和对命令作出反应。最初，教师向学生发命令，学生对发出的命令作出反应。例如，听到教师说“Everyone, touch your eyes.”时，每个学生都去摸自己的眼睛；听到“Mary, run to the blackboard and write your name.”时，玛莉会跑到黑板前写下自己的名字。教师在发命令时，会用恰当的语音语调并伴以姿势和面部表情，使人得到一种愉快的感受。

在学生能理解命令和对命令作出正确反应的基础上，学生也可以模仿教师向别的学生发命令。别的学生也会对其命令作出反应。

口头操练结束，学生们学习阅读和书写。当然，阅读和书写的都是口头练习过的祈使句。

3.8.4 能力培养的侧重点

全身反应法侧重培养学生的听、说能力，在语言方面则强调对语法结构和词汇的掌握。

3.8.5 教学材料的设计

在编写教材时，阿谢尔特别注意两件事情：一是选择适合在课堂环境里使用的词汇和语法结构；二是选择学生容易学习和吸收的语言项目。如果发现一些项目（如语言结构、词汇等）不适合在课堂使用，学生也觉得难以掌握时，这些项目就应该在教材中取消。

3.8.6 教师和学生的作用

在全身反应法的课堂里，一般来说，教师是命令的发出者，学生则是对命令作出反应的人。当一部分学生理解了命令并能向别的学生发出命令时，他们也可以成为命令的发出者。

3.8.7 母语的作用

教师可以用母语来介绍全身反应法，但在教学中教师会全部使用外语。

3.8.8 对待学生错误的态度

教师对学生的错误应采取容忍的态度，只纠正一些较大的错误。在纠正错误时也应注意方法，不应使学生感到有压力。

3.9 任务型语言教学模式

任务型语言教学是指在语言教学中使用“任务”作为教学核心单位的语言教学途径（Richards & Rodgers，2001：223）。它可视为交际法在教学方面的发展。

3.9.1 语言和语言学习的观点

任务型语言教学以多种语言模式作为其语言理论。任务型语言教学倡导者在研究任务及其分类时注意语言的结构、功能及其互动模式，如在决定任务的语言复杂度时，斯克汉（Skehan，1999：99）提出要使用结构作标准并注意词块教学的问题；而福斯特和斯克汉（Foster & Skehan，1996）提出按三种功能的方式对任务进行分类；也有一些学者如皮卡主张按互动维度去区别任务的类型（Richards & Rodgers，2001：227）。

任务型语言教学的语言学习观点与交际法一样（见本书3.7的内容）。除此之外，任务型语言教学还有其学习原则，即任务能提供语言习得所需要的语言输入、输出及互动；任务活动能激发学生兴趣及动力；学习困难也能通过协商来解决（Richards & Rodgers，2001：228～229）。

3.9.2 教师的教学目的

任务型语言教学的目的在于培养学生在语言使用活动中准确和有效地进行交际的能力（Richards & Rodgers，2001：230）。学生在完成任务的过程中获得使用语言进行互动的机会，依靠语言互动，学生能获取和理解语言输入，使用语言表述、交流。学生能在意义协商的过程中建构自己的语言系统。

3.9.3 主要的教学活动和特点

尽管任务型语言教学的倡导者在教学模式上没有统一的意见（龚亚夫、罗少茜，2006：203），但如果我们综合强任务派和弱任务派（见本书第2章的介绍）在教学模式中的活动，我们会发现在他们的教学中都包含两种活动类型：任务型活动和语言学习活动。强任务派的任务型活动是真实交际活动和结构性交际活动（authentic communication and structured communication），其他语言学习活动或称使能性任务（enabling tasks）都不算任务型活动；而弱任务派任务则包含所有的任务活动。如果我们把威利斯（Willis，1996）描述的教学模式（步骤）作为强任务派的模式，把努南（Nunan，2004）的模式作为弱任务派的模式，他们的教学模式可表示为：

Willis 的模式：Pre-task（任务前阶段）
Task cycle（任务中阶段）
Language focus（聚焦语言阶段）

Nunan 的模式：Schema building（图式的建立）
Controlled practice（控制性练习）
Authentic listening practice（真实性听力练习）
Focus on linguistic elements（聚焦语言成分）
Provide freer practice（更灵活的练习）
Introduce the pedagogical task（引入教学任务）

比较两种模式，我们可以用下表表示他们的两种类型任务型活动：语言学习活动和任务型活动。

强任务派和弱任务派教学模式比较

强、弱任务派 / 活动种类	Willis 模式的内容	Nunan 模式的内容
任务型活动	在任务前阶段激活相关图式（背景知识）及已掌握的语言结构及词汇 在任务中阶段分组进行真实性的交际活动，之后作准备并汇报结果	在建立图式步骤中激活相关背景知识及已掌握的语言结构及词汇 进行更灵活的练习和真实性的交际活动
语言学习活动	在聚焦语言阶段使用增强意识活动，让学生在教师指导下分析和发现语言特点，之后，设计练习让学生练习语言点	使用控制性练习帮助学生掌握要学习的结构、词汇和功能，使用聚焦语言成分活动练习语言，结合真实性的听力练习加深对语言成分在语境中使用情况的认识

从上表我们可以了解到，两类活动的顺序可作灵活的安排，要了解更实际的课堂操作情况可参考威利斯（Willis，1996）描述的教学个案和龚亚夫、罗小茜（2006）提到的埃利斯（Ellis）在韩国作教学演示的案例。

3.9.4　强调哪一方面能力的培养

在任务型教学活动中，学生使用目标语完成社会中出现的各类任务。在学习过程中，他们通过语言互动进行交际；在大量的听、说、读、写活动中使用语言和语言运用策略交流，最终获得用目标语在社会活动中做事的能力。因此，可以说任务型语言教学强调通过使用目标语互动达到培养交际能力的目的（Nunan，2004：1）。

3.9.5　教学材料的设计

由于任务型大纲在设计方面存在一定的争议，而相关的实证研究又欠缺（龚亚夫、罗少茜，2006：4），因此，不同学者提出了不同的大纲设计思路。人教社的 *New Senior English for China* 在编写时“以话题为核心，以结构和功能项目为主线，组织和安排听、说、读、写的活动，通过‘任务型’活动和完成项目（Project）实现教学目标”。努南主编的 *Go for It* 也可以说是使用同一类模式编写的（龚亚夫、史少茜，2006；刘道义，2006：14）。

3.9.6　教师和学生的作用

教师在任务型教学中要根据学生的需要、兴趣及语言学习水平选择、改编或编写好任务并决定教学的顺序。从这个意义上来说，教师是任务的选择者和决定者。在引领学生进行活动时，教师还扮演着多重角色。他们要帮助学生激活背景知识，组织学生进行小组活动，安排学生汇报做任务的情况并评估学生的活动，给予学生学习方面的反馈。在学习语言的过程中，教师是语言分析的引导者和语言项目操练的组织者。

在任务型语言教学中，学生是小组活动的参与者，活动的监控者、探险者和发明者（Richards & Rodgers，2001：235）。在参与活动的过程中学生会观察自己和同学的表现，监控自己和别人使用语言和学习策略的使用情况并尝试用最好的手段去解决问题。

3.9.7　母语的作用

使用任务型语言教学的目的在于培养学习者使用外语进行交际、做事的能力。因此，外语应是教学中唯一的语言，母语在教学中没有特别的作用。但在一定的场合，教师要解释一些问题时，如涉及两种文化的差异的问题，是否应使用母语也值得我们去思考与尝试（Finocchiaro & Brumfit，1983. In：Richards & Rodgers，2001：156）。

3.9.8　对待学生错误的态度

在进行任务型活动的过程中，学习者会在教师的指引下使用各种资源

（语言和非语言的手段）去完成任务。碰到困难是不奇怪的事，如不懂得“救护车”用英语怎样说，学生会用“car”去表达；不懂得“急救医护人员”用英语怎样说，学生会用“policemen”去代替。这时教师可用重述（recast）的手段“纠正”学生的用法（龚亚夫、罗少茜，2006：204；Larsen-Freeman，2001：147）。这种“纠正”的手段会在任务型语言教学中出现，但不应被视为“纠正错误”而应被看做“意义磋商”和“聚焦形式”。具体的例子可阅读上面两本专著的案例。

思考和练习

1. 你的中学英语老师多使用什么样的方法进行教学？举例说明其教学方法。

2. 尽管语法—翻译法有不少缺点，但它仍然在国内外的不少学校使用，对此现象你能解释吗？

3. 直接法可以在中国课堂使用吗？为什么？

4. 情景法和听说法有什么相同和不同的地方？试举例说明。

5. 真正的交际活动有何特点？试用两个课本中出现过的或你的教师使用过的例子予以说明。

6. 你认为在中国教授英语是使用强任务派的方法得当，还是弱任务派的方法得当？为什么？

7. 你认为在中学课堂可以使用全身反应法吗？

8. 你认为教师对学生的错误应采取什么样的态度？为什么？

参考书目

[1] Alexander，L. G. *New Concept English* [M]. 4 books. London：Longman，1967.

[2] Larsen-Freeman，D. *Techniques and Principles in Language Teaching* [M]. 2nd ed. Oxford：OUP，2001.

[3] Littlewood，W. *Foreign and Second Language Learning* [M]. Beijing：Foreign Language Teaching and Research Press，2000.

[4] Nunan，D. *Task-Based Language Teaching* [M]. Cambridge：CUP，2004.

[5] Richards，J. C.，Platt，J. & Platt，H. *Longman Dictionary of Language Teaching & Applied Linguistics* [M]. Beijing：Foreign Language Teaching and

Research Press, 2000.

[6] Richards, J. C. & Rodgers, T. S. *Approaches and Methods in Language Teaching* [M]. Cambridge: CUP, 2001.

[7] Stern, H. H. *Fundamental Concepts of Language Teaching* [M]. Oxford: OUP, 1999.

[8] Wilkins, D. A. *National Syllabuses* [M]. London: OUP, 1976.

[9] Willis, J. *A Framework for Task-Based Learning* [M]. London: Longman, 1996.

[10] 龚亚夫，罗少茜. 任务型语言教学（修订版）[M]. 北京：人民教育出版社，2006.

[11] 刘道义. 新高中英语教与学 [C]. 北京：人民教育出版社，2006.

[12] 课程教材研究所，英语课程教材研究开发中心. 新高中英语教与学 [C]. 北京：人民教育出版社，2006.

[13] 中华人民共和国教育部. 全日制义务教育普通高级中学英语课程标准（实验稿）[S]. 北京：北京师范大学出版社，2001.

[14] 章兼中. 国外外语教学法流派 [M]. 上海：华东师范大学出版社，1983.

第4章

外语教学的理论基础

外语教学学科的性质决定了它与相关学科之间的联系（吴红云，2008：D13）。它不但与语言学科（linguistics disciplines）有联系，而且还与语言学相关学科（linguistics-related disciplines）和教育相关学科（education-related disciplines）有联系。因此，相关学科的理论会被应用到外语教育教学中（桂诗春，1988：3）。本章介绍外语教学的理论基础，它包括与外语教学有关的语言学科理论，语言学的相关学科理论以及教育相关学科理论。

4.1 语言本质理论

英语教学的内容是语言，如何去教授和学习英语（外语），涉及我们如何认识语言的本质和语言活动。因此，语言学是外语教学法的一门相关学科。人们在对语言的研究中不断地认识语言的属性，对语言结构进行详尽的描述、分析和解释，对语言功能也做过多方面的研究。应该说，不论是对语言从其本身结构的研究，还是从其社会属性方面的探讨，都有助于我们更好地理解语言。对语言本质的研究能为语言教学（英语教学）在教学内容、教学材料安排、教学大纲的设计等方面提供启示。

4.1.1 结构主义语言观

从19世纪末到20世纪中期，不论是在自然科学领域还是在人文科学领域都开展着一场结构主义革命（陈明远，1983：72）。不少学者如帕西（Passy）、斯威特（Sweet）、布龙菲尔德（Bloomfield）、韩礼德（Halliday）等都对语言的结构进行了分析和研究，并提出了自己的观点和理论。在这方面的研究工作中，美国和英国的结构主义语言学家取得了显著的成绩并作出了卓越的贡献。

4.1.1.1 美国的结构主义（American Structuralism）

美国结构主义语言学家的研究工作是从研究没有文字的美洲印第安人的口头语言开始的。他们用语言符号（如国际音标）把印第安人口头讲的话如实记录下来，然后对收集到的口语样本进行不同层面的分析，研究它们的结构和特征。其后，美国结构主义语言学家又运用他们在实践中建立起来的“描写”方法去研究英语和其他印欧系语言。他们认为语言可看做一个把意义编成语码的系统。这个系统由结构相关的成分组成，这些成分是音位、词素、单词、结构和句型。一个语言系统包括它的音位系统、词素系统和句法系统。在音位系统里，应该对音位、音位变体、音位组合的规则进行描述，也应把连贯话语（connected speech）中的语音现象如同化、省音、音的弱化、音的连续、重音和语调加以描述；在词素系统里，应该描述词素、词素变体、自由词素和黏着词素等成分和结构；在句法系统里，词的分类、短语分析、直接成分分析和句型的类型也应描述清楚（Richards & Rodgers，2001：54 ~ 55）。美国结构主义语言学家在研究中发现，操某种语言的人口头讲的话与该语言传统语法有些地方不一致。有些口头常讲的话语，受到传统语法的谴责并被视为错误的表达方式，他们认为这是不对的。他们认为，口语是活的语言，因此“语言是口语，不是书面语”（Language is speech，not writting.）。学习语言先要学习口语，而学习口语就是要学习操该种语言的“当地人”所说的话，不是按某些语法书所说的那样，哪些该说，哪些不该说（A language is what its native speakers say，not what someone thinks they ought to say）。美国结构主义语言学家在研究和分析语言的过程中还发现语言有自己的独自结构，不同的语言有其不同的音位系统、词素系统和句法系统。不同的语言在上述三个系统中的成分、结构都可能是不同的（Languages are different...）（Moulton，1961．In：Richards & Rodgers，2001：55）。因此，在语言的学习中要注意语言的差异性。

由于语言差异性的存在，美国结构主义语言学家认为，在学习外语时，母语会干扰和影响外语的学习。当外语的结构和母语的结构不同时，学习困难和错误就会出现，学习外语主要就是要克服这种困难。他们还认为，如果母语和外语有相同的结构，学习上就不会出现困难，对于相同的结构，教学中不用教授，只要让学生接触语言就可以了。因此，在外语教学中，应集中力量去解决两种语言结构上的差异问题。为了预测学习某一外语会碰到的困难和问题，可使用对比分析（contrastive analysis）去比较母语与外语在结构层面上的异同。美国语言学家拉多（R. Lado，1957）所写的《跨文化语言学》（*Linguistics across Cultures*）就是探讨对比分析的代表作。

拉多在《跨文化语言学》中举出了不少例子去解释对比分析的做法并阐述他的观点，如怎样去比较两种语言的语音体系、为什么操某一种母语（如法语）的学生在学习英语时总是带有某种特殊口音等。但人们很快就发现了对比分析的弱点和不足，发现母语的影响不是造成学习外语困难和犯错误的唯一因素。人们还发现对比分析所预测的学习错误往往没有发生，而对比分析没有预测到的学习错误却发生了。人们认为有必要对学习者的错误进行分析和研究，一些语言学家如科德（P. Corder）、理查兹（J. C. Richards）等开始进行对不同母语背景学习者在学习外语过程中的错误的研究，这促成了错误分析（error analysis）的建立。

4.1.1.2　英国的结构主义（British Structuralism）

对语言结构特别是句型结构的研究，英国的语言学家们做了大量的工作并取得了卓越的成效和显著的成果。英国著名的语言学家帕尔默（H. Palmer）、霍恩比（A. S. Hornby）和其他学者从20世纪20年代开始共同分析、总结主要的英语语法结构，把英语语法结构归纳成一定的句型。他们的研究成果可以从霍恩比所著的《英语句型和惯用法》（*Guide to Patterns and Usage in English*，1975）一书和他主编的《高级现代英语辞典》（*Advanced Learner's Dictionary of Current English*，1953）、《牛津高级现代英语辞典》（*Oxford Advanced Learner's Dictionary of Current English*，3rd ed.，1974 & 4th ed.，1989）等著作中看出来。霍恩比在《英语句型和惯用法》一书中把英语动词句型归纳为25种，名词句型归纳为5种，形容词句型归纳为3种。他以大量的实例说明这些句型的意义和句型与句型之间的转换性。例如："Most people considered him（to be）innocent."可转换为"Most people considered（that）he was innocent."；"The flowers cost（me）fifty pence."可转换为"The flowers are fifty pence."；"Another attempt to climb the mountain was made in the following year."可改写为"They attempted to climb the mountain in the following year."；"To deceive John is easy."可改写为"It's easy to deceive John."等。在第4版的《牛津高级现代英语辞典》里，虽然原来的25种动词句型已被32种新的句型所替代，但是霍恩比对句型分析归纳的思想还是可以看得出来。

英国语言学家对英语句型的详尽描述和解释为人们了解英语的内在结构

提供了大量资料，也为外语教师在外语教学中进行英语教学特别是语法教学和句型教学尤其是句型转换（paraphrasing）提供了依据。

如果说美国结构主义语言学家在研究语言时特别注意语言之间的差异、主张使用对比分析去预测在外语学习时会出现的困难的话，那么英国结构主义语言学家在研究英语结构时特别注意的是语言结构和结构使用情景之间的关系。英国人类学家马林诺夫斯基（B. Malinowski）和语言学家弗斯（J. R. Firth）是20世纪40年代形成的结构主义伦敦学派的两位著名学者。基于自己对南海岛屿居民（south sea islanders）文化的研究，马林诺夫斯基提出南海岛屿居民的语言只能密切联系其文化才能理解的观点（Stern，1999：138）。马林诺夫斯基使用“语境”（Context of Situation）这一术语来指语言活动进行的自然环境。弗斯继承了马林诺夫斯基的观点并进一步提出语言必须在不同的语境下对各个层面进行研究的看法。弗斯从马林诺夫斯基那里接过“语境”一语并用之来指一般的语境。他还制定了描述“语境”的三个特点，即：①参与者有关特点（参与者的语言和非语言行为）；②相关目的；③语言行为的效果。在弗斯观点的基础上，另一位英国学者韩礼德（M. Halliday）提出了他对语言的看法。在韩礼德看来，语言的描述应在三个层面上进行：实体（substance）（声音的或书面的），结构（form）和语境（context）。语言学研究对应这三个层面的是语音和音系学的研究、语法和词汇的研究以及语义的研究（Stern，1999：138～139）。

从上面的介绍我们可以看出，英国学者不仅重视对语言结构的研究，而且在研究中重视语言运用时的语境和语义。由于语言形式或结构与语言功能不存在直接对应的关系，某些英国学者（如韩礼德）深入研究语言功能并建立起功能学派。

4.1.1.3 乔姆斯基的转换生成语法（Transformational Generative Grammar）

20世纪50年代，以乔姆斯基（Noam Chomsky）为代表的语言学家在美国掀起了一场语言学革命。这场革命对语言学界影响之深、波及面之广都是前所未有的。一位语言学家这样写道：他的理论可能为人们所接受或拒绝，但不能为人们所忽视（Lyons，1977. In：Stern，1999：140）。乔姆斯基的理论不但影响语言学界，而且对认知心理学、计算机科学、二语习得理论都有重要的影响。

乔姆斯基的理论被称为转换生成语法（Transformational Generative Grammar，TG）。如果我们把乔姆斯基1957年出版的《句法结构》作为他的理论诞生的标志，在差不多半个世纪里他的理论经历了五个发展阶段（周流溪，1997），乔姆斯基不断修改自己的理论，使之更具解释性和符合经济的原则。

乔姆斯基认为，语言是一种行为，它像人类的其他行为一样，受规则的支配。人们利用语言规则，可以用有限的基本的语言单位去构造无限数量的、复杂的语言句子（Language makes infinite use of finite means.）。人们学习语言并不是学会某个特定的句子，而是运用规则去创造和理解新的句子，这些句子可以是我们以前没有说过或看过的。规则性和创造性是语言的两个重要特征。

乔姆斯基在TG中提出了句子的双重结构理论。他把句子结构分为表层结构和深层结构。表层结构是指句子的形式，深层结构是指句子陈述的意义。在TG中，句法规则占据核心地位，它包括短语结构规则（重写规则）、转换规则（包括移位、删略、添加）等。在乔姆斯基看来，语言生成的过程就是从深层结构到表层结构的转换过程，转换是按照转换规则来完成的。

乔姆斯基在研究语言中发现儿童学习母语有其独特的地方。虽然儿童接触到的语言结构较为简单，且他们的生活条件会有差异，智力上也存在差别，但一般到了五六岁他们都能掌握母语。根据这些发现，乔姆斯基提出了语言习得理论（刘润清，1995：208）。按乔姆斯基的理论，语言具有天赋的基础。儿童能够习得语言，而动物不能学会人类的语言，是因为儿童具有与生俱来的语言习得机制（language acquisition device，LAD）。乔姆斯基称这种人类机体的天生属性为“普遍语法”（universal grammar，UG）。这种普遍语法是由乔姆斯基称之为原则和参数（principles and parameters）的抽象系统组成的，普遍语法原则体现了语言的一致性，而普遍语法参数的赋值则决定了语言结构的差异性。因此，各种语言之间的差别在一定程度上可以归结为参数的不同设置。儿童说英语还是汉语，取决于他所处的语言环境和接收到的语言输入，因为某一特定语言的输入能使习得者设置使用某一语言的参数（Cook，2000：153～155；郭杰克，1997：96）。

虽然乔姆斯基提出普遍语法假设的目的主要是探讨儿童如何习得母语的，但这个理论对二语习得也有启示作用，这点我们将在下面进行讨论。

4.1.2 功能派的语言观

不少学者认为语言是一种社会现象，交际、交流思想是语言的基本功能。因此，研究语言不仅要重视其结构意义而且也要重视其情景意义。不少学者就语言交际中的语言功能、言语行为和交际能力等方面都曾进行过论述。

4.1.2.1　韩礼德对语言功能的论述

韩礼德是英国功能学派的代表人物，他从20世纪50年代开始就进行语言的社会功能方面的研究。他认为“语言学是关于言语行为或话语的描述。只有通过对语言使用的研究，语言的全部功能和构成意义的所有组成部分才能集中在一起”（Richards & Rodgers，2001：159）。他在《语言功能的探索》（*Explorations in the Functions of Language*）一书中，论述了语言功能的双重地位，即微观和宏观功能。微观功能是儿童在学习母语的初级阶段出现的，共有六种：

（1）工具功能（the instructional function）：用语言来取物。例如：“I want...”

（2）规章功能（the regulatory function）：使用语言来控制他人的行为。例如：“Do As I tell you.”

（3）相互关系功能（the interactional function）：使用语言与他人交往。例如：“Me and you...”

（4）个人功能（the personal function）：使用语言来表达自己的感情意义。例如：“Here I come.”

（5）启发功能（thc hcuristic function）：使用语言学习和发现问题。例如：“Tell me why...”

（6）想象功能（the imaginative function）：使用语言来创造一个幻想的世界。例如：“Let’s pretend...”

到了儿童成长的后期，他们还掌握另外一种功能：信息功能，用以传递信息、表达命题。

随着儿童的语言逐渐向成人语言靠拢，这些微观功能就让位于宏观功能。宏观功能包括三大类，即思维功能（the ideational function），人际功能（the interpersonal function）和篇章功能（the textual function）。思维功能指的是语言可以用来组织语言使用者对真实世界或幻想世界的经验；人际功能是指语言可用来表明、建立和维持社会中人的关系；篇章功能是指语言可用于创造连贯的话语或文章，这些话语和文章对语境来说是切题和恰当的。

韩礼德对语言功能的论述从另一个角度去看待语言本质，加深了语言学界对语言的理解，也为人们此后建立功能—意念教学流派（或称交际法）提供了理论依据。

一些学者从语言的社会交际功能出发，探讨语言使用者和语言使用的理论。海姆斯（D. Hymes）是此方面的一位代表人物，他针对乔姆斯基的两个概念“语言能力”（linguistic competence）和“语言运用”（linguistic performance）提出了他自己的“交际能力”（communicative competence）的概念。

4.1.2.2　海姆斯的交际能力理论

海姆斯认为，乔姆斯基的“能力”不涉及语言的使用，不系统考虑人们在社交中对语言的恰当运用。在他看来，使用本族语者对语言的使用远远超过了乔姆斯基的“语言能力”（linguistic competence）。他提出了自己的交际能力理论，以示与乔姆斯基理论的不同。

海姆斯认为，具有交际能力意味着人们不仅可以获得语言规则的知识，而且还可以获得语言在社交中使用的规则。按照海姆斯的观点，如果一个人能获得交际能力，那他就应该知道对什么人、在什么场合和什么时间、用什么方式讲些什么话和不讲什么话。海姆斯的交际能力包括以下四个方面（Hymes，1972：281. In：Richards & Rodgers，2001：159）：

（1）能识辨、组织合乎语法的句子，即懂得形式上的可能性。例如，知道“I want going home.”是错误的，并能讲或写出“I want to go home.”。

（2）能判断语言形式的可行性。例如，知道“The mouse the cat the dog the man the woman married beat chased ate had a white tail.”是合乎语法的，但几乎没有人会这样讲，即不可行。

（3）能在交际中得体地使用语言。有些话在语法上是可能的，在实施上也是可行的，但在语境上却不得体。下面的对话中 B 的回答就是一例：

A：What happened to the crops?

B：The rain destroyed the crops.（引自：桂诗春，1988）

（4）知道某些话语是否可以实际上说出来。有些话语形式上是可能的，也是可行的和得体的，但在现实生活中，却没有人会那样说。

海姆斯交际能力的理论在语言学界和应用语言学界引起了很大的反响。它直接影响到外语教学的目标的制定。除海姆斯外，还有一些学者对交际能力进行过论述，如美国学者卡南尔和斯温纳。

4.1.2.3　卡南尔和斯温纳对交际能力的分析

卡南尔和斯温纳（M. Canale & M. Swain，1980. In：Richards & Rodgers，2001：160）在“第二语言教学和测试交际法的理论基础”一文中论述了交际能力的组成。按照他们的分析，交际能力包括以下四个方面的能力：语法能力（grammatical competence）、社会语言能力（sociolinguistic competence）、篇章能力（discourse competence）和策略能力（strategic competence）。

卡南尔和斯温纳所说的“语法能力”就是乔姆斯基所说的“语言能力”或海姆斯所指的“形式上的可能性”，即语音、语法和词汇方面的知识。

社会语言能力指的是在不同的社会环境中，使用不同语体和不同的言语来达到不同目的的能力。我们知道，说话人在不同的环境中总是以一定的社会身份出现的。一个英语教师在学校里上课对学生使用的语言会与他和同事谈话时使用的语言不同；回家后，与孩子谈话使用的语言会与和父母谈话时使用的语言不一样。这些不同的语言形式是由这位教师在不同场合以不同身份出现时的具体情况来决定的。这是属于在不同的社会环境中使用不同语体的问题。

篇章能力指的是能在一定的上下文或篇章里，理解句子之间的关系和句子的意义的能力。例如，“他答应来吃饭”这句话，可以在不同的语境或上下文中有不同的意义。它可以是以言述事——用句子来叙述事实，也可以是以言做事——作出一次允诺，也可以是以言成事——使听话人感到高兴。

策略能力指的是在交际中懂得怎样开始谈话，进行谈话，承接、转换话题和结束谈话的能力。

按照卡南尔和斯温纳的观点，由于交际能力是由上述的四种能力组成的，语言教学应当着重培养这四种基本能力。

4.1.2.4　*奥斯汀的言语行为理论*

言语在社会交际中起着什么作用，这不是一个可以用一两句话就回答得了的问题。言语有控制他人行为的作用（如可以说：“To you... now up a bit...”要求别人把某物抬高一点），有影响他人思想的作用（如在演讲时），也有表达信息和情感的功能（如可以说：“What a lovely day!”以表对天气的赞赏）。英国语言哲学家奥斯汀（Austin，2002）从讨论言语的作用和功能出发，提出了他的言语行为理论（speech act theory）。他主张在研究话语的意义时不应只注意一些离开上下文而引述的陈述句，如“Snow is white.”这样的话语，而要注意话语使用时的作用。话语可以是建议的提出，邀请的发出，也可以是要求的作出和答允的表述，它的功能是多方面的。

就句子的作用而言，奥斯汀认为，不同种类的句子有不同的功能。陈述、报告、描述事物是一些句子的作用，但有另一些句子是被用来施行某种行为的。奥斯汀区分了两类话语：叙述句（constatives）和行为句（performatives）。叙述句是可以验证的，即可以是真实或错误的陈述，"Chicago is in the United States."是叙述句。而行为句则可以施行行为或用来做事，如"Look out，the train is coming."能作为警告使人注意火车到来。

奥斯汀用了四个著名的例子来说明行为句：

（1）"I do."（用于结婚仪式过程中）

（2）"I name the ship Elizabeth."（用于命名仪式中）

（3）"I give and bequeath my watch to my brother."（用于遗嘱中）

（4）"I bet you six pence it will rain tomorrow."（用于打赌）

奥斯汀还寻找判断一句话是否是行为句的标准。他提出两种行为句的句式形式：

（1）以第一人称单数为主语，现在时陈述语气主动语态动词为谓语的话语，如"I promise..."，"I agree..."等。

（2）"I + Vp"相对应的被动形式，即第二人称做句子主语，加上现在时态、陈述语气、被动语态的谓语动词，如"You are requested..."等。但奥斯汀提出的句法标准不能成为判断行为句的唯一标准。语言使用时的情况有多种，如我们请求别人关门时可以说"I（hereby）request you to close the door."和"You are（hereby）requested to close the door."但除此以外，我们还可以说，"Will you close the door?""Can you close the door?""Don't you mind closing the door?""Close the door."等。从这些例子可以看到，行为句是可以以多种形式出现的。

奥斯汀的研究为我们揭示了一个事实：对语言功能的判断，不能单纯以语言形式为依据。

后来奥斯汀还力图研究一种新的模式来解释人们通过语言所施行的各种行为。他认为一个人在说话时，在大多数情况下，同时施行着三种行为，即以言述事（locutionary act）、以言做事（illocutionary act）和以言成事（perlocutionary act）。以言述事行为是指使用句子来叙述、报告、描写事物。话语"I'm thirsty."可以意指某人身体状态——口渴；以言做事行为是指通过说话来实施一种行为和做事，"I'm thirsty."可有请求功能——请求别人拿水给你喝；以言成事行为是指说话带来的后果，通过说"I'm thirsty."说者可能得到一瓶水喝。奥斯汀感兴趣的中心是以言做事，言语行为指的就是这样一种行为。

虽然奥斯汀提出的行为理论，有一些看法还不是很成熟，但他的理论在语言学界引起了巨大的反响，并被一些学者如美国语言学家塞尔（J. Searle）等发展。塞尔把奥斯汀的理论提升为一种解释人类语言交际的理论。他对说话人如何根据一定规则来施行自己要想要做的事做了较多的工作，并对言语行为进行了较系统的分类。他把言语行为分为五类：受约句（commissive）、陈述句（declarative）、指令句（directive）、表情句（expressive）和表述句（representive）。其他一些学者对言语行为的功能分类也有自己的模式，显现出自己的特点（Jakobson，1960；Robinson，1972，etc. In：Stern，1999：223 ~ 229）。

言语行为理论对语言学和语言教学的发展都有着重要的影响，意念大纲（notional syllabuses）的诞生与言语行为理论有着密切的关系。在语言教学和大纲设计中，言语行为经常被称为“功能”或“语言功能”。（Richards & Rodgers，2001：429）

4.2 语言学习理论

外语教学不仅涉及教的问题而且涉及学的问题。明了外语学习所需要的条件，了解学习过程所出现的现象和事情能加深我们对外语学习的认识，也能为构思教授方法提供依据。因此，对外语教师来说，掌握外语学习理论是必要的。在历史的长河里，学者们从心理学和其他学科的角度，探究语言学习的过程和所需要的条件以及各种影响语言学习的因素，进而提出不同的理论假设。

外语学习理论可分为两部分，一是探讨外语学习普遍性和规律性的研究；二是探讨不同类型学习者学习特殊性和规律性的研究。行为主义的学习观、心灵主义的习得理论、克拉申的二语习得学说属于第一部分的内容，不同年龄、学能学习者学习过程和情况的研究属于第二部分所要探讨的题目。第二部分的内容将在本书第五章予以介绍。

4.2.1 行为主义（Behaviorism）

行为主义产生于20世纪20年代，华生（J. B. Watson）是早期的代表人物。华生研究动物和人的心理，他主张用客观的方法研究可以直接观察到的行为。华生认为人和动物的行为有一个共同的因素，即刺激和反应。他还认为心理学只应该关心外部刺激怎样决定某种反应，而不应理会行为的内部过程。在华生看来，动物和人的一切复杂行为都是在环境的影响下由学习而获得的。他提出了行为主义心理学的公式：刺激—反应（S—R，Stimulus—Response）。

早期的行为主义没有用实验的方法系统地研究过语言和言语行为，但他们的S—R模式对结构主义语言学产生了很大的影响。结构主义大师布龙菲尔德的代表作《语言论》就是以行为主义的"刺激—反应"模式为其理论依据的。他在《语言论》一书里举了杰克（Jack）让吉尔（Jill）摘苹果的例子来说明S—R的语言行为模式。杰克和吉尔在小巷里行走，吉尔感觉饿了（即是一种刺激，用S表示，于是对杰克说："饿了"（此为一种反应，用r表示）。杰克听到这句话的刺激（用s表示）后，即上树摘苹果，他的行动是对吉尔的话的反应（用R表示）。布龙菲尔德抛开杰克和吉尔的意识，特别重视作为声音r...s言语行为的研究，他认为r...s是物理的声波，从分析得出语言教学过程的理论，即在语言教学中教师对学生进行声音刺激，学生对声音刺激进行反应。

继华生之后，另一位美国学者斯金纳（B. F. Skinner）继承和发展了华生的行为主义学说，他在1957年出版的《言语行为》（*Verbal Behavior*）一书中，提出了行为主义关于言语行为系统的看法。斯金纳认为人们的言语、言语的每一部分都是由于某种刺激的存在而产生的。这里讲的"某种刺激"可能是言语的刺激，也可能是外部的刺激或是内部的刺激。例如，一个人在口渴时会讲出"I would like a glass of water."。斯金纳认为，人的言语行为像大多数其他行为一样，是一种操作性的行为，它通过各种强化手段而获得。在某一语言环境中，他人的声音、手势、表情和动作等都可以成为强化的手段。例如，教师可以通过赞扬、肯定、满意的表示使学生的某种言语行为得到强化。由于言语行为不断得到强化，学生就能逐渐养成语言习惯，学会使用与其语言社区相适应的语言形式。如果没有得到强化，语言习惯就不能形成，语言是不能学习到的。在学习时，只有反应的"重复"出现，学习才能发生。因此，"重复"在学习中是相当重要的。

因此，按照行为主义的观点，所有学习不论是言语或非言语的学习都要经历一个习惯形成的过程。学习者从讲话者接收到语言输入并因正确重复和模仿得到肯定的强化，从而养成了某一种语言习惯。在这个学习模式中，外界因素或语言学习的外在环境因素是语言学习的关键。

行为主义习惯形成的学习模式如下图所示（Richards & Rodgers，2001：57）：

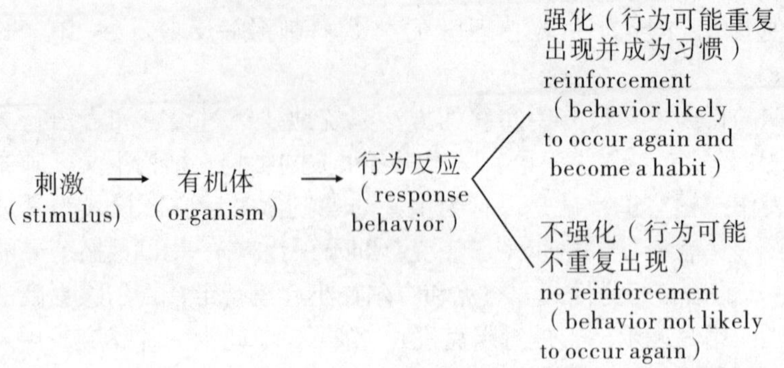

行为主义的学习模式

行为主义的学习理论有其明显的局限性和不足之处，因此斯金纳的《言语行为》一书出版后，受到了学术界的激烈批评。正如乔姆斯基在《评斯金纳著 <言语行为 >》中指出的那样，行为主义把研究动物所获得的结论，毫无保留地运用到复杂的人类行为的研究中，提出粗略、肤浅的见解，它强调环境因素和外部因素是决定有机体行为的最重要因素，必然要忽视人在言语行为中的主动作用和独立作用（彭聃龄，1991）。它不能解释为什么一个四五岁的孩子就能掌握某一种结构复杂的语言。乔姆斯基由此提出了自己的心灵主义的观点。

4.2.2　心灵主义（Innatism）

乔姆斯基是心灵主义习得理论的代表人物之一。乔姆斯基提出心灵主义的习得理论目的是要解释儿童母语的习得问题。乔姆斯基认为任何发育正常的儿童能在短短几年内获得母语使用能力，这个事实用行为主义学习理论解释不了。在母语学习过程中，儿童接触到的语言输入是有限的，而这些语言往往又是成年人用以与小孩沟通的结构较简单的所谓母亲语（motherese）。按理儿童是不可能根据他们听到的数量有限的句子，通过归纳、推理和抽象概括而习得母语语法和学习到母语使用的。为了解释母语习得，乔姆斯基提出了他的普遍语法假设（郭杰克，1997）。

4.2.2.1　普遍语法（Universal Grammar）

乔姆斯基认为，人类有一个与生俱来植于大脑里的所谓语言习得机制（language acquisition device，LAD）或普遍语法（universal grammar，UG）。这是一种假设，因为至今还未通过解剖的方法证实它的存在。按照乔姆斯基的理论，外部环境和语言输入只有“激活”语言习得机制的作用。语言输入进入人脑就创立了一种语言知识，这种语言知识包括“原则”、“参数”和“词汇”（Cook，2000：154），母语习得过程可用下图表示：

语言输入 → 普遍语法 → 特定语言的语法

母语习得过程

心灵主义习得理论强调的是人脑中的内在因素，而不是习得的外部环境和语言输入。对心灵主义的习得理论，不同学者有不同的看法（龚少瑜、陈永培，1997：111～113）。对于普遍语法是否在第二语言习得过程中起作用的问题，学者们有三种不同的观点，即普遍语法直接起作用、间接起作用和不起作用（郭杰克，1997：99；Cook，2000），有兴趣的读者可以阅读有关书籍。尽管乔姆斯基的理论不论在解释母语习得还是在解释二语习得方面都还存在有争议的地方，但正如郭杰克所说的那样，“对乔姆斯基的普遍语法理论进行深入的探讨会有助于揭示语言习得的奥秘，至少从普遍语法的角度去研究语言习得会给我们一个新的视角，从而有助于我们对问题有更为全面和更为深入的思考”（郭杰克，1997：108）。

4.2.2.2 克拉申的监察模式（Monitor Model）

克拉申博士（D. Krashen）是美国南加州大学语言学系的教授。在一系列他人和自己研究的基础上，他提出了旨在解释第二语言是如何习得的学习理论。他的理论常称为监察模式（Krashen，1982）。

克拉申的监察模式由五个假设组成，即习得和学得假设、自然顺序假设、监察假设、输入假设和情感过滤假设。

按照习得和学得假设（acquisition-learning hypothesis），培养二语或外语能力有两种不同的途径，一种是习得，另一种是学得。习得是一种自然的方式，它是一种觉察不到的过程，像小孩习得母语一样，学习者在有意义的交际中，通过对语言的理解和语言的使用，自然获得使用语言的能力；学得是指有意识地学习语言规则的过程。学得最后能弄懂语言知识，并能把语言规则予以表述。正规学习能促使学得发生，错误的纠正能帮助弄懂规则，但学得不能促使习得发生。下表可展示习得和学得之间的区别：

习得和学得的区别

习得	学得
不知不觉的过程	意识到的过程
内化隐含的语言规则	获得明示的语言知识
正式学习无助于习得	正式学习有助于语言知识获得

克拉申提出自然顺序假设来说明习得语言规则是有一定的次序的。按自然顺序假设，一种语言的语法规则或结构是按一定的、可以预示的顺序习得的，在第二语言（外语）学习时有相类似情况。克拉申经常引用的词素习得顺序如下图所示：

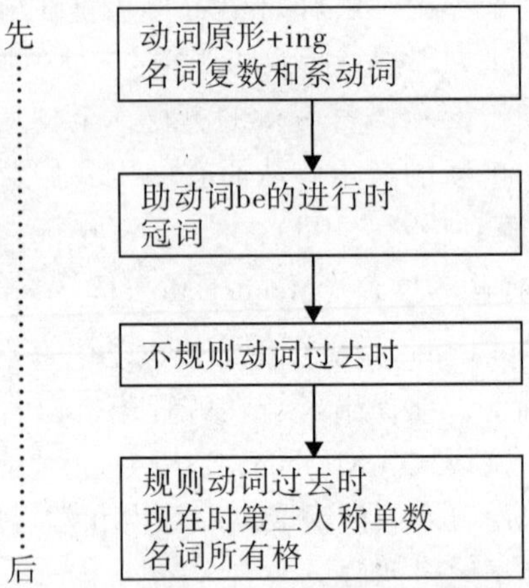

词素习得顺序图

克拉申提出语言输入假设来说明语言是怎样习得的。他认为，只要人们接收到足够的语言输入，而这些输入又是可以理解的（comprehensible），那么人们就可以习得语言。克拉申还认为，如果人们的语言水平为 i，他们接触到大量含有 i+1 的语言输入，那么他们的水平就会从 i 向 i+1 提高。按这假设，人们流利说话的能力是不能从直接教授而获得的，而是靠大量听和读的练习，接触大量的语言输入后自然获得的。因此，说的练习对习得来讲是没有帮助的。

克拉申还提出监察假设来说明学得的作用。克拉申认为，有意识的学得

(知识或规则) 只能起到监察的作用。这种监察作用可以发生在写或说之前或之后。例如，在说话之后，发现自己的讲话出现了错误，那么会进行自我纠正。学得的监察作用可见下图。

学得的监察作用

但是学得的监察作用只有具备下面三种条件才能得以发挥：首先，必须要有充裕的时间；其次，必须把注意力放在语言形式的正确性方面；最后，必须懂得规则。这就意味着在正常的交际中，我们是很难发挥学得系统的监察作用的，其主要原因就在于我们不可能有充分的时间去考虑怎样运用规则。

克拉申提出情感过滤假设（affective filter hypothesis）来说明心理或情感因素对外语学习的影响。影响外语学习的心理或情感因素包括一个人的动机（motivation）、信心（self-confidence）和忧虑程度（anxiety）。克拉申把情感因素看做可以调节的过滤器，这个过滤器可以让语言输入自由通过或阻碍输入通过，而语言输入只有通过了过滤器才能到达语言习得机制并为大脑所吸收。因此，在外语学习过程中，强烈的动机及自信心和低的忧虑状态对习得来说是较为有利的。情感因素的作用可用下图表示：

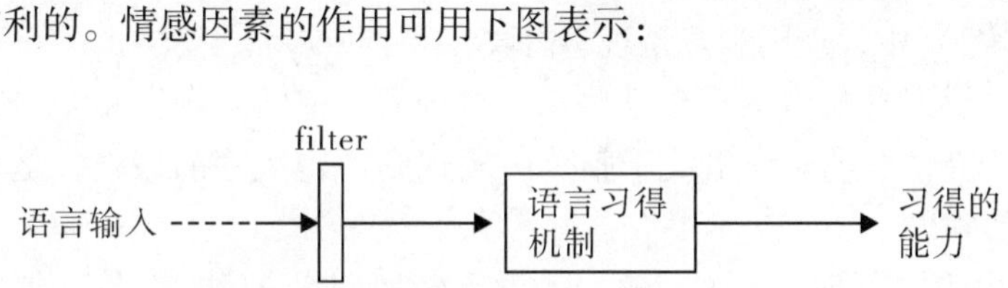

情感因素对语言学习的作用

上述的五个假设构成了克拉申外语教学理论，这个理论对外语教学有一定的启示作用。

按照克拉申的外语教学理论，进行外语教学时应该尽量向学生提供可理解的语言输入，为学生习得语言创造一个有利的环境。教师应使用一切手段来增加语言输入的可理解性，如教师可采用直观的教具（如实物、图片、电影等）来辅助教学，也可以按学生水平，使用不同的词汇和语言结构来教学。此外，教师应创造一个轻松愉快、自由自在的学习气氛，只有这样，语言输入才能更有效地为大脑所吸收。因此，不要强加压力于学生，在学生不会回答问题或还未有能力作答时，不要强迫他们作答。在学习的最初阶段，可使用“全身反应法”来教学，这样可以减少学生的忧虑，避免产生害怕犯错误的心理。与此同时，语言输入应是有趣的，学生应在教学中参与有意义的交际活动，而不是句法形式的训练，这样才能更好地调动学生学习的积极性，提高学习的效率。由于习得依赖可理解的输入，因此，课堂的活动应该集中在听和阅读两个方面的训练上，说的能力应让其自然产生。

对克拉申的监察模式，教学界和应用语言学界作出了各种各样的反应。在美国，不少教授第二语言的教师都接受了克拉申的观点，与此同时，也有不少学者对监察模式提出了不同的看法（McLaughlin，1987）。

对克拉申的监察模式提出质疑的学者中有美国以及其他国家的一些学者，如麦劳林（B. McLaughlin）、格雷格（K. Gregg）等，其中中国学者有荆增林等。下面就是这些学者的一些观点。

（1）习得和学得两者都没有明确的定义，因此，在某种情况下，很难判定是习得还是学得在起作用。到底学得能否转化为习得呢？这还是一个没有解决的问题。

（2）说学得只有监察作用是不全面的，它还可以有理解作用。如果学得只有监察作用，人们学习第二语言（外语）只靠习得，那么在第二语言学习（或外语学习）中，规则学习是否不需要？

（3）自然顺序假设只是在某些学者对词素研究的基础上总结出来的，根据词素的研究情况进而作出关于整个语法规则习得次序的假设，是否犯了过度概括的错误？

（4）由于“可理解的语言输入”没有确切的定义，因此输入假设是难以检验的。此外，“说”作为语言输出是否可以看成是学习者在学习第二语言（外语）过程中对语言提出的假设进行验证的一种做法呢？如果是这样，“说”对语言习得无作用吗？

当然这些只是学者们对克拉申的外语学习理论提出的问题的一部分。不管怎样，克拉申提出的第二语言习得理论会促进人们对外语教学进行深入的探讨，促使人们建立更完善的新理论。

4.2.3 斯温纳的语言输出假设（Output Hypothesis）

对于克拉申提出的监察模式，斯温纳（M. Swain）等学者提出了他们不同的看法，即提出输出假设（output hypothesis）。

4.2.3.1. 斯温纳的语言输出假设的内容

克拉申认为可理解的输入在第二语言习得中起着中心作用（central role），而斯温纳则认为输出在第二语言习得中有着显著的作用（a more prominent role）。斯温纳提出她的假设的依据是她进行的“浸泡式”（immersion）教学实验（Swain，2008：45）。浸泡式教学主要原则是将第二语言作为其他学科的工具（medium），而语言获得则是理解这些学科信息及内容的“伴随产品”（by-product）。斯温纳在加拿大进行的浸泡实验表明：尽管她的学生通过几年浸泡，获得的语言输入不是有限的，但他们并没获得如本族语者那样的语言的产生（productive）能力。她认为，造成这样的原因不是学生获得的语言输入有限，而是他们的语言输出活动不足。她认为她的学生没有足够的机会在课堂环境中使用语言。此外，他们没有在语言输出活动中受到“推动”（being pushed）。斯温纳认为语言输出活动不是如克拉申所说的那样只是体现了习得的语言，而是有着多方面的作用。

斯温纳认为语言输出有三个功能：①促进学习者对语言形式注意的功能（the noticing function）；②学习者进行检验自己提出假设的功能（the hypothesis-testing function）；③提供学习者有意识反思的功能（the metalinguistic function or consciousness reflection）（Swain，2008：46～49）。

俗话说“熟能生巧”，语言输出活动，因为能提供更多让学习者练习使用语言的机会，能增强学生使用语言的流利性，所以看起来不会有较大的争议。

斯温纳要论证的是上述三个功能。斯温纳认为，当学习者进行“产生语言”的活动时，他们可能会碰到一些语言方面的问题，这些问题会使他们注意到某一个他们不懂或只懂得部分的语言项目。这样学习者就会注意到他们所需表达的意思和他们能用语言形式来表达该意思的差距。这种对语言形式的注意能帮助他们习得某一种语言形式，因为这种对语言形式的注意会激活他们的认知活动（trigger cognitive processes），而这种认知活动有助于学习者已有知识的巩固和新知识的学习。

有些学者指出，学习者在口语和笔头语方面的一些错误揭示了学习者想在学习中对语言使用时某种策略的尝试，看看自己提出的某一假设是否成立。

学习过程中学习者会经常性地提出某种假设并对假设进行检验。为对假设进行检验，学习者要做一些事情，而做事的方法之一就是以口头或笔头的形式使用语言。因此，语言输出活动是学习者为进行交际使用新语言形式和结构的尝试，是他们使用中继语来交际的过程，他们可以通过语言输出察看他们提出的结构和形式是否行得通。从这个意义上来说，语言输出活动为学习者实践自己提出的假设、检验自己的假设提供了机会。如果没有语言输出活动，学习者就不能获得验证他们提出的假设的机会。

斯温纳还认为语言输出有促使学习者有意识地反思的功能。当我们说输出有检验假设作用时，我们认为输出本身就是假设。因此，语言输出就是学习者对如何使用语言形式去表达某一意义的猜测。这里我们没有提问过教学者，他们的假设是什么，但我们从他们的语言输出去推测他们的假设。在某种情况下，学习者不但揭示了自己的假设，而且用语言对假设进行了反思。这种使用语言对语言进行的反思，能促进学习者控制和内化自己的语言。斯温纳在她的文章中还以自己做的实验来证实这一看法。

4.2.3.2 斯温纳的语言输出假设对外语教学的启示

斯温纳的语言输出假设对外语教学有一定的启示。由于语言输出活动能帮助学习者提高其使用语言的流利程度，使学习者意识到自己在使用语言时存在的问题，使学习者能有更多机会来验证自己提出的假设，以语言对假设进行反思，因此，从认知的角度来看，语言输出对二语或外语习得都是必需的。在外语教学中恰当地安排语言输出活动能促进语言学习，有利于语言正确性的掌握。因此，不论在教学上还是在教材编写方面，我们都要设计多种交际性的语言输出活动，以促进学生语言产生能力的培养。

在教材编写方面，很多教材已注意到了语言输出活动的设计和安排，例如，*Senior English for China* 中就编写出各种各样交际性的语言输出活动，如角色扮演、小组讨论、就一话题发表意见等（张嫔，1999）。*New Senior English for China* 不但继承了前者的优良传统，而且进行了创新（刘道义，2006：29 ~34）。

由于意识到语言输出活动对语言学习的重要性，不少优质课的教师都设计了较多的交际性的口头或笔头的语言实践活动来进行教学，如复述、辩论、讨论等（北京师范大学外语系课题组，1999）。

王初明等的实验更向我们展示了语言输出活动“写长作文”的成效，以数据说明语言输出活动能促进学习者的外语学习，提高其水平。（王初明等，2000）

应该指出的是，克拉申的语言输入假设和斯温纳的语言输出假设是从两个不同的侧面来讨论语言习得的观点，都有其合理成分，因此，我们在英语教学中都应注意到。

4.2.4 错误分析和中介语

人们感到对比分析不能预测学习者的全部错误，因此，有必要对学习者的错误进行系统的分析和研究，以确定其原因和学习者学习上的共同难点，为教学工作和教材编写提供信息和依据。从 20 世纪 50 年代后期开始，一些学者对学习者的错误进行了较为系统的分析，这就是人们所说的“错误分析”(error analysis)。

语言学家科德（P. Corder）、理查兹（J. C. Richards）等是对学习者学习第二语言的错误进行研究和分析影响较大的学者。他们于 20 世纪 70 年代对不同母语背景的学习者在学习外语过程中的错误作了较细致的分析和研究。他们发现，虽然有些错误来自母语的干扰或负迁移，但很多错误是因学习者在外语学习过程中对目的语的理解和消化不够全面造成的。他们认为外语学习过程是一个漫长的将目的语（target language）的规则内在化的过程。学生在这个过程中要经历不同的阶段。在学习过程中，他们会使用一种过渡性语言进行交际，这种过渡性语言虽有母语的一些特征和目标语的特征，但它既不是母语的翻译，又不是要掌握的目的语，它介于母语和目的语之间，可称为中介语（interlanguage）。中介语有其系统性且是动态的，中介语随着学习者接收更多的第二语言输入，不断改变他们对第二语言的假设而发展。由于学生使用中介语，犯错误是不足为怪的。科德把错误总结为三类（Corder, 1974. 见：桂诗春，1988：56～61）：

第一类称为形成系统前的语言错误（pre-systematic errors）。犯这种错误的原因是学习者有了某种交际意图，但又未能掌握表达这种意图的方式，因此他只好从已知的语言素材中去搜罗一些手段以仓促应对。这种错误是随意性的错误，犯错后，学习者还不能说明他为何要选取某一形式。

第二类称为系统的语言错误（systematic errors）。系统的语言错误出现在处于内化过程中的学习者。那时系统规则已基本形成，但学习者对它们的理解还不够完整。例如，学习者知道在英语中过去动作应用过去时来表示，并知道动词的过去时可由动词加“ed”构成，但由于他不知道英语有不少的不规则动词存在，所以在交际中，他会使用“goed”，“comed”等形式。

第三类称为形成系统后的语法错误（post-systematic errors）。这种错误在学习者已经形成较完整的语法体系但尚未养成习惯时出现，虽然学习者知道了英语过去时的所有形式，但由于未养成习惯，不时还会用“goed”来代替“went”。

理查兹认为学习者所犯的错误出自三种原因（Richards，1971．见：桂诗春，1988）。母语的干扰是第一种原因；学习过程中，对一些规则的过度概括（overgeneralization）、忽略规则的限制（ignorance of rule restriction）和应用规则不完全（incomplete application of rules）等是第二种原因；教学不当或教材使用不当是第三种原因。

很多语言学家都认为，针对不同的错误类型和错误发生的不同起因，教师应该采取不同的方式和方法去对待学生的错误。对于上面所提到的第一类错误，由于它往往是超发展阶段的，故教师应采取宽容的态度，不必逐点指出，也不用多作解释，只要指出其说法不对并再提供正确说法即可；对于第二类错误，教师应善于引导，不但应给予正确的说法，而且需加以解释，以使学生对规则有完整的理解；至于第三类错误，教师可提醒学生注意，更重要的是多提供一些语境和机会，使学生能多使用语言，在运用中掌握语言。

4.3 一些二语（外语）学习模式

除了上述的学习理论外，应用语言学家、二语习得研究专家、心理语言学家还根据各自的研究创立了一些二语（外语）学习模式。

4.3.1 **技能学习模式**（Skill-Learning Model）

利特尔伍德在 *Foreign and Second Language Learning* 一书中讨论了几个外语/二语学习模式，其中一个是技能学习模式（Littlewood，2000：73 ~ 76）。该模式认为外语使用是一种做事技能（performance skill），同其他做事技能一样，语言做事技能既有其认知的一面，也有其行为的一面。认知方面是指得体行为计划的内在化（internalisation）。就语言使用而言，计划主要指语言系统，包括语法规则、选择词汇的程序和支配语言的社会惯例。行为方面是指计划的自动化（automation）。计划的自动化能产生流利的话语。要达到自动化的目的就要通过练习把计划转变成行为，通过产生语言的活动能实现计划的自动化。

学习一种技能可以把这个技能的各组成部分分开练习。若把外语作为一种技能来学习，可以练习某一语法结构如定语从句、时态等；也可以练习使用某一种交际功能，如请求、建议等；还可以练习元、辅音，如区分“sheep”和“ship”，“food”和“foot”的元音等。这些练习可称做“技能组成部分的练习”（part-skill practice）。有时某一技能也可进行练习，这需要把技能组成部分组合在一起，整体练习，如辩论某一问题或写信给朋友时就是进行整体技能的练习。

语言的使用具有层次结构，最高层次是交际目的。要达到目的，要采用某种策略，使用某些语言结构，选用某些词汇，最后操控发音器官使用声音来表达意义。因此，使用语言需要完成一系列的任务，而这些任务又由低一级层次的任务组成，低一级的任务还可由更低一级的任务组成。为使用语言我们需要为完成任务作出相应的计划。以“劝说”某一朋友在某一时候去看电影为例，为达到“劝说”这一目的，我们要采用某种策略，策略由不同成分组成，如告诉朋友电影已上映，电影内容，值得看该电影的理由，时间选择的合适性等。策略中的某些做法可能是预先构思好的，有些则是边说边想的。为要执行策略的各个部分，要决定话题，选好句法结构，挑选好用词等。

按此技能学习模式进行外语教学，在课堂教学中可有语言结构性的活动，准交际性的活动、功能交际性活动和社会交际性活动等（参看交际法的教学活动和特点）。利特尔伍德认为大多数的外语教学都采用该模式。中国学者也有同感（王初明，1990：180）。该模式可以用下图表示：

input from instruction→productive activities→system assimilated by learners → spontaneous utterance

技能学习模式

4.3.2 二语学习的互动模式

朗（Long）可算是研究人际互动促进二语习得的第一人（王初明，2007：192～193），他提出了他的互动假设。朗认为语言互动中的调整，即意义协同（the negotiation of meaning）能促进语言输入变得更容易理解，因此，更能促进二语习得或外语学习。朗是通过观察儿童与本族语者会话互动提出他的假设的。朗的逻辑为：会话互动的调整能使语言输入变得更容易理解，而可理解的输入能促进语言习得（参看克拉申的理论），所以会话中的语言调整能促进二语习得。这里语言调整或修饰（conversational modification or adjustment）不总是语言简化，语法、词汇等简化只是手段，它可以是扩展（elaboration），放慢语速，使用手语或提供其他语境线索手段。在会话中出现的理解核实（comprehension check）、澄清请求（clarification request）、确认核实（confirmation check）、自我重复或解释（self-repetition or paraphrase）都是会话调整手段的例子。

不少学者对朗的互动假设进行了研究，既有理论的探究，也有实证的探讨（王初明，2008，2007；Mackey & Gass，2006 等）。经过学者们多年的努力，语言学习的交互研究逐渐发展成一个重要的研究方向，为探究二语习得作出了贡献。

对二语会话的互动作用也可以用维果茨基提出的人类心智活动过程的社会文化理论来解释。维果茨基认为包括语言在内的所有认知方面的发展都源于个体之间的社会互动。把该理论应用于二语学习，兰拖尔夫（Jim Lantolf）和其他的研究者认为，当二语学习者与比他们水平高的操二语者（本族语或教师）互动或合作时，他们的语言水平将会提高。（Lightbown & Spada，2002：44；Shrum & Glisan，2004：8-9）

虽然上面两种对二语学习的观点都可称为互动模式，但朗等人的模式是从语言输入调整促进二语学习去论证的，而维果茨基的模式则是从学习者与比他水平高的对话者的角度去解释的。

4.3.3 第二语言（外语）阅读过程模式

阅读是人们学习第二语言（外语）的途径之一，在学习过程中起着较大的作用。多年以来，阅读过程的研究是心理语言学家和心理学家探讨的课题。他们不少人根据自己的研究提出了不同的阅读过程理论。下面介绍的是阅读过程的三种模式，即自下而上模式、自上而下模式和相互作用模式。

4.3.3.1 自下而上模式（The Bottom-Up Model）

在 20 世纪 50 年代以前，人们曾把阅读看成是一个解码（decoding）的过程（Carrel，1988：1 ~ 2）。作者用文字、符号，应用一定的语法规则把自己要表达的意思编成语码。阅读者必须把语码解译。解译的过程是这样的：阅读者从最少的单位——字母和单词（在底或下层）识别开始，逐步弄懂较大的语言单位——短语、分句、句子和语篇的意义（在顶或上层）。这就是阅读理解自下而上的模式（彭聃龄，1991：304 ~ 306）。按照这个模式，理解一个篇章依赖于对构成篇章的句子的理解，而对句子的理解也依赖于对组成句子的词、词组和语法规则的理解，而对词的理解又离不开对字母的识别。不言而喻，阅读理解的问题说到底就是语言方面的问题。

依照这个自下而上的模式去理解阅读过程，教师在教授阅读时，主要任务就是帮助学生解决语言上的障碍即弄清词的意义、短语的意义和句子的意义。但是随着人们对阅读理解过程的研究的深入和理解的加深，人们发现，在阅读时，语言问题虽然解决了，但对文章的理解并不一定能够解决，对作者的意图并不一定都能理解清楚。这个模式低估了阅读者的主动作用，没有把阅读者看成是信息的积极处理者。为解决自下而上模式没能解决的问题，哥德曼（K. S. Goodman）在20世纪60年代提出了用心理学观点来看待阅读理解过程的模式：自上而下模式。

4.3.3.2　自上而下模式（The Top-Down Model）

从1957年开始哥德曼就提出了他的心理学阅读模式（Carrel et al.，1988：2）。在他的模式里，哥德曼把阅读描述为"一个心理的猜测游戏"，按这个模式，阅读者不必使用全部文本中的提示（textual cues），他们在文章中挑选和选择信息来作出预测，用他们自己的经验和有关客观世界的知识去验证他们的预测。按照这个模式，阅读者在阅读过程中，是主动的参与者，他们并不是逐字逐句地去理解，而是结合自己的预测，在文章中找出有关的信息，来验证自己的预测。这就是自上而下的模式。

按照这个模式，阅读不但需要语言知识，而且需要有关客观世界的背景知识。阅读中碰到的问题有可能是语言问题，也有可能是阅读技巧问题，即怎样去使用客观世界的知识去理解问题。当然，教师在阅读教学中要培养学生在文章中寻找线索进行预测和对预测进行验证的能力。一些学者（如David E. Eskey，1988. In：Carrel et al.，1988：93～99）认为，在自上而下的模式里，由于强调了高层次的技能，即用某些背景知识或文中的提示来对意义进行预测，对较低层次的能力如快速、准确地对词汇和语法结构识别的能力有所忽视。这些学者还认为，对词汇和语法结构识别的能力对外语学习者来说是很重要的。因此，他们认为鲁姆哈特（D. Rumelhart）提出的相互作用模式，是一种能较全面地解释阅读理解过程的理论。

4.3.3.3　相互作用模式（The Interactive Model）

相互作用模式（the interactive model）是较为理想的阅读模式。相互作用模式认为，在阅读过程中，人们运用两种方式进行信息处理，一种是自下而上的方式，另一种是自上而下的方式。相互作用模式不同于自上而下的模式，因为它不把自上而下的信息处理技巧作为第一位的先决条件，即只用文章中部分的提示作出猜测来代替一字一句的解码。当然它也不同于自下而上的模式。相互作用模式认为，在阅读过程中，无论处在哪一个阶段、哪一个层次上，两种信息处理的方式总是同时进行的。自下而上的信息处理保证读者能发现新的信息、发现与自己假设不同的信息；自上而下的信息处理帮助读者消除歧义并在可能的意义中作出选择。因此，阅读的过程是读者大脑已有的知识和文章的信息相互作用的过程。文章本身不包含固定的意义，文章只向读者提供怎样利用他们大脑已有的知识来重构文章的意义的方向。这种知识的不同有可能造成对文章理解的不同。人们大脑中已存在的知识称为背景知识，这种知识的结构又称为图式。所以，一个人在大脑里的图式越多、越完善，在阅读理解时被调用的可能性就越大，就越有可能保证对文章意义的理解正确。

我们可以从下面的一个例子来看出相互作用模式或图式理论模式在阅读理解过程中是怎样起作用的。例子引自鲁姆哈特（Carrel & Eisterhol，1988）：

Mary heard the ice cream man coming down the street. She remembered her birthday money and rushed into the house...

当我们读到这些句子时，大多数读者都会这样去理解：

玛丽是个小孩 → 她听到卖冰淇淋的小贩到来 → 她想买冰淇淋 → 买冰淇淋需要钱 → 她想起过生日时得到的钱 → 钱放在屋子里 → 所以她跑进屋子里去拿钱买冰淇淋。

虽然文中没有提及这么多信息，但我们会使用我们自己的背景知识去理解。但是如果句子加上一个分句“... and locked the door”，读者就不可能保持新的信息和原来信息的一致性，这样一来，读者就不得不修正自己的理解，从而使新的信息和原来的信息保持一致（可能玛丽怕卖冰淇淋的小贩会进屋偷她的钱或有其他的理由）。这个例子能帮助我们理解相互作用模式或图式理论模式是怎样在阅读过程中起作用的。按照图式理论模式，读者的阅读能力由三种图式来决定，它们是语言图式、内容图式和形式图式。语言图式指的是读者对阅读材料的掌握程度；内容图式指的是读者对文章涉及的主题熟悉的程度；而形式图式指的是读者对文章体裁的了解程度。在这三种图式中，语言图式是内容图式和形式图式的基础。如果没有掌握相应的语言图式，读者就没有识别文章中词、短语和句子的能力，也不能利用文章提供的信息来调用相应的内容图式和形式图式，当然也就谈不上对文章的理解了。但是如果我们对文章的词、句都明白，且没有掌握相应的内容图式或者虽然具有相应的图式，却不会调用，那么也会出现对文章不理解的现象。形式图式的掌握有利于我们按不同文章的体裁和结构，去理解文章和记忆文章的内容。

相互作用模式的建立对外语阅读的教学都有积极的意义。就阅读教学而言，其目的是提高学生的阅读能力，要达到此目的，教师在教学中应培养学生对语言图式、内容图式和形式图式的掌握。首先，教师应帮助学生扩大词汇和熟悉语言结构，为学生调用内容图式和形式图式打下基础。其次，教师应注意在教学中提供外国文化背景的知识，以丰富学生头脑中的内容图式。与此同时，教师还必须培养学生调用内容图式的能力，使他们懂得怎样利用文章中的线索，把文章中的内容与大脑中的背景知识联系起来，利用文章的信息和大脑中的图式，在阅读中进行预测，提出假设和检验假设，从而正确理解文章的意义。最后，教师应结合不同文体文章的教学，分析文章的结构，系统地讲授不同文体的结构特点，以使学生掌握各种文章的特点，为有效地阅读创造条件。

4.3.4 聆听信息处理模式

第二语言（外语）聆听和阅读对信息处理有着相同的过程，即其理解都是自下而上和自上而下两种方式对信息处理相互作用的结果（Richards, 1990）。但由于聆听接收到的信号是声音，它不同于阅读接触到的文字符号，因此，我们首先要把声音切分为音节和单词，然后才能把声音信号进行进一步的信息处理。从这个意义上来说，聆听和阅读在自下而上的信息处理过程中有不一样的地方。在弄清楚阅读过程信息处理的前提下，去了解聆听过程中对信息的处理，我们特别要注意这两种接收语言输入的方式在信息处理上的不同之处，即与自下而上信息加工不同的地方。

理查兹（Richards，1990：50～51）把自下而上的聆听过程总结为以下的四个步骤：

（1）查寻语言输入，辨别熟悉的单词。

（2）将语流切分为成分（constituents）。

（3）使用音位线索辨别语句中的信息重点。

（4）使用语法线索将语言输入组织为成分。

这里的四个步骤向我们展示了自下而上的聆听过程的特点。聆听者必须能把语流切分为成分，懂得使用音位线索去判别信息中心，并能使用语法线索去组织语言输入使之意义明确。根据这些自下而上的聆听过程的步骤，我们更加明确了聆听与阅读过程中信息处理的差异。我们在阅读时接触到的是文字符号，每一个字都是清晰明确的，因为字间有空隔间开，阅读时还可以反复阅读直至意义明确，而聆听听到的是一串串的声音符号，且在听过一次后就要把意义弄懂。所以，在听到“/ʃiˈtukəˈrɑːntfərəˈdraiv/”时，听者要能把它切分为/ʃi/，/tuk/，/(h)ər/，/ɑːnt/，/fə(r)/，/ə/，/draiv/，并知道因为有了音的弱化，/həːr/发成了/ə(r)/，/fɔː(r)/发成了/fə(r)/；因为有连续的存在，/r/在/hərɑːnt/和/fərə/中出现了。我们听到的是“She took her aunt for a drive.”的意思。在听到“/ˈəupən theˈbed rum ˌwindəu/”时，我们能从语调重音的提示（音位线索）知其意为“It is the bedroom window I want you to open，not the living room window or the bathroom window.”。在听到“/ðəuz hu səuld kwikli meid ə prɔfit/”时，我们知道/səuld/和/kwikli/之间有一个停顿，其意义是“Some people quickly made a profit—they are people who sold.”。因此，在聆听过程自下而上的信息处理中，我们必须懂得在连贯话语中的各种语音现象并使用其来切分声音和解决歧义问题。这就需要我们掌握连读、弱化、同化、停顿、节奏、重音和语调等语音的特点。对初学者来说，我们应多提供一些具有上述语音现象的材料给他们练习，培养他们使用连贯话语中语音现象在聆听理解解码的技巧。

聆听理解与阅读理解都是自下而上和自上而下对信息处理且相互作用的过程。与阅读理解一样，在聆听理解教学中我们要向学习者提供必要的背景知识，培养他们“激活”有关“图式”来理解的能力，这都是我们在教学中应注意的问题。

4.4 教育相关学科理论

斯特恩在《语言教学的基本概念》一书中花了较大的篇幅讨论教育理论与外语教学的关系（Stern，1999）。这可从一个侧面反映出教育理论在外语教学方面的影响和作用。在讨论的开头，斯特恩写道：“在我们已考虑的学科中间，教育学科或许是与语言教学法联系得最密切的学科，但也可能是最不被承认和最易被忽视的学科”（Stern，1999：419）。为要记住教育学科在外语教学中的作用，在外语教学中应用其理论，我们应对教育学科理论有所掌握。教育学有以下十个分支：教育哲学，教育历史，教育心理学，教育社会学，教育经济学，教育组织和管理，教育计划，比较教育，课程和教育技术（Stern，1999：419）。

我们在本书的章节里描述了外语教学或教育的历史（第2章），介绍了外语教育学与心理学、社会学的相关理论（第4章），如果我们把某些章节的内容作个比较（第2章、第4章、第5章等），就能对我国和外国外语教育或教学中的不同有所认识，对我国和外国的教育计划、组织以及管理有一些了解。当然，在这些领域里要进行深入研究，还需日后去努力。因此，在本节中我们重点学习教育经济学和课程的有关理论。至于教育哲学我们是不能忽视的，在课程目标中我们要对它进行探究。

4.4.1 教育经济学

教育经济学是一个较新的教育研究领域，它从经济的角度研究教育；它关注的是教育的经济效益，这一关注点对于经济还不是很发达的发展中国家来说尤为重要（Stern，1999：427）。对外语教育或教学而言，我们要问答的问题是：在我们的教育课程中开设外语课程会从哪个方面受益。

我国的外语教育发展走过了不平坦的道路。就目前按英语课程改革的要求来开设英语课，我们是从培养人才的角度来考虑的，因为“21世纪人的生存与发展的基本技能为母语、一门外语和计算机的操作能力”（陈琳、王蔷、程晓堂，2004：3）。同时，英语课的开设也是从获取信息和经济发展需要去考虑的，因为“据了解，国际上85%以上的学术论文是用英语发表或宣读的”，“英语同时也是国际互联网的主要应用语言”。当然外语（英语）课程开设还可以从其他方面受益，如“外语是促进学生全面发展的重要学科之一”，“学习外语或能够讲外语（一种或一种以上）的人的思维能力和思维敏捷性要超过只讲一种语言的人”，“学习外语有利于良好的性格、品格、意志和交往合作精神的发展”（程晓堂、龚亚夫，2005：66；陈琳、王蔷、程晓堂，2002：4）。

从经济角度考虑教育，除了要从“宏观上把握外语开设的效益外，还要从微观上对必要的费用和效益进行评估”。在评价（assessment）时要考虑下面的一些问题：①教师培训费用；②管理人员及非专业助手的费用，如操本族语的助手，语言实验室的技工等；③教材及其他资源费用；④教学时间；⑤班级人数；⑥教学场地等的费用；⑦教师及管理人员的薪酬。这些称之为微观方面的费用的评价应与课程开展教学活动的收益评价作对比，应做到获取最大的效益。因此，很自然地，我们会在英语课程改革后提出另一个问题：英语课程应在小学开设好还是在初一较集中地（more intensively）开设好？这个问题，我们也得回答好。我国2006年在校的小学生总数为38 391 959人，其中学习英语课程的学生总数为23 226 579人，占在校学生总数的60.50%。

在目前开设英语课程的小学中，一年级开设的学校占9.54%，三年级开设的学校占87.34%，其他年级开设的占3.14%（教育部基础教育课程教材发展中心“指导小学英语教学”项目专家工作组，2007：3～4）。如果按2001年颁布的《全日制义务教育普通高级中学英语课程标准（实验稿）》的意见，小学3～6年级的英语课以每周不少于四次教学活动为标准开设，班容量一般不超过40人每班，试计算，我们要在这部分投入多少教学资源，多少教师，多少教学时间……当然如果我们的付出得到了很大的回报那还是值得的，而这应该有数据来支撑。但如果我们从初一才开始设置英语课，按每周不少于5节来开设，最后到了初中毕业时也能达到小学开设班级的水平，应如何去看待小学开设英语课程的问题，则应再加以考虑了。

小学英语课程的开设对学生兴趣、自信、语音等是否有影响，对其他课程的教学是否有影响，这些都是值得研究的。这些都是从经济角度去考虑外语开设的问题，教育经济学会为我们的外语课程开设提供不少启示。

4.4.2 课程理论

课程理论也是一个较新的研究领域。按斯特恩的解释，课程可指教育系统或教育单位的教学计划（Stern，1998），如大学课程，英国的硕士课程等，也可指教学大纲，即syllabus。本节课程作教学大纲解（参看程晓堂、龚亚夫，2005：70）。课程理论涉及三个方面：①课程哲学；②课程的主要组成部分；③课程过程（Stern，1999：435～442）。

4.4.2.1 课程哲学

为什么要开设外语课程牵涉教育哲学研究的第二个领域，即教育价值问题（教育哲学研究的第一个领域为“概念分析”（conceptual analysis），在这里不作讨论，有兴趣的读者可参看斯特恩（Stern，1999）的著作及其他相关文献。不同的价值取向，不同的开设目的会影响课程的目标、课程内容以及教材、资料的编写和采用。因此，20世纪有影响的课程学者Tyler把课程哲学比做“选择教育目标的屏幕”，哲学观对于任何有意义的课程发展都是重要的，在进入互联网辅助课程的时代尤其如此（Wiles & Bondi，2004：57）。学者艾斯纳（Eisner）和瓦兰斯（Vallance）区分了五种主要的课程哲学观（Stern，1999：436～437）。第一种是认知发展课程观，主张课程应以发展学生的认知能力为目的，应培养学生的探究能力，让学生学会学习，而不是只传授预先决定的内容。斯特恩认为二语（外语）的课程应采用这个课程观，当然它不是唯一的课程观而应与其他课程观一同组合。第二种是自我实现和经验课程观，主张为学生提供时下有意义的知识与能力，而不是为其提供成长后才有用的能力。这种课程观较难应用于外语学习。第三种是社会关联课程观，强调教育和课程要满足社会需要，加拿大的浸泡式教学就是一例。第四种是学术理性主义的课程观，强调以经典学术传统的继承和“起码的文化”（common literacy）作为课程的核心内容。在外语教学中，这种课程观会包含对象国文化及经典文学作品的学习。第五种是把课程描述成技术的观点。

国内一些研究者（勒妍、何广铿，2007）按上述课程哲学观的框架分析了现行的英语课程标准，得出的结果与斯特恩的观点差不多，即现行的课程是以认知发展课程观为中心，同时汲取了其他一些课程观的理念组合而成的。分析还表明课程观确实对课程目标、课程内容和教材有较大的影响。

4.4.2.2　课程的主要组成部分

课程一般由三部分组成，即目的和内容、教学以及评价。

目的和内容部分涉及学的内容，即学什么和课程计划要达到的目标。对于教育目标，不少学者做过研究，如布卢姆、安德森、刘佛年、瞿保奎等（盛群力，2008：1～4）。按斯特恩的意见，目标应把课程结果准确且完全地进行描述，以具体的行为和知识项目列出。

《全日制义务教育普通高级中学英语课程标准（实验稿）》和《普通高中英语课程标准（实验）》的第二部分和第三部分就是对英语课程目标和内容的描述。在第二部分“课程目标”中既有总体目标的描述也有各个级别（1～9级）目标的描述，描述准确、具体，以学生“能”做事的行为详细列出。如基础教育阶段英语课程的总体目标是“培养学生的综合语言运用能力。综合语言运用能力的形成建立在学生的语言技能、语言知识、情感态度、学习策略和文化意识等素养整体发展的基础上”。又如高中毕业生要达到7级水平，7级的总体目标描述为“有明确和持续的学习动机和自主学习意识。能就熟悉的话题交流信息，提出问题并陈述自己的意见和建议。能读懂供高中学生阅读的英文原著简写本及英语报刊。具有初步的实用写作能力，如写事务通知和邀请信等。能在教师的指导下，主动参与计划、组织和实施语言实践活动。能主动扩展和利用学习资源，从多渠道获取信息，并能利用所获得的信息进行清楚和有条理的表达。具有较强的自我评价和自我调控能力，基本形成适合自己的学习策略。理解交际中的文化差异，初步形成跨文化交际意识。”

两个课程标准都以饼图表示英语课程的教学目标结构：综合语言运用能

力的组成部分（或称基础），如下图所示。

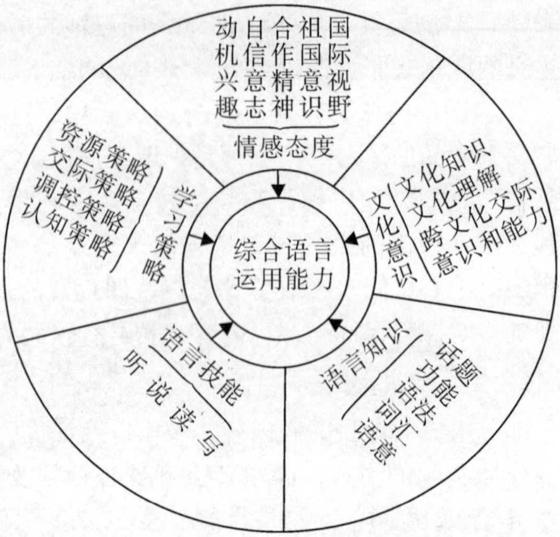

英语课程教学目标结构

这一描述与展示给人们一个新的印象，很好体现了教育理论在英语课程标准设计中的应用。

课程的第二部分为教学（instruction），它涉及教与学的过程，目的是达到课程目标。教学内容包括教学方法、时间分配、内容的挑选与安排、内容的呈现方式、教学媒体应用等。课程中的教学部分很重要，它是课程哲学观在教学中的具体体现。它包含教学原则，同时也有教学活动实施的具体程序和步骤。为了达到课程目标，教学部分还会提供一些教学案例以展示教学过程，好让教师从实例中加深对课程哲学观、教学原则、教学方法、教学内容的呈现方式以及媒体应用等的认识。如果我们认真去学习上述两个课程标准第四部分“实施建议”中的教学建议，我们就更能理解课程中教学要描述的内容了。

课程的第三部分是评价，它是对教学能否达到其目标的评估。评估能让我们了解学生的表现，获取教学反馈，从而对教学作出调整。评价有非正式的评价，如教师用点头表示学生回答正确，也有正式的评价，如考试。评价也可分成关注过程的形成性评价和关注结果的终结性评价。就评价方法而言，可有学生自我评价、同学之间互相评估、学生家长和教师对学生评价等。如果我们阅读上述两个课程标准的第四部分的第二节，即“评价建议”，我们能对新英语课程标准的评价原则、评价形式和评价体系等有一个更清晰的了解。

课程理论的第三部分是课程过程，它包括课程的研发、课程的实施和课程变化的管理以及对课程的评估。在我国，这一部分工作由教育部或教育行政部门组织专家进行，研发的过程较长，工作较多、较细。这一部分在本书不作介绍，有兴趣的读者可以阅读相关著作，如 Wiles & Bondi（2004）等，以进行深入的探究。

思考和练习

1. 阅读《牛津高阶英汉双解词典》第 4 版或最新的版本中对语法的详细说明，即语法模式及其代码（grammatical patterns and codes），注意动词可使用的模式用代码来标示的特点。提供这部分内容对学习者有什么好处？

2. 英国学者不但重视语言结构，而且也重视语言运用时的语境和语义。试举例说明语言结构、语义和语言使用语境的关系。

3. 英语课程标准中的综合语言运用能力是否可视为卡南尔和斯温纳等学者所指的交际能力？

4. 试用话语“It's hot here.”来说明奥斯汀所论述的言语行为，即说明这句话可能显示的意义和带来的效果。

5. 你认为学习语言只接触大量的可理解的语言输入就可以学会吗？需要语言输出吗？

6. 既然中介语是外语学习过程中学习者在某一时间内使用的语言，它介于母语和目的语之间，你认为有必要去纠正学习者在交际中（口头或笔头）出现的错误吗？

7. 你是怎样理解互动假设的？

8. 举例说明在阅读过程中（或在听力理解过程中）缺乏某一背景知识（或某一图式）会影响理解的情况。

参考书目

[1] Austin, J. L. *How to Do Things with Words* [M]. Beijing: Foreign Language Teaching and Research Press, 2002.

[2] Carrel, P., Devine, J. & Eskey, D. *Interactive Approaches to Second Language Reading* [M]. Cambridge: CUP, 1988.

[3] Carrel, P. L. & Eisterhold, J. C. Schema Theory and ESL Reading Pedagogy [A]. In: Carrel et al. *Interactive Approaches to Second Language Reading* [M]. Cambridge: CUP, 1988.

[4] Cook, V. *Second Language Learning and Language Teaching* [M]. Beijing: Foreign Language Teaching and Research Press, 2000.

[5] Hornby, A. S. *Guide to Patterns and Usage in English* [M]. Oxford: OUP, 1976.

[6] Krashen, S. *Principles and Practices in Second Language Acquisition* [M]. Oxford: Pergamon, 1982.

[7] Lado, R. *Linguistics across Cultures: Applied Linguistics for Language Teachers* [M]. Ann Arbor: University of Michigan Press, 1957.

[8] Lightbown, P. M. & Spada, N. *How Languages are Learned* [M]. Shanghai: Shanghai Foreign Language Education Press, 2002.

[9] Mackey, A. & Gass, S. Introduction [J]. *Studies in Second Language Acquisition*, 2006 (28): 139 ~ 178.

[10] Richards, J. C. *The Language Teaching Matrix* [M]. Cambridge: CUP, 1990.

[11] Richards, J. C. & Rodgers, T. S. *Approaches and Methods in Language Teaching* [M]. 2nd ed. Cambridge: CUP, 2001.

[12] Shrum, J. L. & Glisan, E. W. *Teacher's Handbook: Contextualized Language Instruction* [M]. Beijing: Foreign Language Teaching and Research Press, 2004.

[13] Stern, H. H. *Fundamental Concepts of Language Teaching* [M]. Oxford: OUP, 1999.

[14] Swain, M. Output Hypothesis: Its History and Its Future [J]. *Foreign Language Teaching and Research*, 2008 (1).

[15] Wiles, J. & Bondi, J. *Curriculum Development: A Guide to Practice* [M]. Beijing: Foreign Language Teaching and Research Press, 2004.

[16] 陈琳，王蔷，程晓堂. 全日制义务教育英语课程标准（实验稿）解读 [M]. 北京：北京师范大学出版社，2002.

[17] 陈明远. 语言学与现代科学 [M]. 成都：四川人民出版社，1988.

[18] 程晓堂，龚亚夫.《英语课程标准》的理论基础 [J]. 课程 · 教材 ·

教法，2005，25（3）.

［19］龚少瑜，陈永培. 关于小孩学话理论的再思考［A］. 见：黄国文，张文浩. 语言研究群言集［C］. 广州：中山大学出版社，1997.

［20］桂诗春. 应用语言学［M］. 长沙：湖南教育出版社，1988.

［21］郭杰克. 普遍语法与语言习得［A］. 见：黄国文、张文浩. 语文研究群言集［C］. 广州：中山大学出版社，1997.

［22］何自然. 语用学概论［M］. 长沙：湖南教育出版社，1988.

［23］勒妍，何广铿. 对我国现行英语课程标准的理论思考［J］. 中小学外语教学，2007，30（11）.

［24］刘润清. 西方语言学流派［M］. 北京：外语教学与研究出版社，1995.

［25］彭聃龄. 语言心理学［M］. 北京：北京师范大学出版社，1991.

［26］盛群力等. 21世纪教育目标新分类［M］. 杭州：浙江教育出版社，2008.

［27］王初明. 应用心理语言学［M］. 长沙：湖南教育出版社，1990.

［28］王初明，牛瑞英，郑小湘. 以写促学——一项英语写作教改的试验［J］. 外语教学与研究，2000（3）.

［29］王初明. 论外语学习的语境［J］. 外语教学与研究，2007，39（3）.

［30］王初明. 语言学习与交互［J］. 外国语，2008，31（6）.

［31］吴红云. 导读：应用语言学入门（*An Introduction to Applied Linguistics*）［M］。北京：世界图书出版公司，2008.

［32］周流溪. 近五十年来语言学的发展（上）［J］. 外语教学与研究，1997（3）.

第5章

英语学习、学习者和学习策略

从英语教学法的历史我们可知，在相当长的一段时间里，应用语言学家、教学工作者都想寻找一种理想的教学方法，它可以应用于所有学生、解决各种问题、适用于各种环境以达到大家期待的目的。随着人们对英语教与学认识的不断深入，特别是到20世纪70年代对第二语言习得了解得较多时，人们慢慢地意识到这种理想的教学法是难以创立的。从20世纪70年代开始，教学法的研究者们开始将研究精力和重点从对教法的研究转向对学法的研究，希望更多地了解学习的过程和规律，希望对学习者使用的方法有更深入的认识，并以此为基础改进英语教学的方法。从20世纪70年代中期开始，学者们对成功的学习者的学习特点进行了归纳和总结，对学习者的学习策略和影响学习者学习语言的因素如动机、年龄、性格等问题进行了较深入的研究。影响学习者语言学习的因素是多方面的（Ellis，1999：471）。斯克汉（P. Skehan）从四个方面去研究，即语言学能（aptitude）、动机（motivation）、学习策略（language learning strategies）与认知和有效的因素（cognitive and effective factors）；奥尔特曼（H. Altman）则从年龄（age）等十二个方面去探讨；而另外两个学者拉森—弗里曼和朗（D. Larsen-Freeman & M. Long）则从年龄等七个方面去研究（Ellis，1999：472）。我们这里主要讨论四个因素，即学习策略、年龄、动机和语言学能。

5.1 语言学习策略的研究

随着认知学习理论的发展，人们对学习者和教师在学习中的作用的看法有了改变。人们逐渐认识到学习者是积极的信息加工者、解释者和综合者。他们能使用不同的策略去存储和提取信息，使用不同的策略去完成学习任务，达到学习目标。在这一种形势下，教育界兴起了对学习策略的研究（陈琦、刘儒德，1997：180）。

与发展的形势相适应并结合语言教育中出现的问题，语言教育界也开始了对语言学习者策略的研究。第二语言学习策略的研究始于20世纪70年代中期，先行者为美国学者鲁斌（J. Rubin）和加拿大学者斯特恩（H. H. Stern）等人。他们的研究是从探讨成功的学习者策略开始的，因为他们发现不管教师使用什么样的教学方法都会有一部分学习者学得好。在此后的20年里，不少学者参加到语言学习者学习策略的研究中来（Oxford，1990；O'Malley & Chamot 1990等）。研究者们不仅探讨成功语言学习者使用的策略（Rubin，1975；Stern，1975. In：H. D. Brown，2002：114），以及成功学习者与不成功学习者在策略使用方面的差异（文秋芳，1995；王初明，1992），而且还探讨策略使用与二语学习成绩的关系（文秋芳、王海啸，1995）以及影响语言策略使用的因素等问题。学者们还就如何进行策略培训进行了较系统的研究（Cohen，2000）。下面介绍上述研究的一部分内容。

5.1.1 成功学习者的学习策略

应用语言学家和外语教学法研究人员发现，有一部分学习者是成功的学习者，不管教师采用什么方法教学，他们都能把语言学好。研究人员使用口头访谈、填写调查表的方法获取这些学习者的学习方法，然后由学者们总结、归纳出这一部分学习者的特点。鲁斌总结出他们的七个特征（Rubin，1975. In：Brown，1987）：

（1）他们是积极和准确的猜测者。

（2）他们积极主动地与他人交际。

（3）他们想什么就说什么。

（4）他们注意语言结构。

（5）他们经常寻找机会来进行对话，练习语言运用。

（6）他们会监察自己和他人的话语。

（7）他们注意意思的表达。

另一个加拿大学者斯特恩也总结出成功的语言学习者相类似的十大特征（Stern，1975. In：Brown，1987）：

（1）有个人的学习风格或积极的学习策略。

（2）对学习任务主动去做。

（3）在目标语意义不清楚时能予以容忍，了解讲本族语者的认知和情感状态。

(4) 知道如何对待语言问题。

(5) 有把所学习的新语言总结成为有序的系统的实际策略，并能在学习中修改该系统。

(6) 经常寻求对意义的理解。

(7) 留意实践。

(8) 留意在真实交际中使用语言。

(9) 自我监察语言运用情况，对语言使用时出现的问题敏感。

(10) 逐渐把目标语建成一个独立的参照系统并用它来思维。

鲁斌和斯特恩总结出来的成功的外语学习者都有一些共同的特点：他们是积极的语言实践者和运用者，对使用语言有着强烈的愿望；他们不但注意语言的形式，同时也重视语言形式的意义；他们能利用语言知识对自己的语言表达进行监察，发现错误会去改正；他们有自己的学习策略，不是一见到不懂的语言点（如语法、词汇等）就束手无策，而是能通过语言的线索，猜测意义去解决矛盾，创造性地学习。中国学者（文秋芳，1995）对成功学习者的研究也有相类似的发现（对比 Robin & Thompson，1982，总结出成功学习者的 14 个特征，见 Brown，2002：114 ~ 115）。中外学者对成功的外语学习者的研究给了我们一定的启发。我们能否在工作中发现在我们身边的成功的外语学习者并对他们的特征进行分析、研究呢？总结、归纳他们的学习特点，有利于我们鼓励更多学生朝着成功的方向迈进，把英语学得更好。当然，在我们的研究中，会出现与他人不同的结论。事实上，在教学中我们会碰到一些口头交际能力较强的学生，但他们的笔头交际能力又较差；我们也听过一些很不愿意用英语进行交际的学生，但他们的 TOEFL 成绩又相当高。这些学生算不算语言的成功学习者？研究学习者时，我们会碰到较多的问题，但可以肯定，研究会帮助我们更好地理解语言学习和不同学习者的特点。

5.1.2 学习策略的界定

不同的学者从不同的角度研究学习者的策略，对学习者策略的定义各不相同。斯特恩把它定义为：策略最好用于泛指语言学习者采用的方法的一般趋势和总体特点，而技巧用于指可视行为的特别形式（Stern，1983. In：Ellis，1999）。威恩斯坦和梅耶把学习策略界定为“语言学习策略是学习者学习语言时的做法和想法，这些做法和想法旨在影响学习者的编码过程”（Weinstein & Mayer，1986. In：Ellis，1999）。另一学者钱莫特认为“学习策略是学生采用的技巧、方法或有目的的行动，其目的是使学习、回忆语言形式和内容更为容易”（Chamot，1987. In：Ellis，1999）。鲁斌把学习策略看成是“有助于学习者自我建构语言系统的策略，这些策略能直接影响学习”（Rubin，1987. In：Ellis，1999）。奥斯科特把语言策略定义为“学习者为了使语言学习更有成效、更加自主、更加愉快而采取的行为或行动”（Oxford，1989. In：Ellis，1999）。虽然不同学者对学习策略都有不同的界定，但我们还是可以看出他们之间的共同之处。策略是学习者的行动，当然行动本身包括外部活动和内部活动，使用策略的目的是为了提高学习的效率。

5.1.3 学习策略的分类

不同的研究人员由于研究角度不一，对学习策略也有不同的分类。下面介绍的是国外流行的两种分类法，即奥玛利和钱莫特的分类法以及奥斯科特的分类法。

5.1.3.1 奥玛利和钱莫特的分类法

奥玛利和钱莫特（O'Malley & Chamot，1990）根据信息处理理论，将策略分为三大类，即元认知策略（metacognitive strategies）、认知策略（cognitive strategies）和社会/情感策略（social/affective strategies）。元认知策略使用认知过程的有关知识，采用计划、监控和评估的手段对语言学习进行控制。元认知策略是较高层面的技巧，有管理功能。奥玛利和钱莫特列出了八种元认知策略：

（1）预先组织策略，指学习者对将要出现的活动中的原则和组织概念进行预习。

（2）集中注意力策略，指学习者预先决定对某一学习任务给予注意，而对其他无关的项目不管的策略。

（3）选择注意力策略，反映学习者提前对语言输入的某些部分或情景细节给予注意，这些部分和细节对记忆语言输入给予了提示。

（4）自我管理策略，指学习者懂得安排好学习环境来促进学习的策略。

（5）预先计划策略，指学习者为某些语言项目制订计划并进行排练（rehearsing），这些项目在将要出现的学习任务中是必不可少的。

（6）自我监察策略，指学习者对自己话语中的语法、语音和词汇进行纠正，对语言的不得体性纠正也属此策略的范围。

（7）减缓输出策略，指学习者有意识地推迟讲话，目的是想先听他人讲话，然后从中进行学习。

（8）自我评价策略，指学习者以准确和完善作为标准对自己的语言学习结果进行检查。

认知策略指解决问题采取的步骤或行动，它涉及对学习材料的直接分析、转换和综合。认知策略有认知信息处理功能。奥玛利和钱莫特列出了15种认知策略：

（1）重复策略，模仿词语，包括公开练习和静默演练。

（2）利用目标语资源策略，使用目标语对词或概念下定义或扩展。

（3）利用身体动作策略，把新信息与身体动作联系起来。

（4）翻译策略，使用母语来理解和表达第二语言。

（5）归类策略，基于学习材料的共性把它们重排、重组或以某种标志表示。

（6）记笔记策略，把口头或书面信息的要点、旨意和大意记下来。

（7）演绎策略，有意识地应用规则去表达或理解第二语言。

（8）重新组织策略，通过把已知成分以新形式组合，重构有意义的句子或较长的语段。

（9）利用视觉形象策略，利用视觉形象来表达新信息。

（10）利用声音表象策略，以声音或熟悉的声音表象来记忆词、短语或较长的语句。

（11）利用关键词策略，使用母语词的音、形来记忆第二语言（外语）的新词。

（12）利用上下文情景策略，联系上下文来学习单词或短语。

（13）拓展策略，把新信息与记忆里的其他概念联系起来。

（14）迁移策略，使用已学到的知识去解决新的语言学习任务。

（15）推测策略，使用现有知识去猜测新项目的意思，预测结果和填补所缺信息。

社会/情感策略指的是学习者选取的与其他学习者和操本族语者互动的方式。奥玛利和钱莫特只列出了两种策略：

（1）协作策略，指与同学共同学习以获取反馈、集取信息或完成任务的策略。

（2）提问以达到澄清的目的策略，要求教师或其他本族语者重复、解释某些例子。

5.1.3.2　奥斯科特的分类法

奥斯科特根据策略与语言材料的关系将策略分为两大类，即直接策略

(direct strategies) 和间接策略 (indirect strategies) (Oxford, 1990)。直接策略的使用与所学语言有直接的联系，而间接策略的使用起着支持和管理语言学习的作用，与所学语言没有直接关系。按奥斯科特的分类法，直接策略和间接策略又各分三小类。下面七个图能显示出奥斯科特分类法的特色。

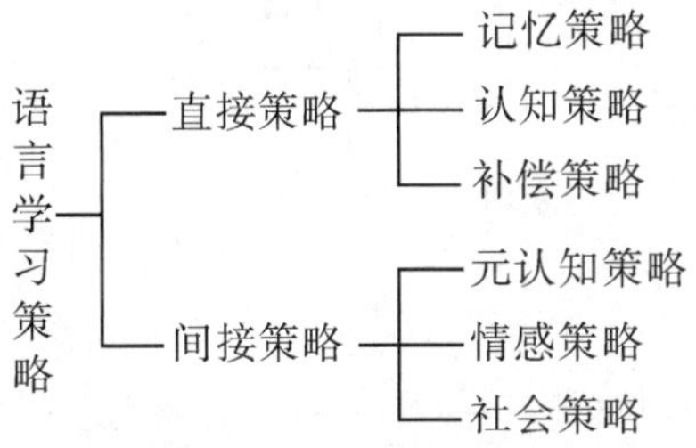

图一　语言学习策略分类

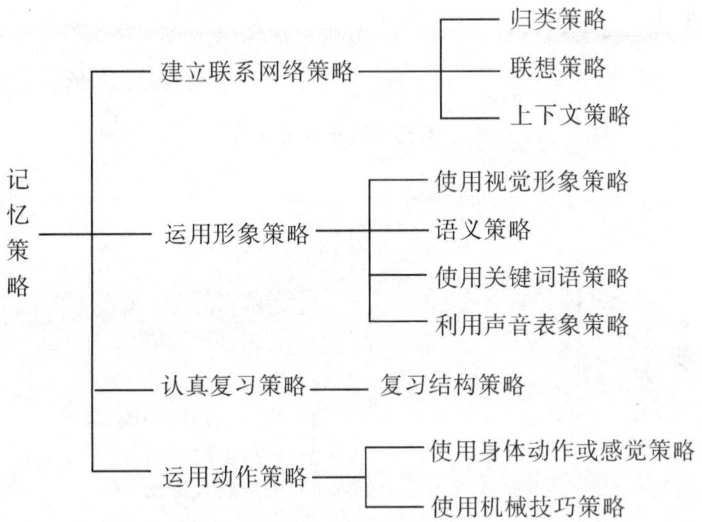

图二　记忆策略分类

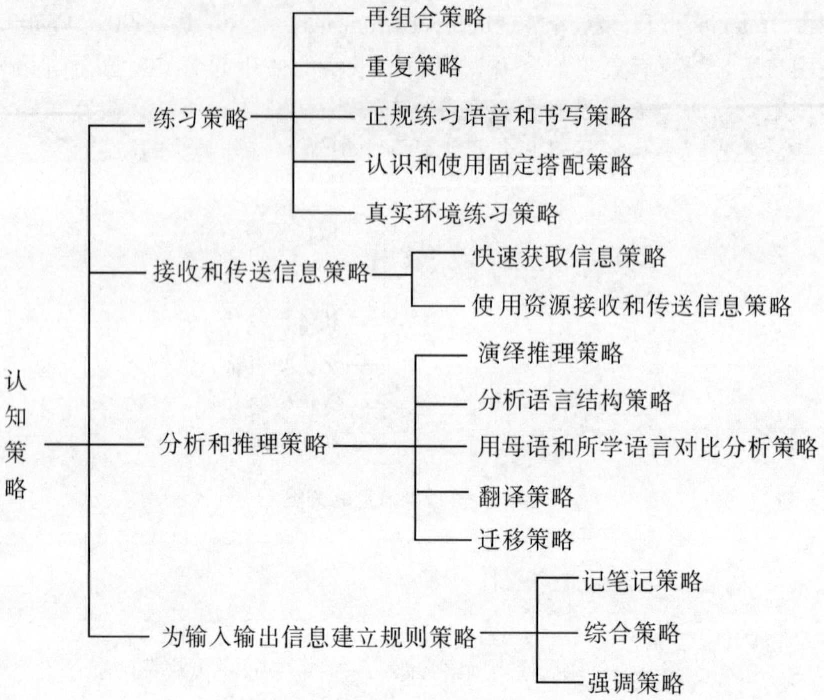

图三　认知策略分类

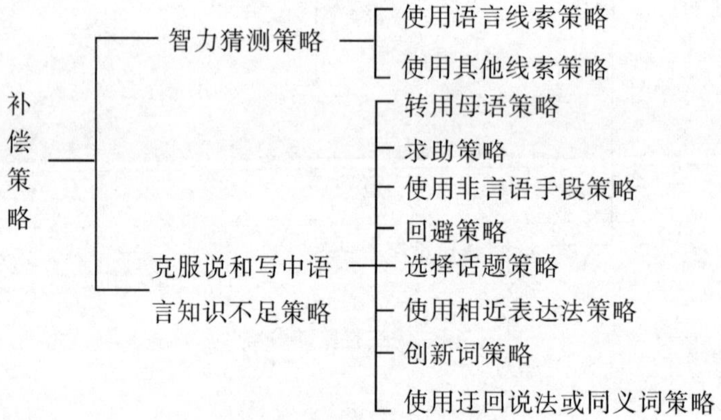

图四　补偿策略分类

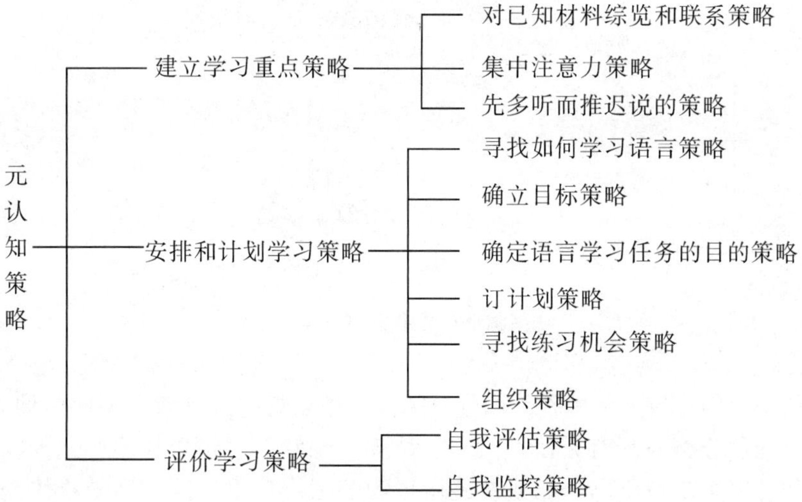

图五　元认知策略分类

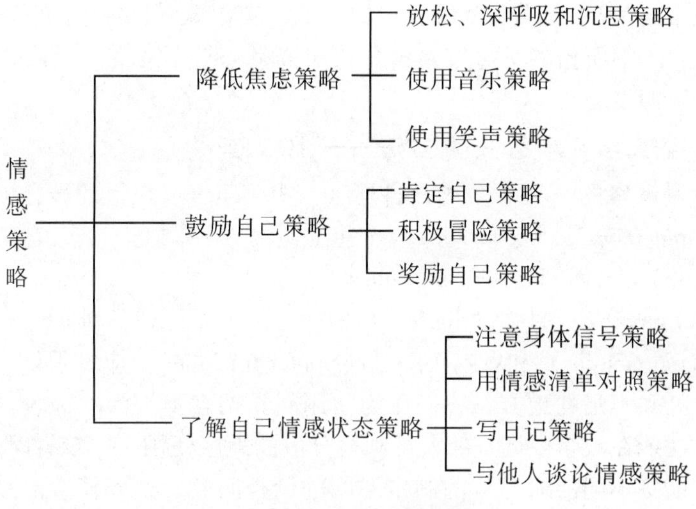

图六　情感策略分类

- 社会策略
  - 询问策略
    - 为弄懂或核实而询问策略
    - 请求修正策略
  - 与别人合作策略
    - 与同龄人合作策略
    - 与所学语言流利使用者合作策略
  - 同情别人策略
    - 文化理解策略
    - 对别人感情与思想注意策略

图七　社会策略分类

如果我们比较上面两种不同的分类法，还是可以发现较多相同的地方的，例如，两种分类法都有元认知策略、认知策略和社会情感策略。此外，奥斯科特的补偿策略与奥玛利和钱莫特所提到的减缓输出策略、利用身体动作策略、翻译策略和提问以达到澄清的目的策略等其实是属于某些学者如布朗等所认为的属于交际策略的项目（Brown，2002：118），如求助策略、回避策略、创新词的策略，等等。尽管如此，在元认知策略和认知策略的功能方面，两种分类法看法不一。奥斯科特认为“两类策略（元认知与认知）之间没有层级关系，它们都在同一平面上动作”，而奥玛利和钱莫特则主张“元认知策略高于其他策略”（文秋芳，2000：F16）。为与英语课程标准中的学习策略描述保持一致，本书所指的学习策略包含认知策略、调控策略（元认知策略）、交际策略和资源策略。

5.1.4　研究学习策略的一种方法——问卷调查

调查学习策略的方法有多种，科恩（A. D. Cohen）在他的著作 *Strategies in Learning and Using a Second Language* 里介绍了八种调查方法，它们是访谈（oral interview）、书面问卷（written questionnaire）、观察（observation）、口头报告（verbal report）、日记（diaries）、书面对话（dialogue journals）、回忆研究（recollection studies）和电脑跟踪（computer tracking）。应该承认，每种方法都有其长处和不足的地方。我们认为使用问卷调查不失为一种较合适的方法。这种方法能在较多要调查的人员和较分散的地区使用，且较省时、省力。此外，我们能按不同的研究目的制定不同的调查问卷以达到调查的目的。郑树棠等（1997）“关于大学英语课中学习策略的研究”就是使用问卷调查的一例。他们的调查表是按调查内容自己设计的，共 15 项。为对问卷调查的工具——调查问卷有一个较清楚的认识，我们可以学习一个在国内外都使用得较多的由奥斯科特编写的问卷（参看 Oxford，2008）。这个问卷是专门为外语学生设计的，全问卷为50个项目，用于调查学习者六个方面的策略：①记忆策略；②认知策略；③补偿策略；④元认知策略；⑤情感策略；⑥社交策略。该调查表要求被调查者选择自己认为适合自己的选项，即某项策略：①绝不或几乎绝不对我适用；②一般对我不适用；③有些对我不适用；④一般对我适用；⑤经常或几乎经常对我适用。按项目的设计选①得1分，选②得2分，以此类推。（问卷使用莱克特量表的有关问题可参考何广铿等，2009：52～53）我们可以很快按调查统计出反映学习多用或不多用的策略。当然，我们也能像其他的学者一样，按自己的要求和目标设计自己的调查问卷，但奥斯科特的问卷不失为我们学习的一个榜样。

5.1.5　我国外语学习策略研究的成果

我国学者在20世纪80年代初期就开始了对外语学习者学习策略的研究并发表了专著和论文（文秋芳，1996；文秋芳、王立非，2004；Chen，S. Q.，1990；程彩玲、张荣，2008；冯茵、周榕，2007；苏远连，2010等）。文秋芳1995年出版了专著《英语学习策略论》，不仅介绍了国外学习策略的研究情况，而且也介绍了自己研究的体系和研究成果。我国学者研究学习策略的论文主要是探讨以下四类问题：①成功的学习者与不成功的学习者在使用策略上的差异（文秋芳，1995；王初明、亓鲁霞，1992；马广惠，1997）；②策略使用情况及其与外语学习成绩之间的关系（吴一安等，1993；文秋芳、王海啸，1996；韩梅、林立，1999；冯茵、周榕，2007；郭燕，2007；秦建华、王英杰，2007）；③某一学习领域（如听力、词汇等方面）学习策略使用的探讨（蒋祖康，1994；吴霞、王蔷，1998；王初明、亓鲁霞，1992；蔡新，1998；郑树棠等，1997；冯涟漪、龚昭，2007；程彩玲、张荣，2008）；④策略训练及效果研究（王立非，2002；王立非、文秋芳，2003；苏远连等，2010；等等）。总体来说，我国学者的研究对象范围较宽，有外语专业的本科生，有非外语专业的本科生，也有（高）中学生；研究对象的类型有成功的学习者和不成功的学习者，并多探讨听力和词汇两个领域中学习策略的运用。不少研究者都发现成功的学习者比差的学习者更会使用策略（文秋芳，1995；文秋芳、王海啸，1995；吴霞、王蔷，1998），他们的成功看来与策略使用有着密切的关系（韩梅、林立，1999）。但在一些研究中，由于被研究的对象不同和研究者研究角度的差异，研究得出的结论也有不一致的地方。在吴一安的报告中学习策略（语言形式的操练、语言功能的操练等）对综合语言水平并未起到有效的预示作用，但在文秋芳和王海啸的报告中所得出结论是：形式操练策略和功能操练策略使用越多，其得分的可能性越大。这种情况在国外的研究中也有出现。

由于人们对学习策略的研究还没有很长的历史，很多问题还有待我们去探讨和研究，很多问题还得在探讨、争辩中慢慢解决。就学习策略能否训练与教授、训练学习者使用某些学习策略后能否促进外语学习，是个有争议的问题。一些学者如奥玛利和鲁斌等对此持肯定的态度，他们认为，"在训练语言技巧时应该同时教授学习策略，这样能促进学习"（奥玛利等，1985，引自：Richards，1990）。但也有学者持否定态度。他们认为："策略是否运用得当，根本上受语言能力和外语水平的制约。""国外第二语言习得者策略研究似乎过分夸大了策略的重要性。策略的使用很可能是语言能力提高的结果，而不是策略导致语言能力的提高"（王初明、亓鲁霞，1992）。还有学者对外语学习策略有效性研究提出质疑，并提出了他们对研究策略有效性的建议（文秋芳、王立非，2004）。

5.1.6 英语课程标准对学习策略的论述

基础教育阶段和高中阶段英语课程的总体目标是培养学生的综合语言运用能力。这一能力目标由五个要素构成，这五个要素是语言技能、语言知识、情感态度、学习策略和文化意识。因此，学习策略的培养涉及总体目标的实现，关系到学生自主学习能力的形成，影响到学生终身学习和发展潜能的培养。我们必须从造就21世纪合格公民的高度去认识英语课程中学习策略培养的意义。

英语课程标准对学习策略的内涵、种类以及各个级别的具体目标和内容都作了较详细的描述。学习策略在英语课程中是指学生为有效学习语言和使用语言而采取的行动和步骤。英语学习策略由认知策略、调控策略、交际策略和资源策略四类策略构成。认知策略是指学生为完成具体的学习任务而采取的步骤和方法，例如：在词语与相应事物之间建立联想（二级）；在学习中如必要能借助母语知识理解英语（五级）；在听和读的过程中，借助情景和上下文猜测词义或推测段落大意（八级）。调控策略指学生对学习进行计划、实施、反思、评价和调整的策略，例如：制订简单的英语学习计划（二级）；注意了解和反思自己学习英语中的进步和不足（五级）；评价自己学习的效果，总结有效的学习方法，遵循记忆规律，提高记忆效果（八级）。很明显，课程标准描述的调控策略就是其他学者，如奥玛利和钱莫特，以及奥斯科特所指的元认知策略。新课程标准中的交际策略是指学生为了争取更多的交际机会、维持交际以及提高交际效果而采取的各种策略，例如：积极运用所学英语进行表达和交流（二级）；交际中遇到困难时，有效地寻求帮助（五级）；善于借助手势、表情等非语言手段提高交际效果（八级）。资源策略是指学生合理并有效地利用各种媒体进行学习和运用英语的策略，例如：能初步使用简单的学生英汉词典（二级）；能初步利用图书馆或网络上的学习资源（五级）；能通过图书馆、计算机网络、广播、报纸和电视等多渠道资源查找所需信息和材料（八级）。

英语课程标准对学习策略的描述包含了国内外学者们所提及的学习策略的内容。在此基础上加入资源策略一项能培养学生获取新信息、新资料的能力，以适应信息时代的需要，为今后的终身学习和发展打下良好的基础。

英语课程标准在学习策略方面对各个级别的要求都作了具体、详细的描述，上面只列举了二级、五级和八级中的部分内容。作为英语教师，我们要掌握学习策略的目标并在教学中注意对学生学习策略的培养。如果说在本书的5.1.5中提到学习策略训练的成果还是较短时间训练后得出的研究结果的话，我们期待将来有教学研究报告是关于学习策略训练在二年级、三年级以及初中或高中阶段的成效的。

5.2 年龄与外语学习

外语学习的年龄问题是人们谈论较多并较关注的问题。很多人都有一个想法：即外语学习越早越好，小学开始学外语要比初中才开始学习更好（教育部基础教育课程教材发展“指导小学英语教学”项目专家工作组，2007：9），儿童学习外语要比成人快且不用花费太多力气。到底外语学习是否越早越好？年龄与外语学习有什么关系？其实，相信儿童学习外语比成年人学得更快、更好的想法，不只在中国有，早在20世纪50至60年代的西方国家，如美国就很流行，因为人们相信语言学习有一个最佳年龄。人们也进行了不少关于年龄对第二语言学习的影响研究。很多研究都是由一个叫临界期假设引发的。

5.2.1 临界期假设（The Critical Period Hypothesis）

临界期假设最初是针对母语习得提出来的，神经心理学家彭菲尔德（W. Penfield）是传播这个假设有影响的人物。按照临界期假设，语言习得在一定的时期内会自然和不费气力地发生。彭菲尔德和罗伯兹在1959年提出：语言习得最佳年龄是在10岁前（Penfield & Roberts，1959. In：Ellis，1985）。在这段时间，人的大脑具有可塑性，但从青春发育期开始，可塑性会逐渐消失。这种假设建立在神经生理研究基础上，彭菲尔德产生这个观点是因为他观察到青春期前儿童的大脑语言区受损后比成年人恢复得快。但是，这个假设并不是从幼儿学习语言快和有效率导出的。假设的提出和传播引起了不少学者的争论，有学者赞成（Lenneberg，1957. In：Stern，1999：362），也有学者反对（Ausubel，1954. In：Stern，1999：363）。能验证这个假设的自然案例有两个：一个是法国12岁的野孩子Victor，另一个是为其父亲折磨，被剥夺听话机会11年的美国女孩Genie。两人由于过了关键期才学习母语，都不能像正常孩子一样习得母语（Lightbown & Spada，2002：19~21）。后来，人们依据这一假设开展了第二语言学习中年龄因素和学习成就方面的研究。但一些学者认为就目前的研究情况来看，“可以相对肯定地说第二语言习得不存在所谓的关键期（临界期）”（刘振前，2003：158）。

5.2.2 年龄对第二语言（外语）习得影响的研究

为了验证到底第二语言（外语）学习有无最佳年龄，在第二次世界大战后，美国于20世纪60年代初曾经开展过一场小学外语运动（The Introduction of Foreign Languages in the Elementary School，FLES），在小学教授法语和西班牙语。通过五年的试验，结果是：在小学多学了六年外语的学生到初中继续学习，比从初中开始学习外语的学生水平高了一学年，成绩提高了10%（桂诗春，1992：52~53）。这个实验说明，虽然小学学习外语可能略有优势，但是还是年纪大一点的学生学习效率高一些。在1952年和1959年，联合国教科文组织还根据不少国家小学开设外语课程的情况在德国汉堡召开了两次国际会议来研究小学教授外语的问题，但是对于“儿童学语言是否会比大一点的人学得好些、快些”这个问题没有“一个满意的答案”（卡罗尔在1959年会议上的发言，引自：桂诗春，1992：52）。

英国人伯斯塔尔（Burstall et al. 1974. In：Stern，1999）等人为研究年龄和外语学习之间的关系，从1954年开始做了一个长达十年的实验，其目的是了解儿童8岁开始学习外语是否可行，是否比通常11岁开始学习外语的儿童学得更好。这一研究比FLES做得更细致，调查的儿童人数达17 000人，并有实验组和对比组的比较。实验结果表明：小学开设外语课程可行，并且不会影响其他科目的学习，但小学开设外语课程的优势并不明显。

美国学者克拉申等也进行了有关的研究，他们的结论是：①成年人在习得速度方面优于小孩；②年龄较大的孩子比年龄较小的孩子学习得较快（Ellis，1999：485）。除上述研究外，其他学者还就年龄影响二语习得问题做了不少研究。由于他们使用的方法不同和研究的角度有差异，他们都作出各自的结论。虽然这方面研究的结论不一致，但一些共同地方可归纳如下（Ellis，1999：491 ~492）：

（1）在学习初期成年人学习者学习要比儿童学习者快，特别是在语法方面。但他们最后可能会被儿童学习者超过，因为后者能接收到足够的语言输入。这种情况更有可能出现在自然学习环境中，而不可能出现在正式学习环境里。

（2）只有儿童能在不正式场合学习时能习得本族语水平的发音，不同学者对习得本族语水平发音的年龄界限有不同的观点，有人认为在青春期前，有人认为在 5 岁前。

（3）儿童学习者很有可能习得本族语水平的语法能力，年龄界限在 15 岁左右。

（4）如果不考虑是否能达到本族语者的水平，儿童较成年人更有可能在语音和语法上达到较高的水平。

（5）习得语法能力不如习得语音能力那样较大地受制于年龄。

通过不断研究和观察，埃利斯（Ellis，2010）基本上维持上述的观点并指出在外语学习方面儿童比青少年或成年人学得更好的神话是未经证实的，在很多方面青少年学习者较儿童学得更好。此外，在外语学习环境里（如在中国或日本），小学开设英语课程可以为提高英语水平提供可能性，但要实现其目标则决定于有无受过训练、素质高并采用恰当教学法（如任务型语言教学法）的教师。我国学者对是否应在小学开设外语课程也展开了讨论并提出了自己的看法（董燕萍，2003；束定芳，2004 等）。桂诗春（1992）认为，小学开设外语课程要按条件和实际情况开设，要讲究效率和经济效益，还要考虑教材、教法等问题，并应进行科学实验，不断摸索经验。在小学开设英语课程一段时间后，陈国华（2010）还提出对英语最好从哪一年级开始的问题应做更深入研究的建议。事实上，我们可以利用有些小学开设了英语课程而有些还未开设的实际情况，对小学生学习外语的情况进行观察和研究，进一步探讨年龄与外语学习的关系。

5.3 学习动机和外语学习

人们经常把学习外语的成功与否和学习者的学习动机联系起来。有强烈动机的人，学习外语目的明确，学习积极认真，奋发向上，能克服困难，取得好的成绩。相反，学习没有动力，得过且过，碰到困难就灰心丧气的人则成绩较差。这样的看法是不足为怪的，因为很多有关学习的实验都证明，动机是学习成功的关键。为研究外语学习相关动机的特点，人们首先需要界定动机的含义，并对外语学习相关动机的组成做研究。但由于研究重点不同，角度不一，对动机的构成就有了不同的说法。

5.3.1 学习动机的界定和分类

按布朗（H. D. Brown）的说法，动机一般被视为一种内在的动力，一种感情的作用，一种促使人们采取某一行动的欲望（Brown，2002：152）。一些心理学家把动机定义为需要或欲望（needs or drives），如探究的需要、操纵的需要、活动的需要、激励的需要、获取知识的需要和自我提升的需要（Ausubel，1968. In：Brown，2002：152～153）。那么什么是二语学习的动机呢？二语学习动机可以描述为构念的复合体（a complex of constructs），它是达到学好语言的目的的力量和欲望加上学习语言的正确态度的综合（Noels，2001：43）。一般来说，人们生下来就有欲望和需要，但欲望和需要的强烈与否是由环境造成的。

不同的学者从不同的角度研究外语学习中动机的作用。纳尔逊和杰科波维其（R. Nelson & L. A. Jakobovits）在他们的研究报告里举例说明了在外语学习中每一个与动机作用有关的因素。一些教学的、个人和社会文化的因素都会强化或削弱动机的作用。兰伯特和加德纳（Lambert & Gardner，1972. In：Brown，2002：153）对第二语言学习中动机的研究是有关动机研究广为人知的报告之一。为了确定态度和动机因素是如何影响语言学习成就的，他们对加拿大、美国和菲律宾的学习外语的学生做了长达12年的研究。他们把学习动机分为两类：工具型动机和结合型动机（instrumental motivation and integrative motivation）。具有工具型动机的学习者学习外语，目的是想利用外语这个工具去寻找好的职业，改善自己的社会地位和资格；而具有结合型动机的学习者学习外语，主要是对目标语的社团感兴趣，学习好外语为的是更好地与目标语社团内的人们进行交际，欣赏目标语社团的文化艺术。

有学者（Graham，1984. In：Brown，2002：155）扩展了结合型动机的内涵，把结合型动机再分为结合型动机和同化型动机（integrative motivation and assimilative motivation）。按这些学者的观点，结合型动机指的是语言学习者为进行交际或了解目标语国家文化而学习语言的愿望，它不一定意味着与目标语团体直接接触；而同化型动机是为成为目标语社团一员而学习目标语的动机，一般需长久地与目标语文化接触。

也有学者如德西（Deci，E.，1975. In：Brown，2002：155）把动机分为内在动机和外在动机（intrinsic motivation and extrinsic motivation）两类。内在动机行为的目的是从语言学习本身获取某种内在的满足；而外在动机行为的目的是从外部获取回报。有学者认为结合型动机和工具型动机与内在动机和外在动机为对应关系，即结合型动机是内在动机，工具型动机是外在动机（Chamber，1999：52. 见：高一虹等，2003：29）。但也有不同的意见（Bailey，K. 1986. In：Brown，2002：157）。

为了探究中国学生英语学习动机类型，高一虹等（2003）进行了覆盖面较广、代表性较好、人数较多的调查。他们总结出中国本科生七种动机类型，即内在兴趣动机、成绩动机、学习情境动机、出国动机、社会责任动机、个人发展动机和信息媒介动机。

5.3.2 多恩耶的促进学习动机策略——一种语言课堂促进学习动机的方法

从20世纪70年代开始，学者们对语言学习动机进行了研究，他们不但界定了学习动机的内涵和分类，而且探究了语言学习动机与学习结果的关系，语言学习动机与学者因素如学能、学习策略等的关系（高一虹等，2003）。有学者建议教师可使用不同的方法或策略去构建激励动机的语言教学课堂从而促进其学习（Guilloteaux，M. J. & Dornyei，2008：56）。英国学者多恩耶就是鼓励语言教师使用促进学习动机策略的杰出代表。他于2001年出版了专著*Motivational Strategies in the Language Classroom*，详细论述了他的观点并构建了一个有理论支撑的促进语言学习动机策略体系。

多恩耶把学习动机策略（motivational strategies）界定为促进个人为学习目的而努力的行为（Dornyei，2001：28），人们会有意识地使用某些动机因素以达到某种有计划的、能持续的、正面的效果。多恩耶的促进语言学习动机策略由四个方面的策略组成，即创造基本动机条件策略、激发起始动机策略、维持和保护动机策略以及鼓励正面追思性的自我评价策略。这四个方面的策略总共由35条具体可实施的策略组成。多恩耶的促进语言学习动机策略如下所示。

表一　多恩耶的促进语言学习动机策略

促进语言学习动机策略	创造基本动机条件策略
	激发起始动机策略
	维持和保护动机策略
	鼓励正面追思性的自我评价策略

表二　多恩耶的创造基本动机条件策略

创造基本动机条件策略	表达和谈及你对课程材料的热爱以及教材如何影响你
	认真对待学生的学习
	与学生建立个人关系
	与学生家长建立合作关系
	在课堂创造一个使人愉快的并能获得帮助的气氛
	促进小组团结的发展
	通过讨论形成小组规则
	保证小组规则为所有成员所遵守

表三　多恩耶的激发起始动机策略

激发起始动机策略	使用同伴作用模式，提高学习者的语言相关的价值
	在学习过程中提高学习者的内在兴趣
	对外语和外国人采取正确的态度以提高“综合性”价值
	提高学习者对外语工具型价值的意识
	增强学习者在学习任务中对成功的期待
	增强学习者建立学习目标的自觉性
	保证教育材料与学习者相关
	帮助创造学习者现实的理念

表四　多恩耶的维持和保护动机策略

维持和保护动机策略	使用多种方式，使学习更有趣和愉快
	通过任务的吸引力使学习更有趣和愉快
	通过学生参加活动使学习更有趣和愉快
	以激励的方法展示和进行活动
	在课堂中使用确立目标的方式
	使用合同方式以使学习者有目的地活动
	为学习者提供经常性获取成功的机会
	经常鼓励学习者以建立其自信
	排除或降低学习环境中的焦虑因素
	教会学习者使用各种学习策略以建立他们对学习的自信
	在完成任务过程中保证学习者维持良好的社会形象
	促进学习者合作以激励他们的动机
	促进学习者的自主学习能力以激励他们的动机
	增强学习者自我激励学习的能力

表五　多恩耶的鼓励正面追思性的自我评价策略

鼓励正面追思性的自我评价策略	教会学生正确对待自己的失误
	为学生提供正面的信息反馈
	增强学习者的满足感
	以正确的方式去激励学习者的动机
	引导学习者正确看待分数

在《语言课堂学习动机策略》一书中，多恩耶不但列出以上35条学习动机策略而且还对它们以实例进行了解释和说明。她还与另一位学者在韩国做了一个研究以说明学习动机策略的作用（Guilloteaux，M. J. & Dornyei，Z.，2008）。我们可否使用这些动机策略去激励我们的学生从而促进他们的学习？这是值得我们探究的问题。

5.3.3　语言学习的动机研究

学者们对语言学习的动机研究不仅涉及对动机的界定和分类，而且也关注学习动机，特别是不同类型动机对学习效果的影响。兰伯特和加德纳以让学生填写调查表的形式来了解他们的学习情况。他们在加拿大和美国的调查结果表明，结合型的学习者学习第二语言的成绩较好，而在菲律宾的调查结果与在北美的调查结果则恰好相反。在菲律宾的学习者的工具型动机与他们的学习成就相关性最高。这个发现与其他学者（Yasmeen Lukmani，1972. In：Littlewood，1990：57）研究印度学习者得出的结果一样。我们可以这样解释：在菲律宾和印度的学习者把英语作为国际性的语言来学习而非以与操本族语的人们交际为目的而学习。

随着研究的不断深入，人们还意识到某些具有工具型动机的学习者在某种环境下语言学习效果会很好，某些具有结合型动机的学习者在某些环境下学习外语也会很成功。一些研究结果还表明，上述两种不同类型的动机不一定是互相排斥的，第二语言或外语学习不是仅为工具型或结合型动机所驱动。在大多数条件下，起作用的是各种动机的合力。学者还发现，动机的效果似乎与学习者的学能无关；那些既聪明又有强烈动机的学习者是最成功的学习者；学习者到底为哪一类型的动机所驱动，受学习环境的影响很大（Ellis，1985：118～119）。

学者们不但就什么样的动机导致学习成就进行探究，他们还就动机如何与学习者的其他因素如焦虑、学习策略等整体地影响学习成绩进行研究（Garden，Day & Mac Intyre，1992；Garden，Tremblay & Masgoret，1997. 见：高一虹等，2003）。我国学者对外语学习动机的研究虽不如国外学者早，但其研究也自有其特点，他们按中国学生学习外语的需要从实证角度探究了中国学习者学习英语的动机类型（高一虹等，2003），而且跟踪了中国英语学习者在一段时间里动机发生变化的情况（周燕、高一虹等，2009）。尽管上述研究只反映了中国部分学生动机类型及变化情况，但这为我们做进一步研究打下了一个好的基础。动机在外语学习中的作用是毫无疑问的，它的作用体现在它影响外语学习的速度。但是它是怎样影响语言学习，我们了解得还不够多。我们还应进一步探究到底是动机使学习者取得成就，还是成就增强了学习者的学习动机。两者之间的关系可能是双向的，也可能是互相促进的。如果是这样，教师在教学中应注意激发学习者的动机，让他们看到自己的成就，使他们有更大的求知欲，学习得更好（Guilloteaux & Dornyei，2008 中的研究就是一例）。动机和学习成就之间有很多东西我们还需要进一步研究。

5.4 语言学能和外语学习

语言学能指的是人们天生的语言学习能力，它不包括智力、动机、兴趣等因素（Richards et al.，2000：247）。外语学能一般指人们在学习第二语言时表现出来的相对稳定的专门能力倾向（Carrelli，1981. 见：温植胜，2005：383）。人们普遍相信一些人比另一些人在学习外语方面更具能力。这部分学习者不但学得快而且学得好。研究表明有些学习者在学习外语方面表现出惊人的能力。一位被称为 CJ 的人就是一个突出的例子（Lorraime Obler，1989. In：Lightbown & Spada，2002：53）。CJ 是一个在讲英语的社区以英语为母语的人，15 岁通过正式方式学习法语，在中学时也曾学习过德语、西班牙语和拉丁语。20 岁到德国时，他自己说听了德语很短的一段时间，就把他在中学学到的德语都“捡”回来了。后来他到过摩洛哥、西班牙和意大利，待上几周后他就学习到了那里的语言。虽然像 CJ 这样的人是很少的，但一些学者对学语言的能力感兴趣并试图设计一种测试来预测这种能力。

5.4.1 语言学能和语言学能测试

语言学能测试（language aptitude test）是研究人员为预测学习者语言学能设计的测试。现代语言学能测试（The Modern Language Aptitude Test，MLAT）是卡罗尔（J. B. Carrol）和萨庞（S. M. Sapon）设计的语言学能测试，它是一种衡量一个人第二语言或外语学习能力倾向的考试，用以确定最有可能成功的学习者。这种考试检测学习者以下四种能力（Carrol，1981. In：Cook，2000：101）：

（1）语音编码能力（phonemic coding ability）——辨别新语言音位和语音模式的能力。

（2）语法敏感性（grammatical sensitivity）——识别句子中成分的不同语法功能的能力。

（3）归纳学习能力（inductive learning ability）——无需用新语言加以解释来理解意义的能力。

（4）记忆能力（rote learning）——记住新语言的单词、规则的能力。

笔者认为国内有些省份高考外语复试曾包括有学能考试的成分，如广东省高考外语复试不仅有听力部分，还有语音听辨和语言观察部分的内容，后者是考查学能的题目。

5.4.2 语言学能研究情况

自卡罗尔和萨庞设计了现代语言学能测试后，该学能测试题曾为美国政府筛选外语人才并显示出其较好的预测效度（温植胜，2005：383）。我国学者也曾用 MLAT 去研究我国外语院校学生的学能与成绩的关系（吴一安等，1993）。研究表明“学能对语言学习成绩是一项很好的预示变量”。

20 世纪七八十年代，由于语言学界和教育界对外语学能提出多方面的质疑（温植胜，2005：387 ~ 389），外语学能的研究一度走入低谷并中断。到了 20 世纪 90 年代，由于学者们的努力，外语学能的研究又重新受到学界的重视（温植胜，2006：2）。斯克汉（Skehan，1998）使用信息加工理论对外语学能进行探讨，他把卡罗尔（Carroll）语言学能的四个要素合并为三个要素，即把语法敏感度和语言归纳学习能力合一。斯克汉的语言学能由三个因素组成：语言编码能力，语言分析能力和记忆能力（Skehan，1999：203）。

虽然我国学者参与外语学能的研究还不够多，但在 21 世纪，国内更多的学者已在外语学能研究方面表现出更大的兴趣。温植胜（2005，2006）对外语学能的研究进行再思考并提出了自己研究的想法；戴运财（2006）对语言学能对二语习得的影响进行了实证研究，探究了不同级别的中国大学生在语言学能和各自学习成绩、性别及学习策略的关系。我们相信国内学者将在外语学能研究方面获得更多的成果。

思考和练习

1. 你在学习过程中经常使用某种学习策略吗？举例说明。
2. 了解你的同学或同事学习外语中使用策略的情况，对比他们使用策略方面有差异的地方。
3. 在中学学习时你的英语教师有培养你使用学习策略的习惯吗？
4. 你认为我国英语课程应在小学就开设吗？为什么？
5. 调查和了解小学生学习英语的情况。
6. 按你的理解，在我国，外语学习动机应有多少类？
7. 你认为教师应使用一定的策略去增强学生的动机吗？
8. 你认为有语言学能存在吗？举例说明。

参考书目

[1] Brown, H. D. *Principles of Language Learning and Teaching* [M]. 2nd ed. Englewood Cliffs, NJ: Prentice Hall, Inc, 1985.

[2] Brown, H. D. *Principles of Language Learning and Teaching* [M]. 3rd ed. Beijing: Foreign Language Teaching and Research Press, 2002.

[3] Cohen, A. D. *Strategies in Learning and Using a Second Language* [M]. Beijing: Foreign Language Teaching and Research Press, 2000.

[4] Cook, V. *Second Language Learning and Language Teaching* [M]. Beijing: Foreign Language Education and Research Press, 2000.

[5] Ellis, R. *Understanding Second Language Acquisition* [M]. Oxford: OUP, 1985.

[6] Ellis, R. *The Study of Second Language Acquisition* [M]. Shanghai: Shanghai Foreign Language Education Press, 1999.

[7] Ellis, R. English in Elementary Schools: Limitations and Possibilities [J]. *Journal of Foreign Languages*, 2010 (1).

[8] Guilloteaux, M. J. & Z. Dornyei. Motivating Language Learners: A Classroomg-Oriented Investigation of the Effect of Motivational Strategies on Students' Motivation [J]. *TESOL Quaterly*, 2008 (1).

[9] Lightbown, P. M. & Spada, N. *How Languages Are Learned* [M]. Shanghai: Shanghai Foreign Language Education Press, 2002.

[10] Littlewood, W. *Foreign and Second Language Learning* [M]. Beijing: Foreign Language Education and Research Press, 2000.

[11] Noels. New Orientations in Language Learning Motivation [A]. In: Dornyei & Schimidt. *Motivation and Second Language Acquisition* [M]. Honolulu: University of Hawaii Press, 2001.

[12] O'Malley, J. M. & A. U. Chamot. *Learning Strategies in Second Language Acquisition* [M]. Shanghai: Shanghai Foreign Language Education Press, 2001.

[13] Oxford, R. *Language Learning Strategies: What Every Teacher Should Know* [M]. Beijing: Beijing World Publishing Corporation, 2008.

[14] Richards, J. C. *The Language Teaching Matrix* [M]. Cambridge: CUP, 1990.

[15] Skehan, P. *A Cognitive Approach to Language Learning* [M]. Shanghai:

Shanghai Foreign Language Education Press, 1999.

[16] 蔡新. 高中学生词汇学习策略调查报告 [J]. 中小学外语教学, 1998 (7).

[17] 陈国华. 重新认识英语和英语教育的地位 [J]. 外语教学与研究, 2010 (4).

[18] 陈琳, 王蔷, 程晓堂. 普通高中英语课程标准（实验）解读 [M]. 南京: 江苏教育出版社, 2004.

[19] 陈琦, 刘儒德. 当代教育心理学 [M]. 北京: 北京师范大学出版社, 1997.

[20] 程彩玲, 张荣. 高中学生英语词汇学习策略使用情况调查 [J]. 中小学外语教学（中学篇）, 2008 (7).

[21] 董燕萍. 从广东省小学英语教育现状看“外语要从小学起”的问题 [J]. 现代外语, 2003 (1).

[22] 冯涟漪, 龚昭. 元认知与英语口语学习的相关研究 [J]. 外语界, 2007 (2).

[23] 冯茵, 周榕. 中学生英语语音学习观念与策略的调查 [J]. 中小学外语教学（中学篇）, 2007 (8).

[24] 高一虹, 赵媛, 程英, 周燕. 大学本科生英语学习动机类型 [J]. 现代外语, 2003 (1).

[25] 桂诗春. “外语要从小学起”质疑 [J]. 外语教学与研究, 1992 (4).

[26] 郭燕. 大学英语师生学习策略教授与使用的相关性实证研究 [J]. 外语界, 2007 (2).

[27] 韩梅, 林立. 对一位英语学习成功者的调研及分析 [J]. 中小学外语教学, 1999 (10).

[28] 蒋祖康. 学习策略与听力关系 [J]. 外语教学与研究, 1994 (1).

[29] 教育部基础教育课程教材发展中心“指导小学英语教学”项目专家工作组. 小学英语课程发展报告（2006）（上）[J]. 中小学英语教学与研究, 2007, 205 (6).

[30] 刘振前. 第二语言习得关键期假设研究评述 [J]. 当代语言学, 2003 (2).

[31] 秦建华, 王英杰. 大学生英语学习策略的个案研究 [J]. 外语界, 2007 (2).

[32] 束定芳. 外语教学改革：问题与对策 [M]. 上海：上海外语教育出版社，2004.

[33] 苏远连，马静雅，曾国英，郭小春，梁瑞群. 学习策略训练方式对高中学生英语自主学习能力和学习成绩影响的实验研究 [J]. 中小学外语教学（中学篇），2010（3）.

[34] 王初明. 中国学生的外语学习方式调查 [A]. 见：桂诗春. 中国学生英语学习心理 [C]. 长沙：湖南教育出版社，1992.

[35] 王初明，亓鲁霞. 外语听力策略的个案研究 [A]. 见：桂诗春. 中国学生英语学习心理 [C]. 长沙：湖南教育出版社，1992.

[36] 王立非. 大学生英语口语课交际策略教学的实验报告 [J]. 外语教学与研究，2002（6）.

[37] 王立非，文秋芳. 英语学习策略培训与研究在中国 [J]. 外语界，2003（6）.

[38] 文秋芳. 英语学习成功者与不成功者的方法上的差异 [J]. 外语教学与研究，1995（3）.

[39] 文秋芳. 英语学习策略论 [M]. 上海：上海外语教育出版社，1996.

[40] 文秋芳，王海啸. 学习者因素与大学英语四级考试成绩的关系 [J]. 外语教学与研究，1996（4）.

[41] 文秋芳，王立非. 对外语学习策略有效性研究的质疑 [J]. 外语界，2004（2）.

[42] 温植胜. 对外语学能研究的重新思考 [J]. 现代外语，2005（4）.

[43] 温植胜. 外语学能研究新发展 [J]. 中国英语教育，2006（1）.

[44] 吴霞，王蔷. 非英语专业本科生词汇学习策略 [J]. 外语教学与研究，1998（1）.

[45] 吴一安，刘润清，P. Jeffery 等. 中国英语本科生素质调查报告 [J]. 外语教学与研究，1993（1）.

[46] 郑树棠. 关于大学英语课中学习策略的研究 [J]. 外语界，1997（2）.

第6章

英语语音教学

自19世纪末英语国际音标问世以来，人们开始重视英语语音教学。在语言学界，对语言学习和语言教学认识的改变引起ESL各方面的变化，其中包括语音教学（Morley，1991）。20世纪80年代中期以来，随着二语（外语）教学与研究及其相关学科的发展，英语语音教学在教学观念和教学方法上也发生了很大的变化。

6.1 什么是英语语音教学

6.1.1 英语语音教学的内容

早期的英语语音教学注重音素（phoneme）和单词的发音。20世纪80年代后，随着交际法的发展，语音教学重点从音段音位（segmental features）转向超音段音位（suprasegmental features）（Pennington & Richards，1986）。音段音位指音素，如元音和辅音；超音段音位指节奏、重音、语流和语调（Cruttendens，2001：301~13）。我国教育部制定的《全日制义务教育普通高级中学英语课程标准（实验稿）》（2001：51）（以下简称《课标》）和《普通高中英语课程标准（实验）》（2003：64）（以下简称《高中课标》）已明确将音段音位和超音段音位作为中小学英语语音教学内容。有人主张将超音段音位作为教学重点（Jenkins，2000；Levis，2005），也有人赞成将音段音位和超音段音位结合起来教学（Murphy，1991；Keys，1999）。

6.1.2 英语语音模式的选择

英语有很多变体，诸如英国英语、美国英语、澳大利亚英语等。究竟为学生选择哪种英语口音作为标准？英语语音方面的权威著作 *Gimson's Pronunciation of English* 第六版的修订者克拉特登斯（Cruttendens，2001：297）

认为，教师首先要为学生选择学习的语音模式（英音、美音等），选择标准是这种模式应是大范围流通的、被广泛理解的、教科书中大量使用的并且有丰富的语音资源。要满足这些标准，英国语音（RP）就是恰当的模式。如果选择了 RP 模式，等到学生的发音已经牢固建立后，再让他们接触美音（GA）。克拉特登斯的观点与《课标》的理念一致。

20 世纪至今，基于美国在世界政治、经济和文化上的影响力，美国英语在全世界的影响越来越大。美国英语越来越风行，美音也成为我国众多英语学习者模仿的对象。周榕、陈国华（2008）的研究表明，虽然所调查的英语专业学生偏好美国英语，但他们的实际英语口音则是 2/3 为 RP、1/3 为 GA 的混合体，表现出更多的英国口音的特点。这是因为我国中小学教材的语音资料大部分是英音，教师们大部分也以英音为主。可见，英音在我国仍然占主导地位。因此，RP 仍然是我国中小学英语语音教学的首选模式。特别是在小学和初中阶段，让学生基本掌握 RP 发音，进入高中后，就可接触其他英语口音了。

6.1.3　英语语音教学与学习目标

6.1.3.1　可理解性原则

20 世纪 60 年代前，本族语发音（nativeness principle）是外语学习者的语音学习目标。后来，人们认识到成年人要获得本族语语音是不切实际的。于是，理解性原则（intelligibility principle）成为外语界公认的外语语音学习目标。随着英语成为国际语言（EIL，English as an international language），越来越多的民族和种族的人用英语交流，相互理解（mutual intelligibility）显得更为重要，并且口音并不影响理解和交际（Munro & Derwing，1999）。英国应用语言学专家珍妮弗·杰金斯在她的两篇论文（Jennifer Jenkins，1998，2002）和专著 *The Phonology of English as an International Language*（2000）中对 EIL 语音教学进行了深入探讨，她提出了适合 EIL 语境的发音标准和模式，列出了具体的 EIL 学习者目标，提出课堂教学应让学生接触非英语本族语口音，适当教授 EIT 语境的顺应技巧。她的观点引起了外语界的广泛关注，也遭到一些人的反对。

克拉特登斯（2001：298）认为，外语语音学习受年龄、天赋、动机和学习外语的用途等因素的影响，学习者目标可定在最低目标——最小可理解性（minimal general intelligibility）和最高目标——高度可接受性（high acceptability）之间。这是两个极端，前者指掌握基本语音，可以顺利用英语交际；后者指接近本族语者语音水平。学习者可以根据英语在自己将来工作和生活中的用途来确定目标，如想当英语教师就应努力达到最高目标，而餐馆服务员和出租车司机只需达到最低目标即可。在英语教学中，我们努力使学生发音准确、自然和流畅。如果学生很难做到，我们也不能勉强，否则就会挫伤他们的英语学习积极性。因此，我们应宽容对待学生的语音问题，对不同的学生提出不同的要求。

6.1.3.2 英语语音能力

20 世纪 90 年代以来，随着交际法的进一步发展，外语语音教学越来越重视语音在口语交际中的作用。美国著名应用语言学家谟利（Joan Morley, 1991）认为，应将语音教学纳入口语交际课程的一部分，这个课程具有两个侧重点：产出（production）和表现（performance）。产出是指对音素、重音、语调和节奏的掌握，即传统的语音观；表现是指整体理解性（让人听懂）和交际性（满足交际需求的能力）。古德温将语音看做交际能力的一部分，他将谟利提出的四个语音学习目标阐释为：①在交际场合学习者能够理解和被理解；②轻松、自信地参与交际；③具有监控能力，根据所获得的对方信息，对自己的口语进行适当的调整和改进（Goodwin, 2006：131）。

根据上述观点和《高中课标》对英语说和语音的要求，语音教学已上升到培养学生的综合语音能力，它包括拼读写能力、理解能力和产出能力。拼读写能力是指根据英语语音的发音规律能读出不熟悉的词、拼写出不熟悉的词和写出简单的句子；理解能力是指根据语音辨别不太熟悉的词或简单的句子，根据语音、语调了解隐含的意图和态度，能够克服不同国家口音带来的困难，听懂大意；产出能力是指在交际中语音、语调自然和流畅，语音和口音不应成为被理解的障碍，能用恰当的语调、节奏和重音等得体地和有效地表达意图和情感，并根据交际信息作出调整和改进。

6.2 外语语音教学相关理论

6.2.1 临界期假设

在外语语音习得上什么年龄的学习者更具优势？成年人是否可以习得本族语语音？这些是语言学界争论不休的话题。临界期假设的提出者列林伯格认为语言能力的发展受生理基础的制约（Lenneberg, 1967）。两岁至青春期前的儿童的大脑具有可塑性，青春期后，多数人的大脑发生侧化，学习语言越来越困难。他认为成年人说外语不可能不带有本族语口音。受临界期假设的影响，后来普遍的观点认为，青春期前的儿童如果能接触足够的二语，他们可以相对轻松地习得完美的或接近完美的语音，而成年人却不能。临界期假设在语音习得方面得到了一些研究的证实，也遭到一些学者的批驳和研究的否定。

实际上，儿童、青少年和成人在习得语音上各有优势。现有研究（杨连瑞等，2007；Jones，1997）发现，儿童在习得自然的语音方面占有绝对优势；青少年的模仿力和记忆力极强，和成年人一样，具有对语言输出的监控能力以及比较、对比和识别话语规律的能力；成年人在建立标准的外语发音模式上占有优势。由于认知能力的限制，儿童不具备上述能力。

因此，我们既要重视临界期在语音习得上的绝对优势，也要看到青少年和成年人在外语学习中的优势。除年龄之外的内在和外在的因素（如动机、态度、语言学能、课堂教学、文化认同度等）在语音习得上同样起着重要的作用。

6.2.2 语言学能（Language Aptitude）

一些学习者是否比另一些学习者在习得语音上更具有内在的优势？斯克汉把语言学能分为语音编码能力、语言分析能力和记忆能力（Skehan，1998）。这里，我们主要关注第一种能力。语音编码能力是指学习者识别语音的能力。它包括辨音能力和对音的解码能力。与语音解码能力强的学习者相比，语音解码能力弱的学习者要获得可理解的语音更困难。但也有学者不赞同语言学能的作用，他们发现语言学能差的学习者能够说流利的外语，语言学能强的学习者却不能（Celce-Murcia et al.，1996：18）。

6.2.3 监察模式

克拉申（Krashen，1981）提出的监察模式得到一些语音教学和习得研究的证实或否定。

学习和习得假设认为，习得是在自然环境中获得，而学习则是在正规的课堂环境中有意识地进行。他认为，学得的知识（learned knowledge）与习得的知识（acquired knowledge）是完全分开的，且前者不能转化为后者。这就是他的“无接口观点”（non-interface view）。但是，已有许多研究证明课堂教学对二语语音习得具有积极作用。

输入假设认为足够的、可理解的语言输入是影响二语习得的重要因素。德温等人（Derwing et al.，2006）的研究以及孟诺和德温（Munro & Derwing

，2008）的研究证实语言输入在语音习得方面的积极作用。

监察假设认为，学习者利用语言监察系统来调整自己的语言行为，在不妨碍交际的情况下使用监察可以提高语言的准确度。有研究证明，监察在话语产出和发音方面的积极作用，但是，过多的监察会降低流利性（Jones，1997）。

情感过滤假设认为，有较强的动机和自信心以及低焦虑的学习者可以获得更多的语言输入。学习者良好的情感状态同样有助于英语语音习得，如斯米特（Smit，2002）的研究表明语音水平与外语学习动机有关。王初明（2004a）的研究发现语音掌握的好坏影响学习者对自己整个外语学习能力的评价（即外语学习自我概念），进而影响外语学习成绩。由此他提出“外语语音学习假设”。王初明（2004b）认为，外语发音跟外语学习成绩相关只是表面现象，其深层处，是自我概念和与之相关的情感因素（如焦虑、动机、态度等）在发生作用，促进或阻碍外语学习。

6.2.4 输出假设

斯温纳（Swain，1985）提出语言输出假设，即可理解输出可以促进二语习得。在英语语音学习中，除了大量接触真实的自然语言外，多开口说英语有利于提高语音水平。托弗莫维奇等（Trofimovich et al.，2009）的研究表明，仅有输入活动，而没有输出活动，很难习得较好的二语语音。高萨奇（Gorsuch，2001）的以输出为主的语音训练研究发现，被试的超音段听辨能力有所提高。

6.2.5 对比分析

拉多的对比分析理论认为，母语与目标语相似的地方能促进外语习得，反之，则干扰习得。他认为负迁移是造成外国口音的重要因素。人们普遍承认语音层面上出现的迁移要比语法层面上的多。布朗认为对比分析可预测一些语音方面的错误（黄冰，2004：106）。在学习外语的初级阶段，学习者的发音受母语干扰较明显。通过对比学习者的母语及其目标语的发音特征，可以预测学习者习得语言方面的难点和可能出现的语音错误。

6.2.6 中介语理论（Interlanguage Hypothesis）

中介语理论最早由塞林卡（Selinker，1969，1972）提出，他认为，中介语是第二语言学习者的一种独立的语言系统，这种语言系统在结构上处于母语与目标语之间。随着学习者学习的发展，其中介语逐渐向目标语靠拢。塞林卡认为，在中介语发展过程中，很多学习者会出现石化（fossilization）现象。语音石化是外语学习者难以解决的问题。国内一些学者如刘锦明(2002)，阎丽莉（2002)，高琳（2009)，程春梅（2008)，高霞（2006)，陈桦、毕冉（2008）等对中国学习者英语语音模式的研究有助于我们了解他们的英语语音问题，并为英语语音教学提供了有价值的参考。

6.2.7 信息加工理论（Information Processing Theory）

信息加工理论是由麦劳林（McLaughlin）提出来的。她认为，第二语言学习者在开始学习时采用的是一种控制的加工，随着不断的学习，控制的加工转变为自动的加工，这时自动的加工的技能程序被储存在长时记忆中（杨连瑞等，2007：54）。鲁姆哈特和罗谩（Rumelhart & Norman，1978）的图式理论（schemata theory）进一步揭示了大脑如何依据已有的图式来加工信息的过程，学习者根据母语的语音系统来解释二语中的语音，这种加工过程往往是自动的（尤其是成年人）。这个过程有三个模式：堆积（accretion，将母语中没有的音增加到现有的语音图式中）、重构（restructuring，将已有的语音和新的语音重建新的图式）和调整（tuning，修正新的语音图式使之更加准确）。随着学习的发展和更多的语言输入，学习者不断调整自己的语音系统，逐渐减少石化现象并越来越接近本族语发音。

6.2.8 文化适应模式

苏曼（Schuman，1978，1986）的文化适应模式说明社会变量（社会主导模式、使用外语的人口、本族文化与目标语文化和谐度）和情感变量（自我渗透、个性、动机和文化障碍）在第二语言习得中的作用。他认为“一个人自己的文化与第二文化适应程度决定了一个人习得第二语言的成败”。文化适应强调二语习得由学习者与目标语文化之间的社会距离及心理距离决定，距离越近，第二语言越易习得。他认为，如果不克服语言和文化障碍，又无适当的动机和自我渗透，那么，学习者就不会完全适应文化，因而也不会充分地习得语言。文化适应也是二语语音习得的关键，如具有较强的结合型动机或工具型动机的学习者更容易获得目标语发音。

6.3 英语语音教学原则和实践

6.3.1 大声朗读与朗读艺术化原则

朗读作为一种传统教学方法，在母语和外语教学中占有重要的地位。高霞等（2006a，2006b）的研究表明朗读涉及语言能力的各个层面——语音语调、词汇、句法处理能力、句子及篇章的理解能力，如使用恰当，朗读可以用来测试外语学习者的语言能力。因此，我们应将朗读作为一种重要的教学手段，用来提高学生的英语语音能力。

虽然教师们常使用朗读这一方法，学生也会经常朗读，但从学生的英语语音水平和相关研究（高霞，2006）反映出的中国学习者在朗读中出现的各种语音错误可以看出，课堂中的朗读多是机械的操练。虽然在课堂上适当的带读、跟读等是必要的，但如果总是采用这种方式，学生容易感到乏味。

首先，学生要养成大声朗读单词和课文的习惯，要求做到单词发音基本准确。更为重要的是要教会学生如何朗读。在所学的单元课文中，教学生如何划意群、何时停顿、如何用适当的语调表达语境中的含义等，然后由教师绘声绘色地朗读给学生听，或听课文录音，要求学生模仿练习。也可以在班上举行朗读竞赛，激发学生的学习热情。如果课文内容是故事，可以请学生进行角色扮演，应特别强调语音语调要适合各个角色的特点。

纪玉华和许其潮（2001）倡导的朗读艺术课可以为我们所借鉴。他们认为教师将音际关系（指省读、连读、失爆和同化）和音韵规律（指重音、节奏、停顿和语调）的讲解和练习作为重点。让学生在英文歌词上标注重音、节奏、语调、省音、同化和连读等，然后朗读英文歌词，最后跟着唱，这种活动不但可以营造气氛，还可以提高学习兴趣，学生随着歌曲可以改进语音语调。另外，也可以在课堂上穿插讲故事、诗朗诵、演讲、演话剧等学生喜闻乐见的活动，形式要灵活多样、生动活泼。纪玉华（2007）编写的《英语发音与朗读教程》还着重介绍了各类体裁作品的朗读技巧。

6.3.2 大量输入原则

大量输入真实的视听材料对英语语音的学习至关重要。多让学生听和看各种英语真实材料，如英语歌曲、故事和英语动画片等，有条件的家庭可以让他们接触英语本族语者，以此来培养学生的英语语音意识。语音的学习也受教师语音水平的影响，英语教师的语音能力很重要，因为他们的语音常常成为学生模仿的对象。因此，英语教师不仅要具有标准的发音，而且要善于运用适当的语音语调传递信息。学生只有在良好的英语语音环境下，才能提高语音意识并习得漂亮的语音。

6.3.3 趣味性原则

6.3.3.1 英语语音游戏的运用

我们可以采取较为活泼的形式来提高学生的语音学习兴趣，如英语语音游戏。翰可克（Hancock，1995）为我们提供了大量的语音游戏范例。例如，他用 Bingo 游戏让学生辨别最小对立体（minimal pair）。教师将事先设计好的卡片（先选好要训练的单词，在 4 ×4 或 5 ×5 方格中随机填写这些单词，这样设计不同的卡片）发给学生，然后随机读卡片中的词，要求学生划掉听到的词，当某个学生划掉的词是整行或整竖时，就叫"Bingo"，他就是赢者。然后请他按相反的顺序将这些单词念给全班同学听。游戏还可循环继续。Bingo 游戏适合不同年龄的学习者。

Bingo 1

bad	boot	pet	beat
part	bed	fat	paid
food	feet	boat	bird
bit	but	fit	put

Bingo 2

beat	paid	pet	boot
bed	put	part	feet
boat	bird	bad	fat
bit	fit	food	but

Bingo 3

part	bad	bit	food
pet	fat	but	feet
boot	boat	bed	bird
beat	paid	put	fit

（选自 Hancock，1995：71）

6.3.3.2 肢体活动（Kinesthetic Activities）的运用

在语音教学中，我们还可以让学生的肢体动起来以达到强化的作用。例如，在训练多音节词重音和句重音时，在重音的位置（↑）让学生站起来，其他次重音和非重音部分则坐下来，如：tele↑vision，↑beautiful，

A：WHERE are you ↑GOing?

B：To the ↑ZOO. WHERE are ↑YOU going?

陈（Chan，1988. In：Celce-Murcia et al.，1996：297）建议用手势来教语音，如说话时用手指和手臂来展示语调的变化，将手指放在鼻子上来感受鼻音，伸缩拇指和食指的间距来表示元音的长短，等等。

6.3.3.3 Jazz Chants 在英语语音教学中的运用

美国纽约大学英语教授卡洛琳·格雷姆（Carolyn Graham，1978）发现美式英语的节奏和传统的美国爵士乐的节奏十分相似，于是她创作了 Jazz Chants 并在 ESL 课堂上进行尝试，结果发现学生的发音取得了很大进步，尤其在节奏和语调方面。Jazz chants 适合不同年龄和不同水平的英语学习者，它不仅能使学生在学外语时减少焦虑，而且能增强学生的学习兴趣和动力，同时还能调动学生的多种感官，学生随着 chants 的节奏朗读、背诵、说、唱和打拍子，身体也随之动起来。(Graham，1998)

下面是一首练习动词第三人称单数结尾 -s 发音的爵士歌曲的前半部分(Graham，1978：57)。

On the Rocks

You never listen to me.

What did you say?

You never listen to me.

What?

He never listens to me.

He never talks to me.

He just sits around,

and watches TV.

...

Jazz chants 还将语音教学和交际活动相结合。Chants 一般都以听和操练开始，以角色扮演（role-play）结束。朗诵对话和吟唱并不是英语学习的最终目的，主要是让学生通过对话和吟唱来创造自己的对话、短诗和讲故事，同时创造轻松愉快的语言学习氛围（Graham，1998）。

6.3.3.4 说唱音乐（Rap Music）的运用

费雷勒和金森（Fischler & Jensen，2005）利用说唱音乐（rap music）来教英语语音，下面是关于双音节动词和名词的重音规律的一首说唱音乐：

The accent of a word is the subject we sing,
When the function is changing from an action to a thing. (repeat)
To proDUCE means we make a little more,
But the PROduce is the lettuce we buy at the store.
To inSULT expresses words as cold as ice,
BUT an INsult is the comment that isn't nice.
To reCORD, we build a CD album creation.
A REcord is a piece of paper with important information.
REfuse is garbage we throw in the trash,
But to reFUSE we say "no" to that dirty cash.
An OBject is something we can feel and see,
To obJECT expresses a feeling that we don't agree.
A DEsert is a hot place with lots of sand,
But deSERT means that we left our friends without a helping hand.
So when the word is a noun, please remember the rule:
The accent's on the first part, so don't be no fool.
When the word is a verb, don't lose your cool,
The accent's on the second syllable. Now you know the rule.

这首说唱音乐具有节奏感，不仅能吸引学生的注意力，而且在跟唱的同时也能让学生掌握动词和名词的重音规律。

6.3.4 融入原则（Integration）

波德首达摩（Poedjosoedarmo，2007：28）认为，不应把语音作为课堂教学的主题，而应当根据教学的内容将其渗透在以其他内容为主题的课堂教学中；不要孤立地讲解语音，应当结合单词和语法教学有选择性、有针对性地进行语音教学，还可以将语音教学融入口语、听力和阅读教学当中。人教版新高中英语教材、配套的听力材料与听力活动也将语音的学习和听力、口语、阅读等活动结合起来（刘道义，2006：128～9）。下面是语音教学融入其他教学活动中的例子：

（1）当学习合成词（compound word）时，可以引出合成词和词组的区别在于重音位置不同，如：aˈblackboard（黑板）/ a blackˈboard（黑色的板子）。当学习过去式时，可以教学生规则动词后-ed/-d 的不同发音。

（2）在谈论“广告”这一话题的口语活动中，“advertisement”，

"advertise", "advertising", "advertiser" 这几个单词的发音难度较大，教师可以采取带读等方式让学生熟悉它们的发音，并特别标出重音的位置，带读时也特别强调重音。

(3) 在听下列短对话时，B 并不是简单地重复 A 的话，教师要引导学生通过升调来判断 B 的惊讶或不信任。

① A：She's a singer.

B：She's a↗ singer?

② A：I failed maths.

B：You're kidding. You failed↗ maths?

(4) 人教版新高中必修 6 第二单元的主题是"Poems"，有的教师在引导学生阅读课文和欣赏英语诗歌时，教师一边打拍子，一边领学生朗读诗歌，在体验诗歌的美感的同时也训练了英语的节奏感。

6.3.5 演绎法和归纳法相结合的原则

由于中学生具有一定的理解和归纳能力，我们在语音教学中可以将演绎法和归纳法结合起来。请看下面关于句重音的一个教学课例①：

(1) 下面是一个关于污染的讲座。首先要求学生在每个短语或意群最重要的词（或音节）上点一个黑点。意群已经用斜线（/）分开。

"Let's continue our discussion of pollution. / Yesterday we defined pollution. / Today we'll talk about the impact of pollution/... its far-reaching effects. / Many people think that pollution is just a problem for scientists / but it's not just a problem for scientists. / It's a problem that affects everyone. / Because it affects human lives, / it's a health problem. / Because it affects property, / it's an economic problem. / and because it affects our appreciation of nature, / it's an aesthetic problem."（注：各意群最重要的音节为：polLUtion，deFINED，IMpact，efFECTS，SCIentists，NOT，EVeryone，LIVES，HEALTH，PROperty，ecoNOmic，NAture，aesTHEtic）

(2) 然后听原文录音，检查自己的标注是否与原文录音一致。

(3) 接着学生们根据录音模仿，尤其是句重读音节。

(4) 小组讨论句重音的特点。想一想句重音还有可能会在哪些语境下发生。

---

① 这篇段落选自：Grant，L. *Well Said Pronunciation for Clear Communication*（《美国英语语音语调速成》）. 西安：西安交通大学出版社，2008：119。教学活动由编者设计。

（5）学生汇报他们发现的结果，然后由教师来总结。

在这个课例中，教师首先让学生接触语篇，让学生判断句子重音；然后根据这个段落的句子重音来发现和归纳句重音的特点，这属于归纳法；最后，教师的总结，属于演绎法。

6.3.6　适当使用英汉语音对比的原则

英汉语音有一些相似之处，如英汉语都有元音和辅音，有些音的发音相似，但两种语言中大部分音发音不同。有些音英语有，而汉语没有，如双元音。英语双元音的发音是从前一音向后一音滑动，前长后短，前重后轻，动程比汉语宽，舌位变化大。中国学生在发双元音/aɪ//au//eɪ//ou/时，通常会受汉语复韵母 ɑi，ɑo，ei，ou 的影响，后一个元音会发得更加响亮。汉语中没有的音如齿音/θ/和/ð/，中国学生常把/θ/发成唇音或/s/或/f/，把/ð/发成/d/ 或/z/。另外，英语和汉语在单元音、辅音和超音段音位方面的不同，也需要学生了解，避免受母语的干扰。

在教学中可以采用显性教学法，如展示发音部位剖面图，让学生直观地了解英语音素的发音部位和发音方法，以及与汉语相似音的区别；还可进行单音训练或使用最小对立体的对比练习（如/p/和/b/，/t/和/d/，/i/和/iː/），尽量做到发音到位、准确，对错误发音及时纠正。

英语和汉语中的超音段音位也有很大的差别。教师先比较两种语言中重音、停顿、语调等差异，接着做句子语音练习，然后进行篇章练习，即在诗歌、戏剧和故事中让学生大声地进行朗读练习，以避免机械、单调和无意义。

6.3.7　交际语境中教语音的原则

古德温（Goodwin，2006：125）认为，可以将语音教学融入角色扮演、辩论、采访、模拟和话剧表演等交际活动中，在进行这些活动之前，教师要为不同的学生确立一个语音要点，提醒他们在活动中注意，活动结束后教师给予反馈。

课例：声调水平与关键信息

高萨奇等（Gorsuch et al.，2010：59）就声调和关键信息选择方面的内容向我们展示了如何理解和运用声调。为了让听话人容易理解，除了重要音节上的语调选择（降调、平调和升调）外，说话人还可改变声调（高、中和低音），在谈话（话语段落）中，我们运用关键调：高调表明话题的开始，中调表明话题在进行，低调表明话题的结束。

我们可以尝试用交际教学法的教学步骤来教这部分内容。

a. 控制性活动：辨听和呈现话语段落的声调

先由学生听下面的一段话，辨别什么位置用高调、中调和低调，为什么？先由学生讨论，然后由教师总结。

As ↑FAR as finishing your safety quiz, the fire extinguishers are in the hall（开启新话题）. The MSDS sheets are located in room one eleven, which is the help room right next door. The eye wash stations are at the end of each one of the benches here. I just checked'em and they all ↓WORK（话题结束，准备进入下一话题）.（Gorsuch et al.，2010：61）

b. 非控制性活动：运用上述知识判断声调

可以用下文中的 Praat 软件尝试录音，来判断自己有没有用音高来表明开始，用音低来表明结束。另外，可以上美国演讲网站（http：//www. americanrhetoric. com）听一些音频和视频资料，听他们的话语段落中的音高和音低。

c. 非控制性活动：做一个小演讲（如骑自行车与坐公交车的不同、我喜欢的季节等）

高萨奇等建议可以事先写提纲将要点列出来或者用表格的形式填入所要表达的关键信息（Gorsuch et al.，2010：62）。提纲和表格可以帮助你组织你的演讲，当你从一个要点转到另一个要点时，注意用声调来体现开始和结束。

琳达·格兰特（Linda Grant，2008）的 *Well Said Pronunciation for Clear Communication* 和王桂珍（2005）编著的《英语语音教程》提供了大量的英语语音交际活动，可供广大教师参考。

6.3.8　利用教育技术手段的原则

计算机、网络、多媒体教育技术等手段已广泛运用于英语教学，在教学中使用这些技术作为英语语音教学的辅助手段，可以起到显著的效果。

（1）使用多媒体、网络技术。

多媒体技术将文本、图形、动画、静态影像、动态影像、声音等媒体有机地联系在一起，从而将语音学习置于色彩、声音以及影像等各种媒体的综合环境中。技术强的教师可以利用音像编辑软件或多媒体软件生成器 Callgen 系统制作语音教学课件，课件可包括语音知识、发音方法、朗读技巧、发音练习、课外视听、朗读材料、测试等，各种媒体交互使用，使教学更加灵活、方便和快捷，既有利于传播信息，又有利于学生自主学习。教师也可以利用现成的语音教学课件①和语音教学资源网站②。

多媒体语言实验室在语音教学中正发挥着重要作用，音像设备、CD、VCD、DVD 光盘、CD-ROM 不仅使语音教学生动活泼，而且还可以提供个性化的学习环境，学生可自己练习、模仿、录音，通过呼叫方式请求教师帮助等。同时，可将学生分成小组学习，组内同学互相帮助来解决各自存在的语音问题；教师可通过监听，进行个别指导，并及时纠正学生发音等方面的错误；还可以利用语音系统建立学生语音档案，进行个别辅导和全班测试。

（2）使用 Praat 语音分析软件。

Praat 语音分析软件③可以用来分析音段音位和超音段音位，例如，最小对立体（音素辨别）、词重音、停顿、句重音、语调、声调等。它可以用来显示和分析语音特点，如音长、音量的强度、停顿时间的长短和声调的高低等。我们可以利用 Praat 软件进行可视化教学。当学习单元音/ɪ//iː//e//ɛ//æ/时，学生通常很难区分它们。我们可以用 Praat 软件算出它们的时长，并且这些音的声谱图可以直观地展示这些音的音长，它们的区别显而易见。Praat 软件同样可以用于音素、单词发音、重音、节奏、语调等方面的教学。如果教句子的朗读，可要求学生用 Praat 软件将自己的发音录下来，然后将自己的声谱图与标准的声谱图进行对比，就可以看出本族人发音中停顿、句重音的位置、哪些音声调高、发音时间长和哪些地方需要升调。学生可以在教师指导下发现问题和差距。学生通过不断练习，逐渐使自己的声谱图与标准的声谱图接近。Praat 软件使抽象的语音教学变得形象直观，使他们更清晰地了解英汉语音的差异。

（3）使用语料库。

随着计算机语料库技术的成熟及发展，基于语料库的研究已经涉及语言和语言教学的诸多方面。但在英语教学中，将语料库应用于教学实践还不普遍。这里，我们介绍如何将语料应运于到英语语音教学。

①呈现语音知识。用语料库呈现语音知识，不仅可以吸引学生注意力，

---

① 如 Pronunciation Power，由布莱斯通（Blackstone）多媒体公司制作的计算机辅助英语学习软件，该软件可以动画展示英语音素中舌位和嘴唇的变化。网址：http：//www. Englishlearning. com/。

② 如 http：//www. sunburstmedia. com/Pron Web. html，此网站提供各种语音教学资源，包括教学方法和练习等。

③ Praat 软件下载地址：http：//www. fon. hum. uva. nl/praat/.

还可以强化学生的记忆。例如，为了让学生学习 -es 的发音方法，可以在一个小型的语料库中检索含有-es 结尾的词（如下表），并让学生观察，然后总结发音规律。

sentences	languages	branches	wishes	boxes
places	changes	beaches	dishes	taxes
pieces	messages	matches	bushes	offices
pages	peaches	ashes	services	villages
reaches	brushes	differences	voyages	speeches
rushes	produces	passages	marches	astonishes

②确定教学的重点和先后次序。下面是通过检索口语语料库得出的元音和辅音使用频率（由高至低）的循序[①]：

元音使用频率：/ə, ɪ, e, aɪ, ʌ, eɪ, iː, əu, æ, ɔ, ɔː, uː, u, ɑː, au, əː, eə, ɪə, ɔɪ, uə/

辅音使用频率：/n, t, d, s, l, ð, r, m, k, w, z, v, b, f, p, h, ŋ, g, ʃ, j, dʒ, tʃ, θ, ʒ/

在平时的语音教学中/n/和/l/并非教学重点，而这两个音素的使用频率却很高。在我国南方方言中，汉语拼音中的“n”音通常发成“l”音，大多数南方的英语学习者对/n/和/l/不分，将 night/naɪt/说成 light/laɪt/。因此，应让学生着重区分这两个音。

③利用语料库设计语音教学活动：学习划分英语语调单位，学习重音和语调模式等（何安平，2004：91）。例如，在教授语音语调的语篇功能时，可以利用已经作了语音语调附码的大型口语语料库（LLC[②] 和 SEC[③]）。教师可以将所有含有降调的实例从语料库提取出来，让学生讨论发现一些规律。他们会发现，降调常常发生在所有准备讲话的篇首和即席演说中的话题转变之时（何安平，2004：22）。

④利用语料库解决学习者的语音问题（何安平，2004：23）。要求学生录

① 选自何安平教授2009 年华南师范大学英语专业英语语音课程教学课件。

② 英国口语语料库。

③ 兰开斯特英国口语语料库。

制一段自己的录音，然后与语料库中本族语者的发音进行对比，找出差距。

在本章中，我们探讨了英语语音教学的内涵、相关理论以及教学原则与实践。中小学教师应改变教学观念，重视英语语音教学。根据新课标语音教学要求，在英语语音教学原则的指导下实施语音教学，真正提高学生的语音能力，激发他们的学习兴趣和动力，为他们今后的英语学习打下牢固的基础。

思考和练习

1. 你认为学习外语语音有最佳年龄吗？如果你（将来）有了孩子，你打算让他几岁开始学英语？

2. 外语语音对一个外语学习者的重要性如何？一个外语语音差的学生会不会影响你对他的英语学习和其他能力（如学习、工作、生活、社交等方面）的评价？

3. 你说的是英国英语还是美国英语，还是两者的混合，还是其他英语？你在教学中如何处理不同的英语口音问题？

4. 你如何评价你的英语语音？你想获得英语本族人的语音吗？你认为通过努力你能做到吗？

5. 尝试录一段你的英语朗读和一段英语对话，反复听后（或在老师的帮助下），发现自己的语音存在的问题。

6. 你在多大程度上能忍受他人说英语时带有地方口音？

7. 如果你是一名英语教师，你在课堂上通常花多少时间教英语语音？通常使用什么方法？

8. 如果你是一名英语教师，你在课堂上主要教音段音位还是超音段音位？

9. 在学英语时，你通常通过何种方式提高英语语音？你会给学生什么建议？

10. 你熟悉中小学课标对英语语音的要求吗？你认为你的学生能达到课标所要求的目标吗？

11. 你认为你的学生发音的主要问题是什么？如何帮助他们改进？

12. 你使用过何种技术手段教英语语音？如果没有，你想尝试使用哪种手段？

13. 除了本章所提到的资源，你还知道其他英语语音教学和学习资源吗？

14. 通过学习本章内容，你收获最大的是什么？你在英语语音教学中最想尝试的是什么？

参考书目

[1] Celce-Murcia, M., Brinton, D. & Goodwin, J. *Teaching Pronunciation: A Reference for Teachers of English to Speakers of Other Languages* [M]. Cambridge: Cambridge University Press, 1996.

[2] Cruttendens, A. *Gimson's Pronunciation of English* [M]. 6th ed. London: Arnold, 2001.

[3] Derwing, T. M., Thomson, R. I. & Munro, M. J. English Pronunciation and Fluency Development in Manderin and Slavic Speakers [J]. *System*, 2006, 34 (1).

[4] Fischler, J. & Jensen, K. *Stress Rulz! Pronunciation Activities for the ESL Classroom* [M]. Vermont: Prolingua, 2005.

[5] Goodwin, J. Teaching Pronunciation [A]. In: Celce-Murcia, M. *Teaching English as a Second or Foreign Language* [C]. 北京：外语教学与研究出版社，2006.

[6] Gorsuch, G. J. Testing Textbok Theories and Tests: The Case of Suprasegmentals in a Pronunciation Textbook [J]. *System*, 2001, 29 (1).

[7] Gorsuch, G. J., Meyers, M. M., Pickering, L. & Griffee, D. T. *English Communication for International Teaching Assistants* [M]. Waveland Press Inc, 2010.

[8] Graham, C. *Singing, Chanting, Telling Tales: Arts in the Language Classroom* [M]. Delta Systems Co, 2010.

[9] Graham, C. *Jazz Chants: Rhythms of American English for Students of English as a Second Language* [M]. Oxford: Oxford University Press, 1978.

[10] Grant, L. *Well Said Pronunciation for Clear Communication* (《美国英语语音语调速成》). 西安：西安交通大学出版社，2008.

[11] Hancock, M. *Pronunciation Games* [M]. Cambridge: Cambridge University Press, 1995.

[12] Jenkins, J. A Socialinguistically Based, Empirically Researched Pronunciation Syllabus for English as an International Language [J]. *Applied Linguistics*, 2002, 23 (1).

[13] Jenkins, J. *The Phonology of English as an International Language* [M]. Oxford, England: Oxford University Press, 2000.

[14] Jenkins, J. Which Pronunciation Norms and Models for English as an International Language [J]. *ELT Journal*, 1998, 52 (2).

[15] Jones, R. H. Beyond "Listen and Repeat": Pronunciation Teaching Materials and Theories of Second Language Acquisition [J]. *System*, 1997 (25).

[16] Keys, K. J. Current Trends in Pronunciation Teaching: The Teaching / Learning Environment and Pronunciation [J]. *IATEFL Issues*, 1999 (151).

[17] Krashen, S. *Second Language Acquisition and Second Language Learning* [M]. Oxford: Pergamon, 1981.

[18] Lenneberg, E. *Biological Foundations of Language* [M]. New York: Wiley and Sons, 1967.

[19] Levis, J. M. Changing Contexts and Shifting Paradigms in Pronunciation Teaching [J]. *TESOL Quarterly*, 2005, 39 (3).

[20] Morley, J. The Pronunciation Component in Teaching English to Speakers of Other Languages [J]. *TESOL Quarterly*, 1991, 25 (3).

[21] Munro, M. J. & Derwing, T. M. Segmental Acquisition in Adult ESL Learners: A Longitudinal Study of Vowel Production [J]. *Language learning*, 2008, 58 (3).

[22] Munro, M. J. & Derwing, T. M. Foreign Accent, Comprehensibility, and Intelligibility in the Speech of Second Language Learners [J]. *Language Learning*, 1999, 49 (Suppl. 1).

[23] Murphy, J. Oral Communication [J]. *TESOL Quarterly*, 1991, 25 (1).

[24] Pennington, M. & Richards, J. C. Pronunciation Revisited [J]. *TESOL Quarterly*, 1986, 20 (2).

[25] Poedjosoedarmo, G. *Teaching Pronunciation: Why, What, When and How* [M]. Beijing: People's Education Press, 2007.

[26] Rumelhart, D. E. & Norman, D. A. Accretion, Tuning, and Restructuring: Three Modes of Learning [A]. In: J. Cotton & R. Klatzky. *Semantic Factors in Cognition* [C]. Hillsdale, NJ: Erbaum, 1978.

[27] Schuman, J. H. The Acculturation Model for Second Language Acquisition [A]. In: R. Gingras. *Second Language Acquisition and Foreign Language Teaching* [C]. Arlington, VA: Centre for Applied Linguistics, 1978.

[28] Schuman, J. H. Rearch on the Acculturation Model for Second Language

Acquisition [J]. *Journal of Multilingual and Multicultural Development*, 1986, 7 (5).

[29] Selinker, L. Language Transfer [J]. *General Linguistics*, 1969 (9).

[30] Selinker, L. Interlanguage [J]. *International Review of Applied Linguistics*, 1972 (10).

[31] Skehan, P. A. *Cognitive Approach to Language Learning* [M]. Oxford: Oxford University Press, 1998.

[32] Smit, U. The Interaction of Motivation and Achievement in Advanced EFL Pronunciation Learners [J]. *International Review of Applied Linguistics*, 2002, 40 (2).

[33] Swain, M. Communicative Competence: Some Roles of Comprehensible Input and Comprehensible Output in Its Development [A]. In: S. Gass & C. G. Madden. *Input in Second Language Acquisition* [C]. Rowley, MA: Newbury House, 1985.

[34] Trofimovich, P., Lightbown, P. M., Halter, R. H. & Song, H. Comprehension-Based Practice: the Development of L2 Pronunciation in a Listening and Reading Program [J]. *Studies of Second Language Acquisition* 31 (4).

[35] 程春梅. 高级英语学习者口语音段错误分析——一项基于语料库的研究 [J]. 解放军外国语学院学报, 2008 (1).

[36] 陈桦, 毕冉. 英语专业学生朗读任务中语音能力的发展模式研究 [J]. 解放军外语学院学报, 2008 (4).

[37] 高琳. 中国大学生英语单词重音位移现象研究——一项基于语料库的研究 [J]. 外语界, 2009 (3).

[38] 高霞. 中国英语学习者朗读错误实证研究 [J]. 解放军外语学院学报, 2006 (5).

[39] 高霞, 杨惠中, 朱正才. 朗读与外语能力测量 [J]. 现代外语, 2006a (4).

[40] 高霞, 朱正才, 杨惠中. 朗读在外语教学和测试中的作用 [J]. 外语界, 2006b (2).

[41] 何安平. 语料库语言学与英语教学 [M]. 北京: 外语教学与研究出版社, 2004.

[42] 黄冰. 第二语言习得入门 [M]. 广州: 广东高等教育出版

社，2004.

[43] 纪玉华，许其潮．朗读艺术课：英语语音课程改革新探［J］．外语与外语教学，2001（7）．

[44] 刘道义．新高中英语教与学［M］．北京：人民教育出版社，2006.

[45] 刘锦明．/l，r/语音习得错误类型、成因及其矫正［J］．外语教学，2002（5）．

[46] 王初明 a. 自我概念与外语语音学习假设［J］．外语教学与研究，2004（1）．

[47] 王初明 b. 英语语音自我概念与实际英语语音水平［J］．外语界，2004（5）．

[48] 王桂珍．英语语音教程［M］．北京：高等教育出版社，2005.

[49] 杨连瑞，张德禄等．二语习得研究与中国外语教学［M］．上海：上海外语教育出版社，2007.

[50] 阎丽莉．对英语学习者习得英语辅音群的优选论分析［J］．解放军外国语学院学报，2004（1）．

[51] 中华人民共和国教育部．全日制义务教育普通高级中学英语课程标准（实验稿）［S］．北京：北京师范大学出版社，2001.

[52] 中华人民共和国教育部．普通高中英语课程标准（实验）［S］．北京：人民教育出版社，2003.

[53] 周榕，陈国华．英语专业大学生英美英语态度偏好与实际口音特点研究［J］．现代外语，2008（1）：49～57.

第7章

英语语法教学

“在二语和外语学习的实证和实践研究方面，没有什么话题受到比语法教学更多的关注了，关于语法的看法及其在二语学习中的作用是各种二语教学法的核心内容。”（Borg & Burns，2008）可见，语法教学在外语教学中占有极其重要的地位。在我国中学英语教学中，语法一直是教学重点。我国教育部制定的《全日制义务教育普通高级中学英语课程标准（实验稿）》（2001）和《普通高中英语课程标准（实验）》（2003）对语法教学的要求作了详细的描述，体现了语法教学的重要性和新理念。在英语教学中，许多教师在语法教学方面遇到一些问题和困惑。希望通过本章的学习，有助于提高大家的语法教学意识和语法教学技能。

7.1 什么是英语语法教学

7.1.1 什么是语法

在语法研究史上出现了三种语法：实体语法、形式语法和教学语法。在本章中我们探讨的内容是语法教学，这里的语法是指教学语法。所谓教学语法就是以教授语言为目的的语法（戴炜栋、陈莉萍，2005）。

学者们针对语法的含义表达了他们各自的观点：

“语法可以粗略定义为一种语言为了构成更长的意义单位，控制和组合词或词组的方式。”（Ur，2009：4）

“语法是对构成句子的规则的描述，包括形式所表达的意义。”（Thornbury，2003：13）

库克认为语法包括：规定语法（prescriptive grammar）、传统语法（traditional grammar）、结构语法（structural grammar）、语法能力（grammatical competence)、交际能力（communicative competence）和语用能力（pragmatic competence）（Cook，2000：15）。

拉森—弗里曼（Larsen-Freeman，2005：13～19）批驳了一些传统的语法观，她将语法的性质归纳为：①语法是一种技能（grammaring）而不是一种知识；②语法不仅指形式正确，而且指使用得体；③语法不仅与规则有关，语法是有道理的（rational）；④语法不是任意的（arbitrary）；⑤语法不是一个正确答案，它是有选择的；⑥语法不仅包括词法和句法，还应包括语篇语法。

利奇和斯瓦特维克（Leech & Svartvik，1975）在 *A Communicative Grammar of English* 一书中对语法的变体形式进行了探讨，他们认为语法涉及不同的变体形式，如英语或美语、书面语或口语、正式或非正式、礼貌或熟悉等。表达某个概念或对象时，可有多种变体选择，如"children"（中性），"offspring"（正式）和"kids"（非正式）。

厄（Ur）和桑布雷（Thornbury）的定义强调的是形式与意义的统一。根据库克、拉森—弗里曼和利奇与斯瓦特维克对语法的看法，可以看到语法的概念得到延伸（戴炜栋、陈莉萍，2005）。因此，语法包括词法、句法和语篇语法及变体形式，涉及形式、意义和使用的统一。

7.1.2 英语语法教学的内容

厄认为教各种语言结构时，我们应教给学生相关的知识和技能，她详细表述如下（Ur，2009：6）：

语法教学内容

	形式	意义
听	辨听和识别该结构在口语中的形式	理解口语结构在语境中的含义
说	说出形式正确的句子	在口语中使用该结构表达意义
读	识别书写形式	理解书写形式在语境中的含义
写	写出形式正确的句子	在写作中使用该结构传达意义

（选自 Ur，2009：6）

厄强调应在形式和意义、书面练习和口语表达方面保持平衡，不要过于重视某些方面而忽略其他方面。除了形式和意义，厄也强调语法在说和写中的使用。而拉森—弗里曼（Larsen-Freeman，2005：49～58）比厄更前进了一步，她认为语法教学应涵盖形式（form）、意义（meaning）和运用（use）三个方面，即该语法的构成、含义和什么时候或为什么使用（如下图）。她强调语法教学应让学生了解规则及其例外背后的道理，同时准确地、有意义地和得体地使用语言形式。此外，他们都认为口语语法也是应教的内容。

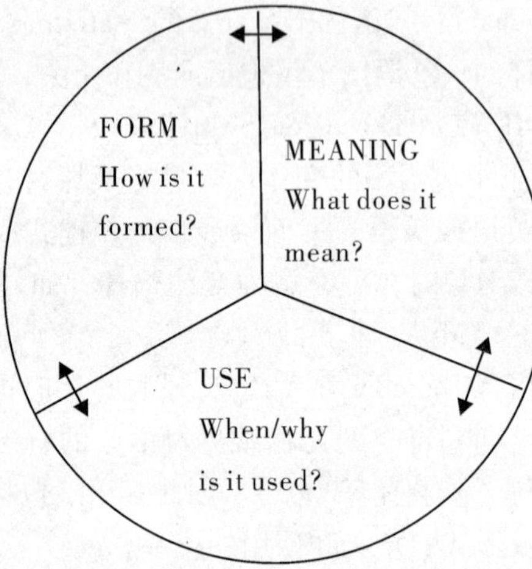

三维语法图

（选自 Larsen-Freeman，2006：253）

7.2 关于语法教学的争议

桑布雷（Thornbury，2003）曾说："外语教学总是在赞成语法教学和反对语法教学这两种不同的观点中发展的。" 由此可见，语法教学在外语教学中的地位和作用一直是一个有争议的问题。

埃利斯（Ellis，2006）总结了语法教学中八个有争议的问题：①是教语法，还是为学习者创建语法学习的自然环境；②教什么语法；③什么时候教，是初学时教还是等到学习者获得一定的语言能力后再教；④是集中一段时间教（intensive，精教），还是分散在较长的时间里教（extensive，泛教）；⑤是一节课集中教一个语法项目（密集法），还是在一节课里教多个语法项目（分散法）；⑥显性语法教学是否有价值；⑦有无最好的方法教隐性语法知识；⑧语法应该在不同的单元中教，还是将它们融合到交际活动中。

埃利斯（Ellis，2006）针对以上争议表达了自己的观点：①语法教学应强调形式、意义和运用；②重点教语法难点；③语法应该教给中级学习者，而不是初学者；④精教和泛教各有优缺点；⑤运用密集法而不是分散法教语法；⑥偶尔注重形式很重要，语法教学采取演绎法或归纳法；⑦输入和输出活动都要涉及语言运用，将直接纠错和间接纠错结合起来；⑧交际任务与注重形式结合。

另外一个争议是是否要语法大纲。就这个问题，斯旺（Swan）和桑布雷（Thornbury）于 2007 年展开了一场辩论（ELTJ，2007）。在辩论中，斯旺认为：在语法大纲中列出优先项目有利于初学者循序渐进，有利于高级学习者集中难点，语法大纲是我们学习工具的重要部分。并且，斯旺（2005）认为一个精心设计的传统结构大纲能准确地反映学习者的需求。桑布雷则认为语法大纲反映的是扭曲的语言能力，没有反映在自然条件下语法项目的分布和出现频率。

关于语法教学的争论一直在继续，但中外学者基本达成语法必教的共识。语法教学的争议从外部转移到内部，即“争论的焦点已不再是应否进行语法教学，而是应如何进行语法教学，是以形式为中心，还是以意义为中心”（张正东，2004）。

7.3 外语语法教学相关理论与研究

回顾外语教学的历史，不同的教学法流派对语法教学持不同的观点。从最早的语法—翻译法到后来的交际教学法，从重视语法教学到忽视甚至摒弃语法教学，再到重新认识语法教学的作用，经历了一个“从尊崇到摒弃再到理性的过程”（崔刚，2007）。近年来，外语界对二语语法教学的作用有了新的认识，拉萨基与弗托斯（Nassaji & Fotos，2004）认为这主要有四个原因：①对克拉申（Krashen，1981）的学习和习得假设的质疑；②二语习得顺序的新发现（Pienemann，1984）；③交际法的效果不理想；④过去 20 年的许多课堂教学实证研究证明课堂内语法教学有利于二语习得。

7.3.1 语法教学的理论依据

7.3.1.1 可教性假设

皮耶曼（Pienemann，1984）对母语为德语的英语学习者进行研究发现，虽然不能改变他们的语法习得顺序，但是课堂语法教学可以促进他们掌握一些结构，由此他提出了“可教性假设”。此假设认为，如果语法教学与学习者的中介语发展阶段吻合，会极大地推动其中介语的发展。只有当学习者的中介语接近某个语法结构的自然习得阶段，学习者就可以从教学中学会这个结构。

7.3.1.2 “注意”假设

克拉申（Krashen，1981）认为，语言学习是一个自然语境中的习得过程，而不是有意识的语言知识的学习过程。他的观点遭到一些人（Gregg，1984；McLaughlin et al.，1983）的反对。行为主义之后的认知心理学的主流观点认为没有意识（awareness）的学习是不可能的。斯密特（Schmitt，1990）在20世纪90年代提出“注意”假设，即“Noticing Hypothesis”，给语法教学的必要性提供了理论依据。斯密特（Schmitt，2007）认为“注意”（noticing）有助于我们理解二语或外语学习的各个方面，他从心理学、心理语言学以及认知语言学等角度证明“注意”是二语学习的一个必要条件。国外近期交际课堂中的形式教学研究充分证明把对形式的注意融入交际教学中是完全必要的（何莲珍、王敏，2004）。

7.3.2 外语语法教学相关理论与研究

7.3.2.1 形式与意义兼顾

关于语法教学，几乎没有人会反对“以意义为中心”的方法（meaning-focused approach），但大多数研究表明仅接受“以意义为中心”教学的学习者不能获得较好的语法能力，也不能达到较高的语言水平。许多人认为有必要将它与“以形式为中心”（focus on forms）相结合（Ellis et al.，2001），朗（Michael Long）就是其中之一。他提出形式与意义兼顾的教学理念，“focus on form”是指“在课堂教学中当学生对某个语言形式的理解或表达出现困难时，就将学生的注意力引向该语言形式，对它进行讲解，但课堂的焦点仍是意义或交际活动”（Michael Long，1991：45～46）。“Focus on form”试图综合“以形式为中心”（focus on forms）和“以意义为中心”（focus on meaning）两种教学模式的优点。张香存（2005）曾对大学英语教师语法教学态度和方式做过调查，结果发现大部分教师倾向于“focus on form”的教学方式，他们主张将语法知识融合到以语意为核心的活动中。

7.3.2.2 形式、意义和运用三者结合

拉森—弗里曼（Larsen-Freeman，2005）认为“focus on form”这个术语会令人误解，给人感觉教语法就是教形式，忽视“意义”和“运用”两个方

面。她认为语法并非一套关于结构的僵硬规则，而是一套有意义的、动态的系统，所以语法教学应该用一种有意义的、集中的、交互式的方法来进行。这就牵涉到形式（form）、意义（meaning）和使用（use）三方面的关系。拉森—弗里曼的三维语法实际上就是建立在意义基础上的“聚焦于形式”（Larsen-Freeman，2005），并且是将功能语法与任务教学法成功结合的语法教学模式。

7.3.2.3　语法意识提升

20 世纪 90 年代以来，语法意识提升（consciousness raising，简称 C-R）越来越受到关注。鲁泽弗德与夏伍德—史密斯（Rutherford & Sharwood-Smith，1988）指出，C-R 就是指“有意识地将学生的注意力吸引到目标语的语法特征上”，目的是让学习者接触目标语的语言材料，鼓励他们对这些语言材料进行理性思考，并从中认识到语言系统的一些规则。C-R 对于帮助学习者语言能力的习得有潜在的优势。埃利斯（Ellis，1993a）总结了 C-R 的三大特点：①引起学习者注意的目的；②真实的语言材料；③鼓励学习者掌握语言形式。努南（Nunan）认为 C-R 既重新强调了语法教学，又从更高层次上发展了语法教学。

7.3.2.4　显性和隐性的结合

显性语法教学和隐性语法教学相结合成了目前语法教学的必然趋势。（郝兴跃，2004）。莱特堡与斯帕达（Lightbown & Spada，1990）的调查发现，在教师强调语法形式和纠正语法错误的课堂上，学生的语言使用要比其他班上的学生准确得多。他们的另一个研究（1993，转引自 Larsen-Freeman，2005）发现，将语法融入交际课堂比不讲语法或孤立地讲解语法效果要好。国内的一些学者（张人，2004；戴炜栎、任庆梅，2006；刘振聪，2006）从认知的角度探讨语法教学，也提倡显性和隐性语法教学相结合。

7.3.2.5　语篇中教语法

基于语篇的语法教学是指通过广泛使用真实的语篇，在真实的语境中让学习者建立形式和意义之间的联系。拉森—弗里曼（Larsen-Freeman，2005：67 ~ 77）探讨了语篇中的语法。她认为语法结构在篇章中有如下作用：①组织篇章作用，使之衔接（cohesive）；②连接观点，提高篇章的连贯性（coherence）；③增强篇章性（texture）；④建立语篇模式（discourse patterns），如共现结构（co-occurring structures）可以起到建立话语模式的作用，在句子层面我们很难区分“would”和“used to”的不同，在文本的大环境里就可以看出它们功能上的差异；⑤承担语篇功能（discourse functions）。另外，她谈到语料库是很有用的语篇分析工具。

国内学者们也注意到语篇中语法教学的作用，如戴炜栋、陈莉萍（2005）认为结合语篇情景教授语法形式胜过孤立地教授语法形式；李琪（2006）的研究表明篇章中教语法有助于提高学生的语法能力；黄慧（2007）认为在课堂上结合语篇教语法，可以使学生注意到语境会影响语法和意义的表达，言语交际者要根据交际语境变换语法结构。在语篇中教语法，可以增强学生的语体意识，明白无论是理解还是表达都要照顾到语篇中的信息安排，以及不同语体要求不同的语法结构形式。

7.3.2.6 词汇语法

桂诗春（2004）认为语法和词汇不是截然分开的，故有词汇语法（lexicogrammar）的说法。词汇和语法的相互关系体现在预制的语块（prefabricated chunks）中（Schmitt，2008：27）。词汇组块教学的语言理论支持源于语料库语言学研究。其中拉丁格与德卡里科（Nattinger & DeCarrico，1992）的著作影响最大，他们的主张是：流利程度并不取决于学习者大脑中储存了多少语法规则，而是取决于其词汇组块储存的多少，是词汇组块使人们流利地表达自我。他们的这些观点得到了后来的语料库语言学及语言习得研究的验证。拜伯等（Biber et al.，2000）编写的《朗文英语口语和笔语语法》就是利用大型语料库编写的语法书，它系统地揭示了英语口语和笔语的语法特点。它还增加了传统语法书中没有的词汇语法部分，它按照相关的结构给检索的词串（lexical bundle）分类，每一类都列了许多词串。这些词串为英语教师提供了有价值的参考。

综上所述，目前的语法教学主流思想表现为：运用提升语法意识的教学活动，将形式教学和交际教学融合起来，同时将语言形式、意义和运用，语法与功能，显性教学与隐性教学结合起来，注重词汇组块和语篇语法教学。这些都是我们中学语法教学的指导思想，也是新课标所强调的语法教学理念。

7.4 中学英语语法教学原则

7.4.1 循环重复原则

如何让学生掌握繁多复杂的语法项目呢？我国著名语言学家王宗炎先生（2003）曾说："语法教学较好的办法是循环反复，多次回顾，但每次回顾都以旧带新，把学过的旧项目运用于新的语境中。”埃利斯（Ellis，1993b）提出的“螺旋式”大纲就是指语法结构在课程中的循环复现。努南（Nunan，2007）也认为语法学习的关键是重复，因为学生不可能接触某个语法项目一次就可以掌握，在课堂上语法项的分散操练（distributed practice）和循环出现很重要，一个语法项目分四次、每次 15 分钟训练的效果要比一次一个小时训练的效果好。语法项目的复现率也是评价一套教材的重要标准。因此，我们在语法教学中应注重语法项目的复习，用旧知识引出新知识。例如，在学过去进行时的时候，可以复习一般过去时，并将两种句型进行比较。这种比较不仅是语法知识的比较，更多应是语篇语境中的比较，强调在运用中恰当地使用。

7.4.2 大量语言输入原则

根据克拉申（Krashen，1981）的语言输入假设，可理解的语言输入有助于习得。除了教材中的课文和录音资料外，教师的课堂话语也是学生获得语言输入的途径之一。无论是口头进行语法操练，还是布置语法任务或呈现某语法结构的情境运用，在课堂上教师都应尽量用英语。另外，教师应有针对性地指导学生在课外进行大量的阅读，并收听、收看英语节目。学生在接触这些鲜活的语言材料时，可以感知语言材料中隐含的语法规则，而这将成为他们语感形成的基础。

7.4.3 个性化原则

努南（Nunan，2007：87）认为，将教学内容个性化可以把学生的常识或经历和将要学习的语法联系起来，而且，个性化任务可以鼓励学生表达个人真实的情感、态度和见解。例如：下面是“enjoy doing”和“enjoy not doing”的一个语法任务。

Step 1 List ways in which you spend your time.

a) Activities I enjoy doing in my free time (I do them and I enjoy them).

b) Activities I enjoy not doing in my free time (I don't do them and I enjoy not doing them).

c) Activities I don't enjoy doing in my free time (I do them, but I don't enjoy them).

Step 2 Describe the activities to your partner and present your findings about each other to the rest of the class.

（根据 Nunan，2007：88 改写）

这个任务让学生使用“enjoy doing”和“enjoy not doing”结构谈论自己的业余活动，活动与学生生活紧密相关，既体现了任务教学法的理念，又具有可操作性和趣味性。

7.4.4 演绎法与归纳法相结合原则

使用演绎法教学时，教师先讲解某一语言规则，然后举例说明，接着学生通过做练习来运用该规则。归纳法与演绎法不同，教师将语言材料呈现给学生，他们通过观察、分析、综合语言现象，归纳出反映某一语言现象的规则。演绎法和归纳法各有优缺点。使用演绎法讲授语法，规则清楚明了，学生容易明白规则的内容；教师直接讲解要点，省时，学生有更多时间操练和应用。但这种方法是以教师为中心的，难以调动学生的积极性和主动性。由于规则基本上是教师“灌”的，学生对规则的印象不可能牢固，此外还容易让学生产生误解，认为学语言就是学习规则（Thornbury，2003）。而归纳法以学生为中心，要求他们观察语言现象，比较和分析现象的差异并总结出规则。学生通过自己思考发现规则，这样印象会比较深。但归纳法比较耗费时间，在有限的时间内归纳出正确的规则，对有些学生来说难度较大，而且有时学生归纳的规则也会有错误。

我们认为，在讲授语法知识的时候可以采用两种方法相结合的方式，即把语言现象先告诉学生，让他们利用课余时间对语言现象进行分析和对比，并把语言现象进行归纳，以此作为家庭作业。在课堂上，教师综合学生的意见，把语言现象归纳为语言规则。然后，代之以演绎法的讲授，教师以演绎法的方式指导学生进行口头或笔头的句型操练，以对归纳出来的规则进行验证和理解。这种归纳法和演绎法并用的教授方式，既能调动学生的学习主动性和积极性，又能把知识讲授和技能训练结合在一起，可以加深学生对语言规则的理解，加快规则的内化。

7.4.5 语言输出原则

根据斯温纳（Swain，1995）的语言输出假设，语言输出活动可以促进语言学习，有利于提高学习者的语言流利性和准确性。我们看看下面的例子是如何通过说和写这两种输出活动来教间接引语（indirect speech）的。

请一位同学到讲台上，由教师就有趣话题（如“how to spend your Spring Festival”）采访他2～3分钟，同时请其他同学用间接引语记录下来，就像新闻采访和报道的形式一样。然后组织小组讨论，收集大家的记录，由小组代表向全班同学汇报。课后要求学生就某个话题采访某人（可以用母语），然后用间接引语写成一篇小报道。

以上任务既有课堂上说和写的活动，也有课后写作安排，而且此任务可以激发学生的广泛参与。

7.4.6 形式、意义和运用相结合原则

拉森—弗里曼（Larsen-Freeman，2005）的三维语法教学法主张：先接触语言形式，然后向学生解释语法规则的道理，通过真实的交际活动来运用语法规则。她主编的《汤姆森三维英语语法》（2002 年版）以任务型教学法为依据，提供了丰富的语法教学案例。何安平（2009）依据三维语法理念设计了实用的高中英语语法练习和活动。这两本书是中学语法教学有价值的参考书。

下面是一个完整的关于“be supposed to”的三维语法练习和任务设计。

1. Which of the following refer to past events and which to future events? Write P for past events and F for future expectations in the blank next to each sentence.

a) __________ I'm supposed to enroll in the new computer course by Friday.

b) __________ They were supposed to have sent me the enrollment form in the mail.

c) __________ We were supposed to have completed the assignment by the end of semester.

d) __________ The survey is supposed to be published by the end of the week.

e) __________ The interviewer was supposed to have asked more detailed questions.

f) __________ They are supposed to provide the information in time for next weekend's newspaper.

2. Complete the following statements.

a) Barbara was supposed to have learned a new word-processing program, but ____.

b) She was supposed to have taken up painting, but ____________________.

c) She ____________________, but she twisted her ankle.

d) She was supposed to have taken a tour of the city, but ____________.

e) She ____________, but she had no librarian training.

3. Think of ways to complete these statements.

a) The teacher was supposed to have given us an exam yesterday, but ____.

b) We were supposed to have prepared for the exam, but ____________.

c) They were supposed to come to the party, but ____________.

d) We were supposed to finish the assignment by Monday, but ____________.

e) The teacher was supposed to have handed our last assignment back to us by Friday, but ____________.

4. Group work: compare responses. Who has the most interesting or unusual responses?

a) Pair work: find out three things that your partner was supposed to have done in the last month, but didn't do.

b) Group work: report what your partner said to another pair.

c) Pair work: write down three things you are supposed to do by the end of the year and then tell another student.

（根据 Nunan，2007：149 改写）

练习 1（形式）让学生接触含有“be supposed to”的句子，要求学生能辨别“be supposed to”的不同时态。通过做练习 2 和练习 3（意义）学生能够理解“be supposed to”的含义。练习 4（运用）为任务型活动，包括对子和小组活动，其内容涉及学生自身的经历，可激发学生的参与热情且操作性强；通过在接近真实的情境里运用“be supposed to”句型，起到巩固并熟练运用这一句型的目的。教师也可以设计此类练习或活动来评估学生对某一语法的掌握程度。

通过回顾语法教学理论和研究，我们可以看到语法教学的发展现状，了解语法教学的理念和原则。我们应在新课标语法教学理念和中学语法教学原则的指导下来实施语法教学。但在现有的语法教学中没有适合所有学生的最佳方法，我们要根据学生的年龄、需求、水平和当地的教学环境，使用适合他们的方法，设计和改编教材练习和活动。

思考和练习

1. 回忆一下你以前的英语老师是怎样教语法的。根据语法教学的新理念，试评价他们的教法。

2. 关于语法教学的年龄问题，拉森—弗里曼（Larsen-Freeman，2005：154）认为语法教学不仅对青春期后的学习者有益，任何年龄的人都可以从语法教学中受益，只是如何教的问题。她的观点与埃利斯（Ellis）不同。你赞同谁的观点？

3. 你熟悉新课标对英语语法教学的要求吗？它们如何反映当今外语语法教学的理论？

4. 在英语语法教学中，你最大的困惑是什么？

5. 如何处理语法教学新理念与日常教学和考试的关系（如期中或期末考、中考、高考等）？

6. 你是采取演绎法还是归纳法教语法？两种方法的优缺点分别是什么？

7. 你是否会将语法项目融合到听、说、读、写技能训练中去？如果会，请举例说明。

8. 请尝试运用拉森—弗里曼的三维语法教学法设计一个语法课例。

参考书目

[1] Biber, D., Johansson S., Leech, G., Conrad, S. & Finegan, E. *Longman Grammar of Spoken and Written English* [M]. 北京：外语教学与研究出版社，2000.

[2] Borg, S. & Burns, A. Integrating Grammar in Adult TESOL Classroom [J]. *Applied Linguistics*, 2008, 29 (3).

[3] Cook, V. *Second Language Learning and Language Teaching* [M]. 北京：外语教学与研究出版社，2000.

[4] Ellis, R. a. Second Language Acquisition Research: How Does It Help Teachers? —An Interview with Rod Ellis [J]. *ELT Journal*, 1993, 47 (1).

[5] Ellis, R. b. The Structural Syllabus and Second Language Acquisition [J]. *TESOL Quarterly*, 1993, 27 (1): 91 ~ 113.

[6] Ellis, R. Current Issues in the Teaching of Grammar [J]. *TESOL Quarterly*, 2006, 40 (1).

[7] Ellis, R., Basturkmen, H. & Loewen, S. Preemptive Focus on Form in

the ESL Classroom [J]. *TESOL Quarterly*, 2001, 35 (3).

[8] ELTJ Journal. Sorry, but You've Got to Have a Grammar Syllabus [J]. 基础教育外语教学研究，2007 (2).

[9] Gregg, K. Krashen's Monitor and Occam's Razor [J]. *Applied Linguistics*, 1984 (5).

[10] Krashen, S. *Second Language Acquisition and Second Language Learning* [M]. Oxford: Oxford University Press, 1981.

[11] Larsen-Freeman, D. "Teaching grammar" [A]. In: M. Celce-Murcia. *Teaching English as a Second or Foreign Language* [C]. 3rd ed. 北京：外语教学与研究出版社，2006.

[12] Larsen-Freeman, D. *Teaching Language: From Grammar to Grammaring* [M]. 北京：外语教学与研究出版社，2005.

[13] Larsen-Freeman, D. 汤姆森三维英语语法 (*Grammar Dimensions*) [M]. 北京：机械工业出版社，2002.

[14] Leech, G. N. & Svartvik, J. *A Communicative Grammar of English* [M]. London: Longman, 1975.

[15] Lightbown, P. & Spada, N. Focus on Form and Corrective Feedback in Communicative Language Teaching: Effects on Second Language Learning [J]. *Studies in Second Language Acquisition*, 1990 (12).

[16] Long, M. H. Focus on Form: A Design Feature in Language Teaching Methodology [A]. In: K. de Bot, R. Ginsberg & C. Kramsch. *Foreign Language Research in Cross-Cultural Perspective* [C]. Amsterdam: John Benjamins, 1991.

[17] McLaughlin, B., Rossman, T. & McLeod. Second Language Learning: An Information-Processing Perspective [J]. *Language Learning*, 1983 (33).

[18] Nassaji, H. & S. Fotos. Current Developments in Research on the Teaching of Grammar [J]. *Annual Review of Applied Linguistics*, 2004 (24).

[19] Nattinger, R. & DeCarrico, J. S. *Lexical Phrases and Language Teaching* [M]. Oxford: Oxford University Press, 1992.

[20] Nunan, D. *Practical English Language Teaching: Grammar* [M]. Beijing: Higher Education Press, 2007.

[21] Pienemann P. Psychological Constraints on the Teachability of Language [J]. *Studies in Second Language Acquisition*, 1984 (6).

[22] Rutherford, E. & Sharwood-Smith, M. Consciousness-Raising and Universal Grammar [J]. *Applied Linguistics*, 1988, 6 (3).

[23] Schmidt, R. W. The Role of Consciousness in Second Language Learning [J]. *Applied Linguistics*, 1990, 11 (2).

[24] Schmidt, R. W. Attention [A]. In: Robinson, P. *Cognition and Second Language Instruction* [C]. 北京：世界图书出版公司，2007.

[25] Schmitt, N. *An Introduction to Applied Linguistics* [M]. 北京：世界图书出版公司，2008.

[26] Spada, N. Form-Focused Instruction and Second Language Acquisition: A Review of Classroom and Laboratory Research [J]. *Language Teaching*, 1997 (29).

[27] Swain, M. Three Functions of Output in Second Language Learning [J]. In: Cook, G. & Seidlhofer, B. *Principles and Practice in Applied Linguistics* [C]. Oxford: Oxford University Press, 1995.

[28] Swan, M. Legislation by Hypothesis: The Case of Task-Based Instruction [J]. *Applied Linguistics*, 2005, 26 (3).

[29] Thornbury, S. *How to Teach Grammar* [M]. 北京：世界知识出版社，2003.

[30] Ur, P. *Grammar Practice Activities: A Practical Guide for Teachers* [M]. 北京：外语教学与研究出版社，2009.

[31] 崔刚. 语法教学的理论与实践 [J]. 基础教育外语教学研究，2007 (3).

[32] 戴炜栋，陈莉萍. 二语语法教学理论综述 [J]. 外语教学与研究，2005 (2).

[33] 戴炜栋，任庆梅. 语法教学的新视角：外显意识增强式任务模式 [J]. 外语界，2006 (1).

[34] 桂诗春. 我国外语教学的新思考 [J]. 外语界，2004 (2).

[35] 郝兴跃. 20 世纪 90 年代以来国外语法教学的新趋势 [J]. 外语界，2004 (4).

[36] 何安平. 语料库视角下的高中英语教材与教法研究 [M]. 北京：人民教育出版社，2009.

[37] 何莲珍，王敏. 交际课堂中的形式教学——国外近期研究综述 [J].

外语与外语教学，2004（1）.

［38］黄慧．建构主义视角下的大学英语语法教学研究［D］．上海外国语大学博士学位论文，2007.

［39］李琪．一项关于英语专业学生语法能力的调查［D］．东北师范大学硕士学位论文，2006.

［40］刘振聪．认知语法的新发展——Taylor《认知语法》介绍［J］．外语教学与研究，2006（3）.

［41］王宗炎．语言问题求教集［M］．北京：外语教学与研究出版社，2003.

［42］张人．内隐认知及其对英语语法教学的启示［J］．外语界，2004（4）.

［43］张香存．中国大学英语教师对“Focus-on-Forms”和“Focus-on-Form”教学方法的认知［J］．外语教学，2005（3）.

［44］张正东．解析语法教学的困惑［J］．中小学外语教学，2004（12）.

［45］中华人民共和国教育部．全日制义务教育普通高级中学英语课程标准（实验稿）［S］．北京：北京师范大学出版社，2001.

［46］中华人民共和国教育部．普通高中英语课程标准（实验）［S］．北京：人民教育出版社，2003.

第8章

英语词汇教学

英语词汇既是外语学习重要的内容，也是外语学习较难掌握的项目。学者威尔金斯（Wilkins）在《语言学与语言教学》中的论述可体现其重要性："没有语法，人们不能表达很多东西；没有词汇，人们则无法表达任何东西"（Wilkins，1972：111）；同时其重要性也可体现在克拉申（Krashen，1982）对外语习得条件的假设中，即人们是通过可理解输入去习得语言的，而词汇的掌握又是可使语言输入成为可理解的语言输入的一个因素。英语词汇难掌握，原因之一是它的数目大。一般五至六岁操英语的本族语儿童已掌握了2 000 ~3 000 个产生性词汇，成人本族语者大概有词汇 17 000 个（Richards，1976；Goulden，Nation，& Read，1990. In：Hedge，2002：111）。因此，如何学好外语词汇是一个带有挑战性的问题。那么，什么叫词汇？怎样才算掌握了一个词？词汇习得研究有什么发现？研究结果对外语词汇教学有什么启示？我们应遵循什么原则和方法去教授和学习词汇？这些都是本章要讨论的内容。

8.1 什么叫词汇和词汇知识

词汇指整套词位，包括单词、复合词和成语（Richards et al.，2000：503）。翻开词典（如《牛津高阶英汉双解词典》等）我们会看到很多词条（entry），在词条下面有对词条的不同解释和不同用法；同时也有该词的派生词及该词与其他词合成的短语。这些都是词汇的成分。有学者把词汇分成主动词汇和被动词汇（active vocabulary and passive vocabulary），主动词汇指学习者都能使用的词汇（不但能理解，而且能说和写），被动词汇一般指能理解的词汇（Richards et al.，2000：6）。在学习外语时掌握主动词汇 3 000 ~5 000

个，被动词汇5 000~10 000 个可视为达到中级和中高级的水平（参阅 Nation，1990；Mackey，1965．In：Richards et al.，2000：6）。《普通高中英语课程标准（实验）》把学会使用4 500 个左右的单词和一定数量的习惯用语或固定搭配界定为九级词汇的学习要求，这应是指被动词汇。

对词汇的掌握可从广度和深度去研究。所谓广度就是我们平常说的词汇量，也就是学习者所知的词汇总量，测试的较多的是消极词汇或被动词汇（或接受性词汇）的量大小（张萍，2006：22）。测试某一学习者的词汇量（广度）可使用内申设计的词汇水平测试，即“Vocabulary Levels Test”或称VLT（Nation，2007：13~19）。但词汇的广度只能在一个方面反映学习者对词汇的掌握。我们还可以从词汇的深度去研究学习者掌握词汇的状况，即学习者是否掌握了所有的词汇知识。那么，掌握了一个词意味着什么？怎样才算掌握了一个词？根据理查兹的观点，掌握了一个词应包括它的出现频率（是否常用），它的搭配（能跟它使用的词），在不同情况下使用的得体性，它的使用方式（可在什么句型中使用），它的不同形式（如 able，unable，ablity，enable 等），与它有联系的词汇（人们提到 food 你会联系到多少词汇）和它的语言特征（如各种意义）。词汇广度和深度都为语言教学中的词汇教学提出了不同的要求。为要了解外语（二语）学习者如何学习到词汇，学者们进行了不少研究，提出了理论，也用实证探究词汇的习得。

8.2 词汇习得和教学研究

在《词汇：描述、习得和教学》一书中，主编施密特（N. Schmitt）和麦卡锡（M. McCarthy）（2002）在第二部分组织了六篇研究词汇习得的论文。这些论文反映了词汇习得五个方面的情况：①词汇的附带学习和有意学习（或称间接学习和直接学习）；②词汇学习的策略；③词汇学习中的信息的深度处理；④词块教学；⑤母语在词汇习得和使用中的影响等。德卡里科（DeCarrico，2006）在“词汇教学”一文中列举了词汇教学中的四个方面：①明示和隐含（直接或间接）教学；②词汇学习策略；③词块教学；④使用语料库教授词汇或词块。内申和米阿拉（Nation & Meara，2008）在“词汇”一文中也列出了词汇学习的三个方面：①附带学习和有意学习；②词汇学习策略；③词汇学习中的词典使用。我国学者张萍（2006）总结了1995—2005年国内外语词汇习得的研究情况，列出了涉及的研究领域：①词汇的附带习得和学得；②外语学习词汇的策略；③外语词汇习得的广度和深度；④词汇习得中的母语迁移；⑤使用语料库学习词汇。根据国内外学者对词汇学习的综述，我们将在下面介绍词汇习得和教学的三个方面：①词汇的附带学习和有意学习；②词汇的学习策略；③词块教学研究。

8.2.1 词汇的附带学习和有意学习

斯特恩（Stern，1999：400～405）在谈到外语学习时提到需要解决的三个难题，即学习者的母语与外语的联系（L1-L2 connection）、明示和隐含的选择（explicit-implicit option）和语码—交际困境（code-communication dilemma）。其中第二个问题，即学习者是应该用有意识的、自觉的、系统的方法去学习语言还是用潜意识的、直觉的、吸收的方法去学习语言，不但影响到语法教学，而且也影响到人们词汇学习的方法。

词汇的学习有直接方法和间接方法。词汇的直接学习指学习者把注意力集中在词汇上，通过背单词、抄单词或短语、做各种词汇练习等手段学习词汇。词汇的间接学习指学习者的注意力集中在获取信息、交际或其他方面，在获取信息或做事的过程中附带学习到了词汇，因此，也可以称为词汇的附带学习。我们可以说，词汇的直接学习和明示、有意识、有目的的学习相对应，而间接学习词汇则与隐含、潜意识、附带的方法相对应。传统的教学法（语法—翻译法）主张直接学习词汇，而交际法则主张间接或附带学习词汇。（Sokmen，2002：237，239）

词汇的间接学习意味着我们通过聆听和阅读这些聚焦意义（meaning-focus）的活动来附带地习得词汇。我们在母语习得时可以使用这种方法，但在外语学习过程中碰到的一些问题会使我们考虑这样的方法是否可行。按内申和米阿拉的观点，要在外语的环境中使用间接的方法去习得词汇要满足三个条件：第一是在聆听和阅读的材料中生词量比例要少，最好只占语言输入总量的2%，即在100个词中有2个不懂的词；第二是要接触大量的语言输入，最好是一年中接触大于100万词次（token）的语言输入；第三是如能通过一些手段，如使用词典或用一些方法把词汇突出，其效果会更好。在外语环境中要满足第二个条件恐怕较难达到。按英语课程标准的要求，从初一到高三的六年里，学生课外阅读量要达到105万词次，平均每年要17万多一点。加上聆听和课本阅读的词恐怕也只是30万左右。难怪有学者认为词汇学习应使用直接和间接相结合的方法（Sokmen，2006：239）。学者的研究表明，在入门阶段，即在学习2 000～3 000词的阶段应以直接学习的方法为主

(DeCarrico, 2006: 289)。与附带学习词汇的方法相比较，直接学习词汇更为有效 (Schmitt, 1995. In: Nation & Meara, 2008: 41)。

词汇的直接学习方法往往与各种有意识的学习策略和方法有关，如查字典、做各类型词汇练习、使用卡片记下词汇并背诵词汇等。

我国学者与外国学者一样在直接和间接学习词汇方面做了不少研究。董燕萍（2001）在英语专业的交际法课堂教学中进行了词汇的直接学习与间接学习的实验研究，结果发现在交际教学法间接学习词汇的基础上增加直接学习（如查字典和做词汇练习）有助于较低水平的学习者词汇产生能力的提高。实验还发现，直接学习是间接学习词汇的有效补充。郭亚莉和周星（2006）在非英语专业一年级新生阅读课中进行了词汇附带学习和综合法学习（在间接学习的基础上增加直接学习）效果的对比实验，研究结果与董燕萍的研究结果相似。

就直接学习词汇和间接学习词汇而言，中外学者都有相同的观点，即间接、隐含、附带学习的方法对外语学习者不十分适用 (Sokmen, 2008, 237 ~ 239；郭亚莉、周星，2006: 32)，更适当的方法为两种方法交融结合、互相补充。如果把直接和间接学习词汇看成是一个连续体的两端，现在在词汇教学中应在连续体的中间找到我们的位置 (Sokmen, 2008: 239)。

8.2.2 词汇学习的策略研究

在间接学习词汇时，我们会在研究和阅读语言材料时碰到不懂的词和短语，我们会根据上下文的线索对其意义进行推测。我们可以说我们使用了推测词义的策略进行外语词汇学习。在直接学习词汇时，查字典，制作单词卡片，背诵单词、短语也是词汇学习的策略。因此学习词汇的策略对于我们来说并不新鲜，我们把它仍放在本节来讨论，目的是把学习词汇的策略作为一个方面来研究，并对其作较深入详细的探讨，因为我们已在第 5 章对学习策略作了讨论。

外语学习者在学习词汇时希望能通过使用不同的手段和方法去知道生词和未学习过的短语的意义，在明了意义后又想使用一定的方法去记住词汇。因此学习词汇的策略可以分为两大类，即发现生词意义的策略和巩固所碰到过的生词的策略 (Schmitt, 2002: 206 ~ 208; DeCarrico, 2006: 290)。

施密特根据对日本英语学习者的调查，列出了他研究中词汇学习策略的一些项目 (Schmitt, 2002: 206 ~ 208)，其中，发现生词意义的策略 (strategies for the discovery of a new word's meaning) 有分析词性、分析词根和词缀、在母语中找同源词、分析能得到的图画或手势、从上下文推测、使用字典、问教师某词的同义词、问教师如何在句子使用某词、问同学某词的意义、问教师某词在母语中是什么意思、通过小组活动把新词意义弄清等。巩固所学的生词策略（strategies for consolidating a word and once it has been encountered）有在小组学习某词的意义、构想某词的意义、把某词与一个人的经历相联系、把某词与它的同义词和反义词相连、使用语义图、把词放在一组相关的词中学习、学习词的发音、学习词的拼写、使用关键词法、记住某词的词根和词缀、把词放在成语中记忆、使用动作记某词、重复说和写某词、使用词表记某词等。

正如施密特所说的那样，他列出的词汇学习策略并不是详尽的，按实际需要还可补充其他项目。

中国学者顾永琦在他的专著 *Vocabulary Learning Strategies in the Chinese EFL Context* 中使用了一个 72 项的调查表，用以了解中国非英语专业大学生使用词汇策略的情况。顾永琦列出的策略比施密特的项目更详尽和细致，在使用词典策略一项中就有“为理解内容查词典”、“为学习查词典”和“词典使用技巧”三项。在“为理解内容查词典”中又包含四项：“我反复见到一个生词就要查词典”、“当一个词妨碍我对一句话或一整段文章的理解时我就查词典”、“遇到对理解一句话或一段文字有影响的单词时我就查词典”、“当我想证实自己猜测的词义时就查词典”。除顾永琦以外，国内还有不少学者对中国学生词汇学习策略以及词汇学习策略与学习水平等相关因素的关系做了不少的研究。

吴霞和王蔷（1998）使用问卷调查和词汇测试练习研究了非英语专业大学二年级学生学习词汇的策略及其对词汇知识的影响。张萍（2001）使用与吴霞和王蔷相同的方法研究了硕士研究生基础英语和专业英语词汇学习策略。丰玉芳（2003）使用问卷、词汇量测试、面谈等方法比较了英语专业高、低年级学生词汇学习策略。程彩玲和张荣（2008）使用问卷调查和访谈方法调查和分析了高中学生英语词汇学习策略使用情况。

8.2.3 词块教学研究

近年来词汇习得和词汇教学研究的一个热门话题是对词块（语块）的研究。学者们发现无论在口语还是书面语中都有大量固定和半固定的词汇短语，这些词汇短语可称为词块。词块的储存和掌握是操本族语者和二语学习者能有规则地、流利地使用母语或二语表达自己的原因之一（Pawley & Syder,

1983. 引自原萍、郭粉绒，2010：55）。因此，词块习得的研究对外语教学有启示作用。基于对词块的研究，刘易斯创立了词汇教学法（Lewis，1993. In：Richards & Rodgers，2001：132 ~ 140）。那么，什么是词块？它有何特点？学者对它做了不少研究。

（1）词块的界定和分类。

在界定什么是词块（也可称语块）的问题上，学者们所使用的资料（data）不尽相同，研究角度不一，因此，出现了不少表达方式。雷（Wray，2000：465）列出了30多个表达词块的名称：chunk（词块），collocations（固定搭配），fixed expressions（固定表达式），lexical phrases（词汇短语），lexical（ized）sentence stems（建造句子词块）等。从外语教学的实际出发，我们使用拉丁格和德卡里科在《词汇短语和语言教学》一书中的定义。在该书中他们使用词汇短语单位（lexical phrase unit）作为语言教学单位，他们把词汇短语描述为不同长度的语言词块，如 as it were，on the other hand，X would have us believe 等。这些词块是一些固定的短语，可长可短，如 a __ ago，the -er X，the -er Y（a month ago，a year ago；the longer you wait，the sleepier you get）。这些词块与一定的语篇功能相联系。我们可以说拉丁格和德卡里科的定义是一个以结构为标准的定义，同时也考虑词块的某些功能因素。按他们的定义，可有四类的词块：

①多词词块（polywords）：如单个词汇单位的短语，如 I'll say，so long，once and for all 等。

②习惯表达（institutional expressions）：作社会互动用的公式化语言和谚语，如“How are you?”“Nice meeting you!”“Long time no see.”等。

③限制性建构词块（phrasal constraints）：短到中长度短语，可按规则变动，如 as far as I _，the -er the -er，see _等。

④建造句子词块（sentence builders）：提供句子框架的短语，如 I think that _，my point is that _和 not only X，but also Y 等。

（2）词块习得和词块教学的研究。

早在20世纪二三十年代，词汇在外语教学中就已引起了英国应用语言学家的关注和重视。在几个大型的调查的基础上，他们发现了阅读篇章经常出现的2 000个核心词汇。后来，韦斯特与其他学者一起以这 2 000 个核心词汇为依据出版了《英语基础 2 000 词表》（West，1953. In：Richards & Rodgers，2001：37）。

随着计算机和大型语料库的使用，学者们对词汇教学的研究获得了更多的成果。计算机的分析显示，在70%的英语文献中人们经常使用700个核心词汇，计算机的分析也显示了这些词汇使用时最常见的句型。以计算机为基础的语言研究或称语料库语言学为研究语言的使用、语言中词汇的使用提供了方便，为课堂教学提供了方便，学者们根据研究成果设计了词汇大纲（Willis，1990. In：Richards & Rodgers，2001：135）和词汇教学法（Lewis，1993. In：Richards & Rodgers，2001：132～134）。按照词汇教学法的观点，仅一小部分的口头话语是完全新的创造词块（可记忆模式）（chunk or memorized patterns），占日常交际对话中流利语言很高的比例（Pawley & Syder，1983. In：Richards & Rodgers，2001：133）。不少外国学者对词块、词块的界定、分类以及对外语（二语）教学的启示都进行了探究（Wray，2000，2002；Nattinger & DeCarrico，1992）。近几年来，我国学者在词块与外语教学方面的研究也取得了不少成果。濮建忠（2003）使用“中国英语学习者语料库”（CLEC：Chinese Learner English Corpus）研究我国学生英语词汇使用存在的问题并提出“英语词汇教学的重点之一应置于词汇教学”的观点。刁琳琳（2004）使用调查问卷探究了英语本科生词块能力。许家金、许宗瑞（2007）使用中外两个英语语料库从话语形式和互动功能方面考察了中国非英语专业大学生和英语本族语者之间在“互动话语词块”方面的差异。原萍、郭粉绒（2010）使用12个英语专业大二学生的语料从语块的角度探讨了口语流利性与语块运用的关系。于秀莲（2008）使用刘易斯的语块教学理论，以实验的方法研究了语块教学法与学生英语应用能力的关系。上述研究的研究对象都是大学生，虽然研究词块教学理论在中学环境下也有进行，但在公开刊物发表的还不多，我们在这方面的探究还可多做一点。

8.3 词汇教学的原则和技能

根据词汇习得和词汇教学研究的成果，结合二语习得的理论，我们提出下面一些词汇教学可操作性的原则和策略供准教师和教师们参考。当然，作为教学一线的教师还可以根据相关的理论与自己的教学实际和经验提出更符合实际词汇教学的原则和策略。

8.3.1 使用直接法和间接法学习词汇

在聚焦意义（meaning-focus）的听、读活动中，应采用直接和间接相结合的形式教授和学习词汇。二语习得理论表明，语言习得的一个必要的条件就是要获得丰富的可理解的语言输入（Krashen，1982；Willis，1996），而听、读活动中学习词汇意味着用间接的方法学习词汇，这是一种附带式的学习，要求学习者在听、读中根据上下文提供的线索推测生词的意义。这需要我们懂得如何使用相关知识和策略去达到目的。可是猜测是一回事，能否猜对是另一回事；且猜对是一回事，能否掌握其准确的意义又是另一回事。因此，为了核实自己的猜测是否准确，还得查查字典、问问老师、问问同学，以落实自己学习的效果。

在操作上如何通过听、读活动鼓励学生附带学到词汇？要向学生提供生词率为2%左右的语言输入，生词多了不行。如果目的是要让学生复习巩固词汇，还可以向学生提供无单词或短语的新材料，聆听或阅读含有“旧”成分的“新”材料（或称做一种“i-1”的输入）可能会提高学生的学习兴趣和动力，因为他们不花力气就能明白材料的内容（Hulstijn，2007：284）。各地教师可否在高三复习备考时使用此法，值得考虑，值得研究。

北京市第十二中学杨立宪老师教授人教版高中英语教材第一模块第三课时的词汇的方法值得我们学习。他在教单词 stubborn 时要求学生把有 stubborn 的句子画出，并画出使他们明白 stubborn 意义的其他单词。这样，杨老师让学生依据上下文的意义猜测到 stubborn 的意思。（我们看到学生划出的句子为：Although she didn't know... she insisted that... a determined look... she would not change her mind... Once she had made up her mind，nothing can change it.）我们想，如果杨老师再要求学生用中文表述 stubborn，学生或会对该词有一个准确的理解。

8.3.2 利用语言输出活动学习词汇

在说和写的活动中，特别是在聚焦意义语言输出的交际活动中巩固所学的词汇。说和写都是语言输出活动。根据斯温纳（Swain，2008）的语言输出假设，语言产生（语言输出或称说和写）在某种情况下构成二语（外语）学习的过程，有促进二语（外语）习得的作用。通过说和写，我们不但能练习词汇的发音、拼写及使用时要注意的规律，同时也会注意到我们是否能正确使用词汇，使用时会出现哪些问题，词汇的哪一部分问题我们还未能掌握（这就是本书前面提到的语言输出的两个功能，即练习功能和对语言形式注意的功能）。明了聚焦意义的说和写活动对词汇习得的作用，我们应在课堂教学或课外练习中多让学生练习说和写。说和写的活动形式已在相关章节中有具体的论述，这里不再重复。我们想要强调的是，可在说和写的任务中要求学生使用某些词汇、短语、固定搭配和一定的句式，以使他们更注意词汇的形式、意义和用法。

8.3.3 培养学生词汇学习的策略

在语言学习的过程中，培养学生学习词汇的策略。不管我们是使用间接的方法还是直接的方法学习词汇，即附带学习或有意学习词汇，我们都要使用一定的学习策略，从这个意义上来说，词汇学习策略的培养直接影响到词汇学习的效果。在培养学生的词汇学习策略时要懂得策略本身并无好和不好之分；只要在一定的情景下使用恰当、能有效果都可算为好的策略（Schmitt，2002：202）。语言水平不同的学生，性别不同的学生，性格不同的学生，爱好不同的学生都有可能使用不同的词汇学习策略，只要是他们使用有效的，都应鼓励他们使用，鼓励他们在使用中总结经验，归纳他们学习词汇成功的策略。学者赫奇（Hedge，2002）在《语言课堂中的教与学》中使用对下面一段文字的理解来说明可使用五种知识来猜测文字中出现的人造的无意思的词。这五种知识为：①句法知识（猜测“barlim”）；②词素知识（从“barlim”和“barl”的关系去猜，有如从“farm-farmer”的关系猜测一样）；③常识（从“desk”和“locked”猜测到“dimp”可为“drawer”一类东西）；④社会文化知识（从教堂的结构可猜“stram”为“tower”或“steeple”）；⑤题目知识（从农村的生活可猜文章可能谈及父亲的工作）。我们把赫奇引用的这段文字列在下面，让大家学习如何通过上下文使用不同知识去猜测词性、词义的策略。

My Father's Watch

In our village, there were only six good clocks. The biggest clock was in the church stram where everybody could see it. My father owned one of the others. It stood in our kitchen. He wound it every night before he went to bed.

Once a year, the clockmarret came from Winchester. He came on his horse. He cleaned the clock in the church stram first. Then he cleaned ours, And he set its hands to the correct time.

My mother always gave him something to drink, and they talked together. He told her about his life in Winchester. This was our nearest town. It was very old. Some people say that English kings once lived there, in a jurrip. That was a long time ago;

but parts of the jurrip still remain.

My father was a barlim and he was a busy man. When the clock had been cleaned, he always left the room. "Women can taddle their time with stories," he said, "but men have work to do." And he went back to his barl.

But my father's greatest fastam was not the clock. It was a watch. It was fixed to a wol so that you could wear it on your prad.

My father kept it in a locked dimp in his desk. He only brought it out on special days. Then he fixed the wol round his prad and he wore the watch for a few hours. After that, he locked it in its dimp again.

8.3.4 使用词块法学习词汇

学习词汇时不但要记住词的发音、拼写、词的派生词，而且要记住词的搭配、词可使用的句式、词的短语、词在不同短语和搭配中的不同意义。词块习得的研究为我们看待和学习词汇提供了一个新的角度。英语的词汇有其特点，一些词可以与某些词一起使用，一些词只能用于某种句式。词在不同的短语或句式中可有不同的意义，因此，记单词时最好结合词的搭配、词的用法、词的意义、词的短语以及词可使用的句型，我们就会以词块作为单位，在大脑中提取，更能按英语为本族语者的习惯去使用词汇，也较能保证词汇使用的正确性。我们可以以某种词块的形式来记住某些语法现象，如用 the -er, the -er; the more_ , the more; not so_ as_ ; as_ as_ ; -er than_ 等记住比较级的用法等。我们还可以在教学词汇中做相关的科研，看看使用词块习得或研究成果进行教学效果如何。

思考和练习

1. 在过去的词汇学习中，你注意较多的是词汇的广度还是深度？
2. 在过去的词汇学习中，你多用直接学习还是间接学习的方法？
3. 你多用什么样的词汇学习策略去学习词汇？
4. 在学习词汇时，你注意过词汇的搭配和使用的句型吗？
5. 在阅读过程中碰到生词时，你是如何决定生词的词义的（凭什么去判断该词的意思）？
6. 调查你的同学或同事，了解他们学习或教授英语词汇的方法。
7. 使用某些英语词块（或句型）记住某些英语语法的要点，可行吗？能举例说明吗?

8. 为什么不但要通过语言输入学习英语词汇,而且要通过语言输出学习英语词汇?

参考书目

[1] DeCarrico, J. S. Vocabulary Learning and Teaching [A]. In: Celce-Murcia, M. *Teaching English as a Second or Foreign Language* [C]. Beijing: Foreign Language Teaching and Research Press, 2006.

[2] Hedge, T. *Teaching and Learning in the Classroom* [M]. Shanghai: Shanghai Foreign Language Education Press, 2002.

[3] Hulstijn, J. H. Intentional and Incidental Second Language Vocabulary Learning: A Reappraisal of Elaboration, Rehearsal and Automaticity [A]. In: Robinson P. *Cognition and Second Language Instruction* [C]. Cambridge: Cambridge University Press, 2007.

[4] Krashen, S. *Principles and Practices in Second Language Acquisition* [M] Oxford: Pergamon, 1982.

[5] Nation, P. *Managing Vocabulary Learning* [M]. Beijing: People's Education Press, 2007.

[6] Nation, P. & P. Meara. Vocabulary [A]. In: Schmitt, N. *An Introduction to Applied Linguistics* [C]. Beijing: World Publishing Cooperation, 2008.

[7] Nattinger, J. & J. DeCarrico. *Lexical Phrases and Language Teaching* [M]. Oxford: OUP, 1992.

[8] Richards, J. C. , J. Platt & H. Platt. *Longman Dictionary of Language Teaching and Applied Linguistics* [M]. Beijing: Foreign Language Teaching and Research Press, 2000.

[9] Schmitt, N. & M. McCarthy. *Vocabulary: Description, Acquisition and Pedagogy* [C]. Shanghai: Shanghai Foreign Language Education Press, 2002.

[10] Wilkins, D. A. *Linguistics in Language Teaching* [M]. London: Edward Arnold, 1978.

[11] Willis, J. *A Framework for Task-Based Learning* [M]. London: Longman, 1996.

[12] 程彩铃,张荣. 高中学生英语词汇学习策略使用情况调查 [J]. 中

小学外语教学，2008（7）.

[13] 刁琳琳. 英语本科生词块能力调查 [J]. 解放军外国语学院学报，2004（4）.

[14] 丁言仁，戚焱. 词块运用与英语口语与写作水平的相关性研究 [J]. 解放军外国语学院学报，2005（3）.

[15] 董燕萍. 交际法教学中词汇的直接学习与间接学习 [J]. 外语教学与研究，2001（3）.

[16] 丰玉芳. 英语专业高低年级学生词汇学习策略比较研究 [J]. 外语界，2003（2）.

[17] 郭亚莉，周星. 二语词汇习得实证研究——直接学习与间接学习 [J]. 外语界，2006（1）.

[18] 雷蕾，韦瑶瑜，叶琳，张梅. 非英语专业大学生通过写作附带习得词汇研究 [J]. 解放军外国语学院学报，2007（1）.

[19] 濮建忠. 英语词汇教学中的类联接、搭配及词块 [J]. 外语教学与研究，2003（6）.

[20] 吴霞，王蔷. 非英语专业本科学生词汇学习策略 [J]. 外语教学与研究，1998（1）.

[21] 许家金，许宗瑞. 中国大学生英语口语中的互动话语词块研究 [J]. 外语教学与研究，2007（6）.

[22] 于秀莲. 语块教学法与提高英语应用能力的实验研究 [J]. 外语界，2008（3）.

[23] 原萍，郭粉绒. 语块与二语口语流利性的相关性研究 [J]. 外语界，2010（1）.

[24] 张建琴. 中国高、中、初级英语学习者词汇短语使用的对比研究 [J]. 外语界，2004（1）.

[25] 张萍. 二语词汇习得研究：十年回溯与展望 [J]. 外语与外语教学，2006（6）.

[26] 张萍. 硕士研究生基础英语和专业英语词汇学习策略研究 [J]. 外语教学与研究，2001（6）.

[27] 张玉英. 二语学习者预制词块识别能力与二语水平的关联性研究 [J]. 外语界，2008（3）.

第9章

英语听力教学

著名学者克拉申（Krashen）在他的“输入假说”中提出可理解的语言输入是习得语言的重要途径。事实上，日常生活中人们使用听、说、读、写等技能进行交流，其中听的使用频率最高，约占45%（说约占30%，读约占16%，而写约占9%。见：Hedge，2007），可见听力理解能力的重要性。早在1969年，国际应用语言学协会在英国剑桥召开第二次会议，指出二语/外语教育发展方向中必须重视四个新观点，其中就有两点与听力相关：①听力和阅读是非被动的、极为复杂的接受型处理过程（nonpassive and very complex receptive processes）；②应该把听力理解看做一种基本技能（a fundamental skill）。从此，二语/外语教育中听力理解的地位越来越受到重视（Morley，2007）。这一节我们将首先探讨“听”的含义并梳理对“听”的不同角度的诸多理论研究，接着探讨听力教学原则及分析听力教学设计。

9.1 聆听与聆听的分类

9.1.1 什么是“聆听”

不同时期由于兴趣点不同，学界对“聆听”的理解不尽相同。罗斯特（Michael Rost，2005）将学者们对听力的界定概括成四类取向：接受型（receptive）、建构型（constructive）、协作型（collaborative）和转换型（transformative）。

接受型观点倾向于把“聆听”看成是接收到说话人所讲内容并对其进行解码；建构型观点认为“聆听”是在建构和表征意义；协作型观点强调“聆听”是听者与说话者磋商意义并作出反馈；转换型观点则认为“聆听”是听者通过参与、想象和移情等方式创造意义。

随着研究的拓宽和深入，人们对听的理解越来越全面。林奇和门德尔松（Schmitt，2008：193）是如此诠释“聆听”的：

“Listening involves making sense of spoken language，normally accompanied by other sounds and visual input，with the help of our relevant prior knowledge and the context in which we are listening... it is more accurate to conceive of it as a bundle of related processes...”

听力理解的关键是理解口头话语，但它同时受非语言声音输入和视觉输入的影响；听者必须借助相关的先前知识和听的语境来理解话语；并且聆听不是一种单一的处理过程，而是一串相关的处理过程：它包括对话语的语音分割（比如分辨出“the phone is ringing”的语流包含有四个单词）、语调理解、句法分析、语境理解等过程。多数情况下，这些处理过程是在听者自己没有觉察的情况下完成的。

由于听的过程中听者会调用个人先前的知识图式，根据个人的不同立场去分析语境、理解话语，因此听者是主动（active）的参与者。沃达克（Ruth Wodak，1996）通过听新闻广播的实验证明了听力理解的主观能动性：她让三名被试听同一则新闻广播，随后让被试分别尽量准确地汇报他们所听到的内容，结果三位被试总结的内容差别显著。国内，刘绍龙（1994）也提出，外语听力并非声学信号的被动接收。实际生活中语音的听辨或知觉是一个主动利用各种语言和非语言因素去辨认声学信号的过程。

林奇和门德尔松（Schmitt，2008：194）还通过对比“听”与“读”的差别来凸显听的特点，认为较之于阅读，听力的独特性体现在如下四个方面：

（1）它通常是短暂的，一次性的（ephemeral，one-shot）。

（2）具有丰富的韵律（prosody）特点，如轻重音、语调、节律、大小声等变化。

（3）具有速度特性，如音的同化（assimilation）。

（4）处理和反馈的即时性。

因此，虽然“听”和“读”同是语言的输入，但我们不能简单地把听力教学看成是阅读的听觉版，而应该根据听的特点设计合理的教学活动，指导学生发展运用已知的相关知识，在特定的语境中，通过“听”去理解声音话语的意义的能力。

9.1.2 聆听的类型

根据信息传输的方向，人们将聆听分为两类：单向听力（one-way

listening 或 unidirectional listening）和双向听力（two-way listening 或 bidirectional listening）。其中单向听力是指听者接收到听觉的输入，但没有互动的环节，比如学校听讲座、听课；日常生活中看电影、听收音机等。至于双向听力，通常指"听说"（listening and speaking），包含有对话和讨论，就是听者接收到听觉的输入同时，进行反馈和互动。跟单向听力比起来，双向听力由于听者可要求说话者重复、解释，相对容易些；但另一方面，由于双向听力中听者必须对输入进行即时处理，马上作出反馈，这种时间压力又使得它相对困难些。听力教学中对两种听力形式的训练必须并重。

9.2 聆听理论与教学的相关研究

长期以来，学者们从自身的领域出发，根据自己的研究和经验，从不同角度探讨"听"的特性和过程，丰富了听力理论并影响着听力教学。罗斯特（Michael Rost，2005）从神经学、语言学、语用学、心理语言学、自然语言处理和语言习得等六方面综述了听力研究；范德格里夫特（Vandergrift，2007）则从七个方面归纳了近年来对外语听力及教学的研究，分别是：认知因素、社会心理维度、教学方法、多媒体环境下的听力教学、学术听力、语言形式。借鉴这两位学者的分类，本文将从下面五方面讨论与聆听理论和教学相关的研究。

9.2.1 认知处理与听力理解

对于听力理解是如何发生的，认知心理学家们提出了两类处理模式：自上而下处理和自下而上处理（Chaudron & Richards，1986）。这两种处理模式交互发生，有时又由于听力目标的不同而有所侧重。

自下而上（bottom-up）处理模式认为，听力理解的过程是从下层的语言单位开始（即音素和单词的识别），再逐步过渡到上层的语言单位（短语、分句、句子和语篇的理解）。这个过程首先要对输入的语言信号进行分析，也就是说听者必须积极地对声学信号进行语音辨析、语流分割、词汇听辨和句法分析。

根据这个模式，语音辨析是第一步。听者要根据一定的音位结构学规则，懂得辨认原型音（prototypes）以及在同化、弱化和省略等原则下的原型音的变体，比如，"Woul（d y）ou like ho（t t）ea or bla（ck c）offee?"一句中，同化（/d/与/j/同化为/dʒ/）和失去爆破（/t/和/k/）现象改变了单词的原来的读音。同样，韵律学特征（重音、语调、停顿等）也传递着各种细微含义。据此，一些学者提出听力教学中要重视语音教学（王颖、黄利玲，2001；郭瑞芝，2003）。

词汇听辨也是自下而上的处理中至关重要的一步。据研究，惯常速度下说话者每分钟会连续说出125~180个词。在流利的语流中，听者首先必须把语流分割成词语，每秒处理25~30个词（Liberman，1970）。那么，为什么很多二语学习者拥有较大的词汇量却依然无法突破听力理解？一些学者（刘思，1995；王艳，2002）通过实验发现，造成学生听力理解困难的重要原因是学生普遍上"听力词汇量"小于"阅读词汇量"，建议要注重扩大"听力词汇量"，也就是要注重结合听觉输入途径学习词汇。

与自下而上遵循从词、句到篇的处理模式相反，自上而下（top-down）处理模式认为，听的过程更多是根据输入的信息，利用背景知识和语境信息进行预测和验证意义，获得理解。这些背景知识包括与某个主题相关的情景化的或上下文的知识，还包括长时记忆中的"图式"（schemata）或"脚本"（script）（Richards，2002）。图式又包括语言图式、内容图式和形式图式。听力理解的加工过程必须把输入的言语和听者的背景信息，即图式，进行整合（integration）。刘绍龙（1996）通过实验发现受试者在具备或被提供背景知识（即内容图式）的情况下，能较快地投入听力状态，并主动利用大脑已有的背景知识图式来破译生词难句，保证整体理解的实现，因此提出重视听前的热身活动（warming-up exercises）以便激活或提供背景知识/图式。黄子东（1998）用图式理论解释了话题熟悉程度效应对听力理解产生的影响。周相利（2002）着重分析了听力教学中的语言和内容图式，从如何激活学生原有的旧图式、帮助其建立新图式两方面指导听力教学。

自上而下处理与记忆密切相关。通常来讲，记忆涉及两个维度：一是跟个人的知识和经验相关的长时记忆（long-term memory）；另一个是与某一时刻激活的知识相关的短时记忆（short-term memory），有时也用工作记忆（working memory）一词，强调短时记忆不仅有储存功能，还有激活或转换信息，把长时记忆中的部分信息与新材料整合的功能。陈吉棠（1995）认为学生收听长篇文章的最大障碍是记忆方法不对，他针对长篇文本，提出了整体大意记忆法、四要素记忆法、关键句子记忆法、单向性超前记忆法、针对性重点记忆法等来提高听的效果。陈吉棠（1997）还专题讨论了记忆与听力理解的关系，认为记忆是理解的根本前提，理解是记忆的升华。陈吉棠（2002）

认为听力理解过程中的“瓶颈”现象是短时记忆容量局限的一种突出反映。他通过实验分析得出收听内容、量与听者的经验知识关系对短时记忆的质与量都有直接的影响，建议听力教材要考量记忆特点，如材料长度适当、内容有趣等，听力教学要注重培养短时记忆能力。郑厚尧、李祖明（2002）采用全国大型考试后所做的统计数据对听力理解与短时记忆之间的关系进行了深入的讨论，再次证明短时记忆是听力理解的一个重要组成部分，并针对听力理解与短时记忆的特点指出了听力教学中应注意的几个问题，如结合句法结构、通过争取感情共鸣等培养短时记忆。

9.2.2 从语用学角度研究听力

在语用学观点看来，听是以完成交际过程为目的的，因此，听者必须参与（engagement），通过参与才能启动听者的语音学、词态学、句法和词汇等语言知识。可以说，听者和说话者是本着交流的目的，遵循交流的操作性原则，进行一定程度的协调和合作。这个过程的核心是听话人通过语用推理来理解话语的意图。斯珀伯等认为，听力理解中语言学层面的编码和解码（linguistic coding and decoding）是必要的，但话语的语言学上的意义（linguistic meaning）并没有对说话者意图进行建码（encoding），它只是帮助听者去推理（infer）说话者的意图（Sperber & Wilson，1986）。根据奥斯汀（Austin，1962）对话语中的表述句（constative）和施为句（performative）的区分，我们对情景中的话语总是可以分两层进行理解：讲述客观事实（objective truth）和表达说话人的真实意图。比如句子“He did it.”可能是对“Who did it?”的问题的单纯的回答，或者是回应“Why did you do that?”，其真实意图是想否认别人对你做了某件坏事的指责。可见只有在语境中（context）进行语用推理，才能更好地理解话语。

语用学上的“关联理论”也影响颇广，它是斯珀伯和威尔逊（Sperber & Wilson，1986）提出的，认为控制交际活动的是“关联”原则。斯珀伯等认为交际中最基本的程序就是“ostension”（实指，即说话者产出信号）和“inference”（推理，即听者语境化这些信号）。实指包含两层信息，分别表达两种意图：一是话语的信息意图，二是话语的交际意图。听者的推理，就是在接收到的信息和听者原有的认知环境间建立关联，随着新信息的不断输入，听者不停建立新的关联，以加强或修正旧关联。推理的过程就是听者寻找最优关联点（the optimal relevant points）的认知过程。值得注意的是，斯珀伯和威尔逊认为语境是在话语交际中形成的一种心理框架，是可变化的。特定语境的选择取决于说话人的意图与听话人的推理间的相互关联。因此，同一个话语可以有多种不同的解释，听者在交际中只以与特定语境最关联的一种解释作为话语的理解。

黄子东（1998）将这一理论用来解释听力理解。他通过实验研究，揭示话题熟悉程度、语言水平和问题类型如何影响 EFL 听力理解，并尝试用关联理论进行解释，探索听力理解的认知机制，并提出了一个传达式听力理解的关联模式；靳涵身（1999）用语用学中包括斯珀伯和威尔逊的关联理论指导如何推导会话含义，通过进行实例分析，启发听力理解教学；方玲玲和黄广玲（2002）用关联理论分析听力焦虑情绪并提出如何缓解焦虑情绪的一些见解。

9.2.3 二语习得观点与听力

语言习得观点认为，一个人要学会一门外语，必须具备三个重要条件：①有需要学习的动机；②学习者有机会接触到能操熟练目标语者，听其讲目标语，与其交流；③有社会环境支持，学习者能有足够的频率和持续性使用目标语进行交流。从这几个条件中可以看出，后两个条件都关系到语音输入——聆听。的确，聆听在语言习得中非常重要。克拉申在 20 世纪 70 年代末提出的监察模式假说（the monitor model）中认为，可理解输入（comprehensible input）是语言习得的必要条件。他提出了"输入假设"（input hypothesis），认为人类习得语言的路径只有一个，即通过有效的输入。这种输入必须具备四个特点：可理解性、趣味性、非语法程序安排和足够的输入量。Krashen 认为，可理解是保证输入能被吸收的前提，"可理解输入"即是比学习者原有的语言水平（词汇上、句法上和词态学上等）稍微高一点的语言知识（i + 1）的输入。他在"情感过滤假设"（affective filter hypothesis）中进一步阐述了输入受到三种情感的影响：焦虑度、自信心和动机。这三个情感因素组成了情感过滤器，如果有强的动机、高的自信心和低的焦虑度，它们就能促进可理解输入通达并触发大脑的语言习得机制，保证习得的发生；相反，情感因素会"过滤"语言的输入，阻碍习得。克拉申的这些理论对听力教学影响颇大。蒋苏琴（2010）通过实证研究，得出二语习得理论，特别是"输入假设"与"情感过滤假设"，在多媒体辅助英语听力教学中发挥着积极的促进作用。

9.2.4 听力策略研究

国内外的学者们多数认为听力策略的运用对听力理解有积极的影响，并从理论上和实验上予以论证。奥玛丽和钱英德（O'Malley & Chamot ，1990），培根（Bacon，1992），鲁宾（Rubin，1994），林奇（Lynch，1995）等的研究和论述都有广泛的影响。国内，黄子东（1998）总结出西方外语听力理解策略研究，认为：其一，我国外语教师有必要对学生进行听力理解策略训练；其二，我国应继续大力开展外语听力理解策略研究；其三，国外学者对外语学生进行听力理解策略研究时使用的实验方法和分析方法值得我们借鉴。王宇（2000）认为在听力教学中加强策略训练是帮助学生提高听力水平的必要和有效途径。策略训练的实质是帮助学生"内省"，找到听力困难的原因和方法中存在的问题，然后采取针对性措施，并适时地对自己进行监察、评估和调节。策略训练在提高学生听力水平的同时，培养了学生自主学习的能力。林琼（2002）借助心理学有关元认知方面的研究成果，对第二语言听力理解不成功者的元认知能力进行一番探究，揭示了英语听力理解不成功者是因其较低的元记忆能力和不良的人格特征抑制了其对自身认知活动的有效监控，并提出相应举措。陈晓茹、吴少跃（2007）探讨了元认知策略的理论背景及其对外语教学的启发意义和对外语学习的促进作用，提出在外语听力课堂教学中融入元认知策略训练的必要性和可行性。施渝（2009）从四个方面介绍了国外二语听力元认知研究现状：听力元认知策略的有效性研究、听力元认知意识的研究、听力元认知教学的研究、听力元认知意识问卷（MALQ）的设计研究，并且从中得出七点启发：

（1）国外二语听力元认知研究突破了听力过程是隐性过程的设想。

（2）那些完全依靠教师输入和教学技巧来提高教学的方法无法利用学生在学习过程中付出的努力，等于是剥夺了学生独立控制学习过程的机会。

（3）在听力教学课堂中必须进行双重注意，听力课应该在教授语言内容的同时发展学生对听力过程的意识。

（4）有些听力元认知知识对学生是不利的，比如心理翻译是听者必须学会避免的策略。

（5）元认知教学帮助学生探索新的学习方法，在完成语言任务时减轻了他们的焦虑情绪和听力压力，并且帮助他们建立了信心。

（6）国外二语听力元认知研究提供了多种收集数据的实证性研究方法，包括听力日记、边想边说、个人反思、配对讨论、小组讨论、全班探讨、教师示范以及促进对语音切割认识的感知实践等。这些研究方法从多个层面和角度综合调查、测量了学生的听力元认知水平。

(7) 听力元认知意识问卷（MALQ）为测量学生的听力元认知意识提供了行之有效的测量工具，是二语听力元认知研究的一个里程碑。

回顾以上这四大方面的研究，可以说聆听理论的研究呈现出一种视角多样化、跨学科、具有相当深度的景象，并且能与外语具体的教与学相结合，对实践有很重要的指导意义。

9.3 听力教学原则与实践

听是一种语言输入的途径。那么，在听力教学中，要使听的能力得到最有效的训练，应该如何选择合适的输入材料？如何使用所选择的输入材料？如何围绕着这些材料设置任务？如何组织教学？在先前的理论研究基础上，学者们提出了一些指导原则。

9.3.1 选择听力材料的原则

罗斯特（Michael Rost, 2005）总结了相关、真实、文体多样化、难度适当、简化等几个重要的选择材料的原则，具有很大的指导意义：

(1) 相关原则（Relevance）：听力材料（包括话题、输入、任务）要与学习者的目标和兴趣相关联，要包括自我选择和评价。根据斯珀伯和威尔逊（Sperber & Wilson, 1986）的观点，人类的认知只有一个目标，也就是说人只注意和自己相关的信息。既然我们的认知活动中最自然、最迅速的处理过程都是围绕着“相关”的事物展开的，那么在听力训练中就应该选取最相关的输入材料。

(2) 真实原则（Authenticity/Genuineness）：学者们对“真实”的理解有不同看法，但大多数教师认为它包含几个标准：自然的语速；自然的语音语调；高频词；口语化，包含有犹豫、口误、自我纠正等；面向真实的听者。Rost 认为真实性原则涵盖两方面：①语言输入必须服务于“使用者真实性”（user authenticity），即适合学习者当前的需要，反映真实世界的语言的真实使用。②语言输入以“真”（genuine）为目标，即具有本族语说话者之间出现的自然语言的特点，如语速、节奏、语调、停顿、富含意义等。

(3) 文体多样化原则（Genres）：传统上文体分为五类（Rost, 1987）：①叙述性（narrative）；②描述性（descriptive）；③比较/对比（comparison/contrast）；④因果/评价（causal/evaluation）；⑤问题/结论（problem/solution）。罗斯特认为，学习材料必须包含学习者用目标语进行交流时可能接触到的广泛的文体和语篇类型。

（4）难度把握原则（Difficulty）：语篇的组织、语言的使用（如句式等）都会影响到输入材料的难易程度。罗斯特引用了布朗（1984）和他的同事的研究，提出评判认知难度可从六方面进行：①语篇中的人物和客观事实（individuals and objects）的多少；②语篇中的人物和客观事实是否能清楚区分开来；③语篇中的空间关系（spatial relationships）是否简单；④语篇中的叙述顺序是否与事件发生的顺序吻合；⑤语篇中是否有较少需要前后文必须联系起来才能进行的推理（inferences）；⑥语篇的信息是否清楚而非模棱两可，是否前后一致，是否与听者原有的信息匹配。

（5）简化原则（Simplification）：输入的简化目的是使听者更活跃，即能够启动听者的背景知识，有助于听者进行推理，并使听者更愿意对所听的内容作出反应。Rost 认为可从两方面进行简化：一是限制性简化（restrictive simplification），指使用和强调熟悉的语言项目（词汇、句法、语音、语篇等）；二是详尽性简化（elaborative simplification），即丰富输入（如提高音调、重复或解释关键词句、变换句式等）以帮助听者减少理解障碍。

9.3.2 教学原则与实践

针对具体的听力理解的教学原则，彼德森（Celce-Murcia，2007）和罗斯特（Rost，2005）都作了论述。综合他们的观点，我们提出了如下五个教学原则：

（1）增强输入。

前面我们简单介绍了克拉申的语言习得假设，其中足够的输入量是语言习得的前提。通过大量的听力输入，使学生接触大量真实的语言实例，辅以有目的的任务，能帮助学生习得语言。课堂上，要把听的输入设计成学生学习语言的主要途径；材料的呈现通过"听"的形式进行；教师用目标语进行授课；师生、学生之间的互动尽量用目标语。如此才能创造出一个听的环境。课堂的时间毕竟有限，布置课外听的任务以保证听的量更为关键。罗立胜等（2005）通过调查课外听力情况，提出了包括如何为学生创造课外听力条件、分层次编写课外听力材料等多项建议。

（2）精听和选听结合。

精听是指要求准确地分辨出音、词、短语、语法单元和语用单元的听。尽管日常生活中并非总是要求精听，但一旦有需要便能进行精听的这种能力却是听力能力的关键构成部分。

听写（diction）由于在听的基础上还关涉词汇、语法以及根据语境推理等能力而成为精听的经典活动。根据任务设置的不同，罗斯特（Rost，2005）总结了教学中可以采用的听写的六种形式：

① 听释（dictogloss）——斯温纳（Swain，1995）根据自己的"可理解输出"研究提出来的听写方式：让学生在词汇、结构较复杂、信息量较大的情况下，不记笔记听完几分钟长的语篇，再单独或小组合作，完整和准确地重构语篇。同样的文章可以让学生重复进行"听—重构"的听写活动，前期能训练学生如何在听中把握中心大意，后期是把握细节。

② 快速听写（fast-speed diction）——自然速度和语音语调情况下的听写，训练学生集中注意力于语言的"快速"。

③听写大意（pause and paraphrase）——听的过程间隔停顿，让听者写出大意，目的是训练听者表达的灵活性和听意义的技巧。

④完形听写（listening close）——听者听的过程或听后要完成相关的完形填空练习，主要是词和短语方面的，目的是训练听者对语言的注意。

⑤纠错听写（error identification）——提供听者带有几处语法或语义错误的完整文本，让听者听并纠错，以训练听者对细节的关注。

⑥线索听写（jigsaw diction）——配对的学生各拿听力书面材料的一部分，互相读给对方听，让对方各自了解完整的内容。这个活动能促使听者对意义进行切磋。

选听是让学生训练选择性关注特定的信息的策略，不要求学生理解并记住所有的细节，因而比较接近于真实的交流环境。

听者选听之前必须目标明确，清楚自己要重点选听的内容。比如叙事语篇的六要素：who（人物）、what（事件）、where（地点）、when（时间）、how（方式）及 why（原因）等；说明性语篇涉及的数字关系、比例、比较、测量、含量等；论述性语篇的因果推理关系等。各种单元内容中重点选听哪方面，教师在设计选听任务前先要给学生必要的指导。

在选听过程中，记笔记（note-taking）是有效的辅助方法。为了培养选听能力，教师可对听者的笔记内容提出具体要求和指引，比如是记关键词语句子、主要观点、例证，还是记标题，等等。教师可以设置若干问题，让学生记录所听到的内容要点，听后再进行整理。这样的活动有利于听者集中注意力，监控管理自己的聆听活动，也有助于解决听力活动中听的时长与人的短时记忆和记忆容量之间的矛盾。

（3）促进上层技能与促进下层技能并重。

对于听力理解过程，人们提出了自下而上模式、自上而下模式、相互作用模式等加工模式进行解释。上层技能是指在接受、处理声学信息时，利用背景知识（图式），从篇章着眼，对信息进行预测、筛选、吸收、推理等高层次处理技能；下层技能是指处理信息时，注意力主要集中在单词、短语、句子等具体语言信息的听辨和识别的技能上。

关于上层技能的重要性已经有很多论述（刘绍龙，1996；周相利，2002）。胡觉明（2004）提到，有些人并没有辨音困难，但对一段没有语言难点的外语话语，仍需听多遍才能理解其思想内容，对于这种情况，听力理解的困难在很大程度上是话语思想意图推理的速度和程度问题。因此对讲话人思想意图的推理是外语听力理解的关键，需要专门训练。

传统上比较重视下层技能的训练。研究认为，熟练地运用下层技能，是促进听者自动化处理声音输入的关键。德容对初级水平学习者的研究发现，受过语言形式方面的接受性训练的学习者比未受训者在信息处理速度上要快（DeJong，2005）。因此，结合语音词汇的听辨训练、对语流的语法感觉和分析训练、熟悉各种材料的组织结构的训练，都有助于听力理解。

（4）培养有意识地听的策略。

有效的听要求在听的过程中听者必须能有意识地转换听的意图（conscious shift in intentions），监控自己的听力活动。Rost 提出教师培养成功的外语听者要训练六方面的策略，包括预测、推理、控制、澄清（clarifying）、反应和评估。

在对英语专业新生进行为期一学期的元认知策略培训的实验研究中，杨坚定（2003）证实了策略培训有利于提高学生的听力水平的观点。他把元认知策略分为三大类共 12 项：

① 计划策略 4 项：确定学习目标；预测重点难点；选择注意力；安排时间。

② 监控策略 4 项：监控自己是否学会了学习内容；监控自己的学习策略是否适当；监控自己的注意力是否集中；监控自己是否按计划进行听力训练。

③ 评估策略 4 项：对所听材料的难度进行评估；评估自己是否能按计划完成自己预定的目标；回顾自己在听力方面的进步；及时分析自己听不懂材料的原因。

杨认为这 12 项策略对提高一个英语学习者的听力理解能力极为重要，也是听力课堂教学中应该重点进行训练的。

（5）多维的表现形式。

利用多媒体等手段，多角度呈现听力材料，能加强教学效果。将视频和音频结合起来可使学生处于声音和影像相互作用的语言环境中，从而达到强化学生听觉输入的效果，对不同语言水平的英语学习者均起到了积极的作用（周光磊、杨世登，2004）；多媒体手段能促进学习策略的使用（林莉兰，2006）；有助于听力词汇的学习、内容的记忆（Jones & Plass，2002）；使用媒体辅助时，声、像、母语字幕、外语字幕、无字幕的组合不同，学习效果会有差异（Guichon & Mclornan，2008）；幻灯片辅助教学会使学生更多依赖“读”而非“听”来完成理解任务（Smidt & Hegelheimer，2004）。这些研究表明，在教学中有条件的话，要充分利用多媒体手段辅助教学，同时也要避免不合理的使用，以免带来负面作用。

9.3.3 课堂教学步骤及实例

听力课堂如何安排并没有定法，关键是要明确课堂的教学目标，在听力理论研究成果指导下设计有效的听力课堂活动并安排合理的课堂步骤。我国高中新课标（2003）把听力课的主要教学活动分为三个阶段，并列举了主要的教学活动：

听力课三阶段教学活动

听前活动	听时活动	听后活动
明确听的目的； 激发兴趣欲望； 熟悉话题； 预测大意； 处理关键词； 布置任务	边听边操作； 边听边选择、填空、连线、画图、补全信息； 边听边做笔记； 判断真伪	讨论； 根据所听内容进行口头或笔头转述； 根据笔记写出梗概； 利用听到的信息，以同一题目为主题，从另一个角度写出一个文段

这三个阶段很好地体现出我们上述的听力教学原则，启发我们如何实践听力教学。

下面是笔者设计的一个听力教学的课例：

听力教学课例

<table>
<tr><td colspan="2">Lesson Outline</td></tr>
<tr><td colspan="2">Level：junior high school students
Theme/Topic：map reading and location identification
Listening skills developed：listening for gist and details，drawing references
Listening strategies practiced：visualizing contents，asking questions for clarification</td></tr>
<tr><td>Pre-listening tasks：
1. mind-mapping：ask students to write out as many words as possible about location, such as railway station，airport，market，etc.
2. matching：show students some signs they may see on a map and ask them to match them with their description，make sure they understand them
3. guessing game：provide a map（the same one that will be used in the listening task），the teacher describe some locations orally，ask the students to guess the place.</td><td>听前活动点评：
活动 1：让学生回忆跟主题相关的词汇，激活学生的语言图式。

活动 2：让学生熟悉跟主题相关的一些内容，熟悉背景知识，激活学生的内容图式。
活动 3 ：通过活泼的游戏①激发学生的兴趣；②熟悉听中的任务模式，减少听时的焦虑；③预先跟学生总结听的策略，用于下阶段听力活动。</td></tr>
<tr><td>Listening tasks：
1. location identification：listen to a conversation describing a location，pay attention to the general idea，then try to identify the location on the map.
2. note-completion：let the students listen for a second time and complete the notes about the conversation with the missing information.</td><td>听中活动点评：
活动 1：培养学生听主旨、解决问题的能力。

活动 2：培养学生精听细节的能力。</td></tr>
<tr><td>Post-listening tasks：
1. competition：using the same map on the blackboard，students work in two teams，team one decides a hiding place and tells a student from group two secretly，this student should describe the place without naming it directly to help his/her teammates to find out the location. Then the two teams change their roles and continue the same procedure. The team using the less time totally to find out the locations wins.
2. description：working in pairs，student A describes the way from school to his/her home and the typical buildings or landmark around the home. Student B draws a map based on the description. Student B can ask questions for clarification to help the drawing. Then they change their roles.</td><td>听中活动点评：
活动 1：属于听说技能整合任务。被选中进行描述的同学必须学习听力材料中的表述方法和词汇，准确描述地点；其他队内同学必须利用上一阶段训练的技巧策略听取信息解决问题。比赛形式既能刺激兴趣和动机，又增加时间压力，提高活动难度。

活动 2：培养学生实际应用语言的能力。学生学习如何互动、协作、交换信息。</td></tr>
<tr><td>Extension task：write a short passage to describe the location of the school/teaching building/sports ground，etc. and report it orally next time in the class.</td><td>拓展任务：
听、说、写的整合。</td></tr>
</table>

以上的听力课教学设计只是一种参考。在实际教学设计中，即使使用相同的教材，还要考虑到学生的语言程度、个性特点、学校的设备条件、教师当节课具体的教学目标等方面，灵活安排教学。

思考和练习

1. 什么是听力？理解听力的含义对英语教学有何影响？

2. 你认为听力理解在英语语言教学中应该占多少比例？为什么？

3. 听力课上应该教什么听力策略？如何教？

4. 你是如何理解图式理论/语用学理论/关联理论/二语习得理论对听力教学的影响的？

5. 听力教学原则对你有何启发？

6. 学完本章后，请评价分析你以前的听力教学，并写出一份新的听力课教案。

参考书目

[1] Austin, J. *How to Do Things With Words* [M]. New York: Oxford University Press, 1962.

[2] Bacon, S. M. The Relationship Between Gender, Comprehension, Processing Strategies, and Cognitive and Bffective Response in Foreign Language Listening [J]. *Modern Language Journal*, 1992, 76 (2).

[3] Brown, Gillian, A. Anderson, R. Shillcoch & G. Yule. *Teaching talk* [M]. Cambridge: Cambridge University Press, 1984.

[4] Celce-Murcia, M. *Teaching English as a Second Language* [M]. 北京：外语教学与研究出版社，2007.

[5] Chaudron, C. & J. C. Richards. The Effect of Discourse Markers on the Comprehension of Lectures [J]. *Applied Linguistics*, 1986.

[6] Dejong, N. Can Second Language Grammar be Learned Through Listening? An Experimental study [J]. *Studies in Second Language Acquisition*, 2005 (27).

[7] Goh, C. C. M. *Teaching Listening in the Language Classroom* [M]. 北京：人民教育出版社，2007.

[8] Guichon, N. & S. Mclennan. The Effects of Multimodality on L2 Learners:

Implications for CALL Resource Design [J]. *System* , 2008 (36).

[9] Harmer, J. *The Practice of English Language Teaching* [M]. 北京：世界知识出版社 , 2003.

[10] Hedge, T. *Teaching and Learning in the Language Classroom* [M]. 上海：上海外语教育出版社，2007.

[11] Krashen, S. *The Input Hypothesis: Issues and ImpliCations* [M]. Harlow: Longman, 1985.

[12] Libermam, A. The Grammars of Speech and Language [J]. *Cognitive Psychology*, 1970 (1).

[13] Libermam, A. , F. Copper, D. Shankweiler & M. Stud Dertkennedy. Perception of Speech Code [J]. *Psychological Review*, 1967 (74) .

[14] Lynch, T. The Development of Interactive Listening Strategies in Second Language Academic Settings [A]. In: D. J. Mendelsohn & J. Rubin eds. *A Guide for the Teaching of Second Language Listening* [M]. San Diego, CA: Dominie Press, 1995.

[15] Lynch, T. & D. Mendelsohn. Listening [A]. In: N. Schmitt. *An Introduction to Applied Linguistic* [M] . 北京：世界图书出版公司北京公司，2008.

[16] Marslen-Wilson, W. Functional Parallelism in Spoken Word Recognition [J]. *Cognition* , 1987 (25).

[17] McClelland, J. & J. Elman. Interactive Processes in Speech Perception the TRACE Model [A]. In: J. McClelland, D. Rumelhart & the PDP Rearch Group. *Parallel Distributed Processing: Vol. 2 Psychological and Biological Models* [M]. Cambridge, MA: MIT Press, 1986.

[18] Morton, J. Internction of Information in Word Recognition [J]. *Psychological Review*, 1969 (76).

[19] Morley, J. Aural Comprehension Instruction: Principles and Practices. In: M. Celce-Murcia. *Teaching English as a Second Language* [M]. 北京：外语教学与研究出版社 , 2007.

[20] O'Malley, J. M. , A. U. Chamot & L. Kupper. Listening Comprehension Strategies in Second Language Acquisition [J]. *Applied Linguistics* , 1989, 10 (4).

[21] O'Malley, J. M. & A. U. Chamot. *Learning Strategies in Second Language Acquisition* [M]. Cambridge: Cambridge University Press, 1990.

[22] Peterson, P. W. Skills and Strategies for Proficient Listening [A]. In: M. Celce-Murcia. *Teaching English as a Second Language* [M]. 北京：外语教学与研究出版社，2007.

[23] Richards, J. C. *The Language Teaching Matrix* [M]. 上海：上海外语教育出版社，2002.

[24] Rost, M. The Interaction of Listener, Text and Task [D]. PhD thesis, University of Lancaster, 1987.

[25] Rost, M. *Listening in Language Learning* [M]. Pearson Education Ltd, 1990.

[26] Rost, M. *Teaching and Researching Listening* [M]. 北京：外语教学与研究出版社，2005.

[27] Rubin, J. A Review of Second Language Listening Comprehension Research [J]. *The Modern Language Journal*, 1994 (78).

[28] Schmitt, N. *An Introduction to Applied Linguistic* [M]. 北京：世界图书出版公司北京公司，2008.

[29] Smidt, E. & V. Hegelheimer. Effects of Online Academic Lectures on ESL Listening Comprehension, Incidental Vocabulary Acquisition and Strategy Use [J]. *Language Learning*, 2004 (17).

[30] Sperber, D. & D. Wilson. *Relevance: Communication and Cognition* [M]. 2nd ed. Oxford UK and Cambridge USA: Blackwell Publishers Ltd, 1995.

[31] Sperber, D. & D. Wilson. *Relevance: Communication and Cognition* [M]. Oxford: Basil Blackwell, 1986.

[32] Swain, M. Three Functions of Output in Second Language Learning [A]. In: G. Cook & B. Seidlhofer eds. *Principles and Practice in Applied Linguistics* [M]. Oxford: Oxford University Press, 1995.

[33] Ur, P. *Teaching Listening Comprehension* [M]. Cambridge: Cambridge University Press, 1984.

[34] Wodak, R. *Disorders of Discourse* [M]. London: Longmam, 1996.

[35] Vandergrift, L. Recent Developments in Second and Foreign Language Listening Comprehension Research [J]. *Language Teaching*, 2007 (40).

[36] 陈吉棠. 记忆与听力理解 [J]. 外语界，1997 (3).

[37] 陈吉棠. 再论记忆与听力理解 [J]. 外语界，2002 (3).

[38] 陈曦．试论心理词汇对大学英语听力教学的启示［J］．外国语言文学，2003（1）．

[39] 陈晓茹，吴少跃．大学英语听力教学与元认知策略的培养［J］．广东外语外贸大学学报，2007（11）．

[40] 谌莉文．英语听力理解中的语用推理［J］．外语教学，2005（1）．

[41] 方玲玲，黄广玲．从关联理论看听力焦虑情绪的缓解［J］．华南师范大学学报，2002（6）．

[42] 桂世春．新编心理语言学［M］．上海：上海外语教育出版社，2000．

[43] 郭瑞芝．语言学：语音与听力玄机透视［J］．外语与外语教学，2003（3）．

[44] 韩世辉，朱滢．认知神经科学［M］．广州：广东高等教育出版社，2007．

[45] 韩晓方，温美昕．论听力理解过程中的解码行为［J］．外语电化教学，1998（4）．

[46] 胡觉明．听力理解中的意图推理［J］．外语与外语教学，2004（4）．

[47] 黄子东．话题熟悉程度、语言水平和问题类型对 EFL 听力理解的影响：一项基于图式理论和关联理论的实验研究［J］．现代外语，1998（4）．

[48] 黄子东．西方二语/外语听力理解策略研究述评［J］．外语界，1998（2）．

[49] 靳涵身．语用推理对听力理解思路的启示［J］．四川外语学院学报，1999（1）．

[50] 蒋苏琴．克拉申二语习得理论和多媒体辅助英语听力教学——一项基于大学英语教改模式的实证研究［J］．外语学刊，2010（3）．

[51] 李冬梅．近 10 年来关联理论在中国的研究［J］．四川外语学院学报，2002（2）．

[52] 林莉兰．网络自主学习环境下学习策略与学习效果研究——英语听力教学改革实验［J］．外语研究，2006（2）．

[53] 林琼．第二语言听力理解不成功者的元认知研究［J］．外语界，2002（2）．

[54] 刘道义．新高中英语教与学［M］．北京：人民教育出版社，2006（8）．

[55] 刘绍龙．外语听力一声学信号的被动接收吗 [J]．现代外语，1994 (3)．

[56] 刘绍龙．背景知识与听力策略一图式理论案例报告 [J]．现代外语，1996 (2)．

[57] 刘思．英语听力词汇量与阅读词汇量 [J]．外语教学与研究，1995 (1)．

[58] 罗立胜，白杰．理工科学生英语课外听力情况调查与研究 [J]．外语与外语教学，2005 (8)．

[59] 秦秋．在听力教学中加强联想与推理能力的培养 [J]．外语界，1995 (3)．

[60] 任晓涛，许家金．语篇理论在英语听力教学中的应用 [J]．外语界 2002 (2)．

[61] 施渝．国外二语听力元认知研究综述 [J]．外语界，2009 (1)．

[62] 王颖，黄利玲．语音教学应摆在听力教学的首位 [J]．北京第二外国语学院学报，2001 (4)．

[63] 王宇．策略训练与听力教学 [J]．外语与外语教学，2000 (8)．

[64] 王艳．输入方式与听力词汇习得——一项听力词汇习得实验的报告 [J]．国外外语教学，2002 (2)．

[65] 汪福祥，蒋志森．模糊逻辑模型与交股模型的解析与重组 [J]．外语教学，2002 (6)．

[66] 汪兴权．图式理论在听力理解中的作用与应用 [J]．四川师范学院学报，1999 (1)．

[67] 杨连瑞，张德禄，范琳，刘静，卢敏．二语习得研究与中国外语教学 [J]．上海：上海外语教育出版社，2007.

[68] 中华人民共和国教育部．全日制义务教育普通高级中学英语课程标准（实验稿）[S]．北京：北京师范大学出版社，2001.

[69] 中华人民共和国教育部．普通高中英语课程标准（实验） [S]．北京：人民教育出版社，2003.

[70] 杨坚定．听力教学中的元认知策略培训 [J]．外语教学，2003 (7)．

[71] 延辉．言语听辨中的词汇提取 [J]．山东师范大学外国语学院学报（基础英语教育），2003 (3)．

[72] 郑厚尧，李祖明．听力理解与短时记忆 [J]．外语界，2002 (3)．

[73] 周相利．图式理论在英语听力教学中的应用［J］．外语与外语教学，2002（10）．

[74] 周丹丹．二语课堂中的听力焦虑感和情感策略［J］．国外外语教学，2003（3）．

[75] 周英．歧义容忍度对英语专业学生听力理解的影响［J］．解放军外国语学院学报，2000（7）．

[76] 周光磊，杨世登．视频辅助功能对英语专业学生听力理解的影响［J］．解放军外国语学院学报，2004（5）．

第10章

英语口语教学

口语和笔语、身势语一样，是人类交流信息和表达思想的方式之一。英语口语教学一直是外语教学的难点，许多人学了多年的英语还是不会讲英语。尽管人们都承认口语教学的重要性，但实际上口语教学并没有得到应有的重视。《英语课程标准》（教育部，2001）和《普通高中英语课程标准》（实验稿）（教育部，2003）对口语教学的目的、要求作了详细的描述，体现了口语教学的新理念。但在实际教学的过程中，教师们可能会遇到口语教学的各种问题和困惑，可能需要运用较新的理论和研究成果来指导自己的教学。本章首先探讨英语口语教学的内涵；接着回顾英语口语教学的相关理论和研究；然后讨论英语口语教学的原则；最后探讨英语口语教学的实际操作。

10.1 什么是英语口语教学

10.1.1 什么是口语

口语是语言存在的最基本形式。从语言的起源与发展来看，口语是第一位的，书面语是第二位的；从输入输出的角度来看，口语是一种语言输出活动；从方向性和形态的角度来看，口语是一种产出性口头技能（Bailey，2007）。口语是"涉及产生、构建意义的互动过程，并且通常是自然生成的、开放的、不断发展的"（Florez，1999）。

口语是综合性技能，是几个层面的综合体，它涉及语篇、结构和语言产生层面。这三个方面跟篇章语言学、词汇和语法、音位学和语音学以及其他理论语言学和应用语言学领域有着密切的关系。要学会一门活的外语，要想成功地进行交际，需要其他方面知识的配合，如目的语中的文化、政治、社会互动模式、礼貌准则等（Hughes，2005）。

里弗斯（Rivers）认为，口语分为两个层次：技能的获得和技能的运用。前者是掌握口语技能，后者则是运用已掌握的口语技能真实地表达和交流思想。准确的语音、正确的句子是口语技能的基础层次，而培养良好的语感，说出地道流利的英语，则是口语技能的高级层次。（Rivers，2000）

口语有区别于笔语的特点。柏格特（Bygate，1987. 见：王蔷，2008：157）认为，口语有如下四个普遍的特征：

（1）使用不太复杂的句法。

（2）使用短式语言，如不完整句子。

（3）使用习惯用语及语块等。

（4）使用如 Um-hum，Well，OK 等小词来填充时间、表示犹豫以赢得时间来思考或计划要说的话语。

口语有即时性和时间限制的压力（王蔷，2008）。一般的口语具有即时性，表现在口语中充满重复、不完整的句子、短语、套语、语块等。此外，口语的即时性表现在口语是在一定的时间里发生的，说话者必须具有在现场即时产生没经过计划的语言的能力，否则听者会失去耐心和与其交际的愿望。

口语语言遵循某些特别的模式（pattern）和会话常规。会话要顺利进行，一方面要有好的话题，另一方面是会话双方都应该遵守会话的规则。会话者要知道什么时候守住话轮及话轮的长短的知识，要知道怎样插入、预测或推断会话的发展趋势，如何转换话题，在对语言进行加工时如何使用停顿和填塞词等。

综上所述，口语是一种产出性口头技能，它涉及多种技能和知识，口语技能具有层次性，它涉及一系列的交际过程、模式和规范，并具有即时性的特点。

10.1.2 英语口语教学的内容

根据《高中英语课程标准》（实验稿）（2003：28），高中英语口语要培养的口语技能有：引出话题、维持交谈、插话、转移话题、话轮转换、引起注意、澄清意思、请求澄清、表示倾听和理解、预示和结束谈话以及利用语音、语调表达意思。通过对这些技能的培养，要达到“提高说的准确性、得体性、流利性和连贯性，增强语感”的教学目的。

口语教学的内容包括教学生利用语音语调表达正确的意思。语音语调有一定的表意功能。人一开口说话，就涉及语音语调，如轻重缓急、高低起伏、音调音质等。语音不但反映一个人的身份或社会属性，而且还决定其话语是否清晰可辨。教学中要关注句子层面的语音语调，更要关注口语语篇中的语音语调。“如果发不出你想发的音，那么就无法表达你想表达的意思”（Lewis & Hill，2009：29），这句话充分说明了口语教学中语音教学的重要性。

口语教学应该让学习者了解口语的特征（张文忠，2006）。口语有其自身的语法和词汇。例如，在口语语篇中，当谈话内容涉及听者的时候，疑问句通常省略主语和辅助动词；口语中常见的词汇模式是重复单词、使用同义词和反义词等。了解口语的特征有利于提高说的得体性。

无论是第一语言还是第二语言的口语学习，都涉及学习具体、细致的关于交际的知识和互动的技能（Burns & Seidlhofer. In：Schmitt，2008）。帝莫西（Timothy，1987）认为，怎样开始说话是一个重要的问题，怎样结束谈话也是一个值得研究的问题（徐江，2007）。话轮转换技巧对会话的成功起着至关重要的作用。话轮转换对于本族语者来说很容易而且很自然就可学会，但对于二语学习者来说却是不容易的事情（Slade，1986. In：Richards，2002：69）。口语教学还应培养学生在互动中进行意义磋商的技能，如确认检查（confirmation check）、澄清请求（clarification request）和理解检查（comprehension check）等。

10.2 外语口语教学的相关理论和研究

10.2.1 英语口语教学理论

（1）直接法和间接法。

理查兹（Richards，2002）提出，口语教学有两种方法，即直接法（direct approach）和间接法（indirect approach）。直接法主张明确地教授具体的会话技能，重视非正式会话（casual conversation）的过程和涉及的策略，认为要培养学生流利的口语能力，口语教学的内容既要涉及话轮转换、话题控制和话语修补等策略，又要涉及遵守会话规则、正确发音、流利使用语言以及区分正式会话和非正式会话的语体差异等过程。

间接法则主张在会话互动中教授口语，并把会话能力看做学生参与会话互动的结果，即在会话互动中形成会话能力。二语习得研究者认为，在会话互动中说话者有重构语言的机会，以便交谈双方能够互相理解。在互动的过程中，语法结构得到更清晰的展示和理解，说话者的语言能力也因之逐渐得到提高。因此口语课的首要任务是为学生提供交际任务，让其进行语言互动。

这些互动通常是以对子和小组形式进行的生生互动，涉及信息的分享和意义的磋商（Johnson，1982. In：Richards，2002）。

直接法具有明确的教学目标，每一个口语活动都有一定的技能培养目标，具有可操作性、计划性和针对性。教师根据课程目标和教材内容可系统设计目标，然后分步完成，一个活动可重点培养一个技能，这样积少成多，以致完成教学大纲或计划中规定的技能目标。学生则在学习技能、应用技能的过程中不断地提高自己的口语能力。从目前中学英语的课堂实施情况来看，直接、明确地培养学生某一具体口语技能的课不多，但教师应该有这方面的意识。

间接法的教学目标不是直接发展学生的某个口语技能，而是以交际为目的，重在意义的表达。口语技能通过语言互动习得和发展，是互动的副产品。技能的获得是隐性的，技能的培养针对性不强，过程也可能较慢。因为没有明晰的要求和指导，有的口语活动可能会涉及某一技能，但由于没得到注意和强化，因而失去内化成学生语言能力的机会。实际上，间接法没有形成具有可操作性的固定模式。

（2）3P 教学法和任务型教学。

3P 教学模式（Presentation-Practice-Production，介绍—练习—产出）可以用来教口语。根据这个模式，教师先演示某个新知识点或技能，然后让学生练习教师布置的或教科书上的作业，旨在熟练掌握所学习的知识点或技能，最后运用所学的知识/技能来表达自己的思想。3P 模式重点放在某一种语言形式上，它的活动过程是从准确到流畅。

该方法的不足之处在于，呈现阶段和练习阶段缺乏真实的交际需要，学生为练习而练习，交际能力得不到应有的训练；其优点是教学目标清楚、系统，教师易于执行和检查，学生易于看到自己的学习成果（文秋芳，2001）。努南认为 3P 模式有利于学生掌握语音和句法结构，但它的练习或活动基本上都是复制式的（reproductive），没有给学生提供创造性使用语言的机会（Nunan，2001：241）。

任务型教学（TBLT）也可用来教口语。哈默（Harmer，2001）认为，任务型教学方法与 3P 正好相反，教师先让学生完成任务，当任务完成后，教师才与学生讨论语言的运用过程，并对使用不当或错误给予恰当的建议或纠正。如前所述，口语能力的培养要通过大量的互动，而任务型教学的特点之一是大量的对子、小组活动，学生在完成任务的时候，运用语言的机会大大地增加了。TBLT 能够把听、说、读、写四种技能结合起来，它的活动过程是从流畅到准确加流畅（龚亚夫、罗少茜，2003：82）。

10.2.2 英语口语教学研究

根据马卡洛（Macaro，2008）关于口语互动研究综述的框架（蔡金亭，2008. In：Macaro：D26），下面将从五个方面对国内外的口语互动研究进行简述。

（1）互动理论与说的技能。

心理语言学的研究表明，人们掌握语言主要靠互动。互动意味着学生的注意力集中在运用语言去表达和接受真实的信息（Rivers，1987）。互动假说（Long，1981，1983，1985）认为，当说话者有机会接收和参与会话调整（modification）时，语言习得的机会最大化。朗（Long）重视可理解输入，但他更重视发生在双边交际活动中的互动和意义磋商时产生的语言调整。朗的研究表明，互动有助于习得新词（Newton，1995）；在本族语者和非本族语者的互动中，不仅有结构的调整，还有词汇的调整，而且词汇调整对词汇的习得的帮助更明显。斯温纳（Swain，1985）提出了可理解输出假设，认为学习者要掌握较强的口语能力，必须被迫多说。吴（Wu，1998）和皮卡（Pica，1994）的研究表明，虽然互动过程中的意义磋商为学习者提供更多的注意二语形式的机会，但意义磋商是否直接导致形式的习得还缺乏足够的证据。因此，在二语教学中，既要为学生提供互动的机会，也要组织明确的针对语言形式的教学活动。

（2）学习者之间的互动。

学习者之间的互动通常是通过小组活动的形式进行的。马卡洛指出了传统课堂教学中小组活动较少的三个原因：①教师认为在交际输出之前应该对学生输入语言；②教师担心学生开展小组活动时会脱离任务、离题以及使用母语；③教师担心学生不正确的语言会给同伴不好的示范作用并使不正确的语言固化。从相关研究的证据可以看出，学习者之间的互动有积极的作用（Varonis & Gass，1985；Pica et al.，1996），尤其是它对词汇习得有帮助（Ellis & He，1999）。因此学生和教师大都对学习者之间的互动持肯定态度；但也有人提出反面的证据（Garrett & Shortall，2002）。有的生生互动研究针对小组活动时学生是否会坚持用二语完成任务（Brooks & Donato，1994；Brooks et al.，1997；Anton & DiCamilla，1998；Knight，1996）；有的学者研究了小组会话各成员之间的相对水平（Iwashita，2001）、信息空缺任务与开放式会话任务对中介语的影响（Nakahama et al.，2001）。另外，还有学者研究小组活动时教师是否应该、何时、以何种方式对互动进行干预（Macaro 1997；Lynch，1997）。马卡洛认为，生生互动是一种很有价值的教学活动，在某种程度上解决大班教学中语言练习量的问题。

目前国内有关外语小组合作学习的研究很多，但对小组活动开展实证研究的学者却很少。庞继贤、吴薇薇（2000）针对两种任务类型（信息轮流交换型任务和信息自由提供型任务）对参加小组活动的中国大学生的交互影响进行了研究。结果表明，轮流交换型任务比自由提供型任务能产生更多的交互修正；任务的主题在小组活动中起着重要作用。该研究还考察了小组活动中中国学生的表现特点和教师的作用。梁文霞（2006）通过收集和分析英语课堂学生小组对话语料探讨了话语共建现象。该研究发现，话语共建现象是学生英语对话中的一种常见特征。话语共建包括求助、续说、他人修正、自我修正和使用激励词五种行为，其中求助和续说较多，是学生在课堂小组对话中的独有特征。此外，张萱（2010）对不同二语水平的英语学习者对子在完成不同类型的口语交际任务时所开展的形式磋商进行研究，发现学生在交际策略上还存在激励词使用单一的问题。

（3）教师与全体学生互动的质量。

教师与全班学生的互动是二语课堂教学中最常见的互动模式，其质量直接决定二语教学的成效。崔（Tsui，1992）在其研究的基础上提出了五条关于优质互动的标准：①互动必须能够满足大多数学生的需要；②互动必须确保学生能够在心理语言方面得到进步；③互动必须为学生提供足够的时间和空间，以便他们能够对信息进行解读、提取和加工；④互动应该考虑到社会语言因素如减缓学生压力等；⑤互动应该考虑到教师反馈是否对前面几点产生明显效应。崔（Tsui，1995）指出了取得高质量的互动的路径。对教师与全班学生的互动研究可以归纳为从心理语言学角度和从社会语言学的角度出发的两类研究。心理语言学角度的研究表明：教师与全体学生的互动有利于中介语的发展（Anton，1999）；互动的质量比数量更重要（Wash，2002）；教师重复学生的话语或答案有利有弊（Macaro，2008）。从社会语言学角度进行的研究结果表明：一般二语课堂中的互动不仅数量少而且质量差（Westgate et al.，1985），有许多不尽如人意之处（Macaro，1997）；所有教师对学生话语的态度和反馈具有很强的相似性（Breen，2001）；对课堂互动语篇进行分析能揭示许多深层规律（Hall，1996，1998）。

（4）流利度与准确度。

口语的准确性、流利性孰轻孰重一直是外语界争论不休的问题。准确指输出符合语音、词汇、语法、句法和篇章等规则的句子的能力（刘润清，1992）。流利指使用语言时的轻松、流畅和快捷（Crystal，1987）。列农（Lennon，1990）认为，流利只是考察口语能力的许多指标之一。在语言输出的过程中，流利和准确共存于矛盾的统一体中。在初级阶段，准确和流利是一对矛盾，重视一方可能导致忽视另一方。但在高级阶段，当流利和准确转变为自动行为时，矛盾的双方才能达到统一。流利和准确均有赖于自动性的出现（周红红，2001）。

针对我国的国情，有学者提出准确在前，流利在后，在准确的基础上要求流利。准确是流利的基础，流利是准确的体现。若没有正确的语言能力而设法去发展流利的能力，其结果必然是“不准确加不流利”，而不可能是“既准确而又流利”（张健，2006）。

国内外关于流利度和准确度的研究较多。莫里斯（Maurice，1983）为了提高学习者英语口语流利性而设计了4/3/2活动。我国学者张文忠（2002）、周爱洁（2002）、孟凡韶（2009）等从不同的角度对4/3/2活动进行了实证研究。

国外学者（Skehan，1996；Lesson，1975；Faerch et al.，1984；Sajavaara，1987；Forster & Skehan，1996）认为，缺乏自动化的二语知识，不能快速提出二语成例等是影响第二语言流利性的主要因素，而影响第二语言言语流利性最关键的因素是不能在大脑中牢固储存高速清晰的第二语言语音和完整实在的语义（韦朝晖，2002）。

何安平、徐曼菲（2003）对英语语篇标识语中的口语小品词进行研究，她们认为这类小品词有助于提高学生英语口语的流利性。语块可以提高英语口语的流利性。本族语者之所以能够进行流利的会话交际就是因为他们在交际中采用了一种链接策略，他们在说话时只需将大量语块链接起来，便可组成话语（毛澄怡，2008）。原萍、郭粉绒（2010）对语块与二语口语流利性的相关性进行了研究。他们从语块角度探讨了口语流利性，考察了语块运用与口语流利性之间的关系。

张东昌、杨亚军、李蓉（2004）系统地分析了影响中国学生英语口语流利性的25个因素，结果表明：说英语的“机会”与“环境”是最突出的影响因素；“动机”、“听”与“目标语文化的了解”的影响次之，其他因素也与口语流利表达程度有着密切的相关性。

语音语调是口语能力的组成部分，因此语音语调也是口语准确度的重要内容。艾略特（Elliot，1995）对语音的准确性做了研究。他探讨的问题是显性的语音教学（explicit pronunciation instruction）是否能提高学生语音。语调的准确度不容忽视，因它既影响意义的表达，也是说话者完成话轮的标志。莱维斯（Levis，1999）为语调教学提供了一系列具体指导。马卡洛认为，语调可以作为学习者弥补语言能力不足的一种交际策略。

（5）口语交际策略的研究。

交际策略是二语学习者用来解决交际中实际困难的技巧，可以补偿目的语语言知识的不足，也有人认为可以补偿语篇知识和社会知识的缺乏（Kasper & Kellerman，1997）。在口语任务中，策略意识和策略训练是间接提高学习者第二语言运用能力的有效方法，教师应该将交际策略的讲授融入课堂教学中（Macaro，2008：D28）。科恩（Cohen，2000）认为近期关于口语交际策略的实验干预性研究已经取得了一定的进展。一些中学、大学进行了涉及口语策略的实验干预性研究。研究结果表明，允许师生发挥创造性的策略教学对口头交流和各种策略应用具有积极的作用。多恩耶在匈牙利一些学生中进行为期 6 周、每周 3 学时的训练，将策略融于普通的英语教学中。该研究结果表明，明确的交际策略教学确实有益。美国明尼苏达大学采用策略教学法，将语言学习策略和应用策略融于自然的语言教学中，以便帮助学生提高外语口语表达能力。该研究结果表明，实验组的学生在语言策略应用方面有所进步，而且这种进步与其语言能力的提高成正比（Cohen，2000，见：高晓芳、袁瑀，2004）。近年来，国内学者也开始关注和研究口语中的交际策略，但国内对口语交际策略的研究还处于初始阶段，与国际研究差距巨大；大多研究属于理论探索或描述性研究，而开展实证研究或实验干预性的学者还不多（高晓芳、袁瑀，2004；孔京京，2004）。

10.3 中学口语教学原则

10.3.1 听说结合的原则

外语学习首先要多听多说，多听才听得清，多说才说得准（王宗炎，2002）。听和说是口语互动中不可分割的两个方面，听离不开说，说离不开听，单纯去训练其中某一技能都是片面的。

10.3.2 培养学生掌握交际策略的原则

口语互动中涉及引出话题、话轮转换、请求澄清、请求重复、获得注意、获得帮助、结束谈话等会话技巧和策略。掌握这些口语策略使交际活动能够顺利进行并取得预期的交际目的。对二语学习者来说，这些策略能力的获得是需要经过学习和练习的，也是课堂教学中容易被教师所忽视的，因此有必要在课堂教学中培养学生这方面的策略。

10.3.3 通过小组活动进行互动的原则

王初明（2009）认为，语言使用能力是在互动中发展起来的，离开互动学不会说话，儿童是这样，成人也如此，互动中潜藏着语言习得的机理。对子、小组活动能为学生提供更多独立说话的机会和时间，克服他们对开口说话的焦虑感。运用双人小组或多人小组活动能够提高学习者的动机，还能提升他们选择的能力，培养他们的独立性、创造性以及现实感（Pennington，1995. In：Bailey，2007）。通过小组活动，学生能够获得来自同伴的反馈。组织小组活动要注意下列问题：①将任务布置清楚，通过各种形式让学生清楚任务要求；②限定完成任务的时间；③给出明确指导，告诉学生活动结束后预期的结果。

10.3.4 事务会话和人际关系会话相结合的原则

从语言的功能来看，日常生活中的言语可以分为事务处理言语和人际关系言语。前者指为做某事而进行的交流，如银行职员为客户提供服务；后者指带有社交目的的交流，包括建立和维护社会关系，如聊天。努南（Nunan，1991）认为，大部分的互动过程都是一个从相对可以猜测的话题向相对不可以预测话题过渡的过程。在日常生活中，某一特定种类的事务处理言语包含的模式通常具有可以高度预测的固定性，而人际关系涉及的话题基本上都是不可预测的（Nunan，1991：42）。在口语教学中，设计的活动要尽量体现学生在现实生活中可能碰到的口语交际场景，为他们提供事务处理会话和人际关系会话的练习机会。

10.3.5 口语活动贴近学生学习和生活的原则

贴近学生学习、生活的口语任务会增强学生开口的动机。要做到这一点，教师需要做好三个方面的工作：①充分考虑学生交际的愿望和目的；②设计有趣的主题或话题；③把学生感兴趣的话题结合到口语教学内容中。对于初级学习者来说可以组织学生进行看图说话，围绕图片开展口语教学活动。

10.3.6　注意语言准确性和流利性的原则

既要开展以训练学生语言准确性为中心的活动，也要开展有利于培养学生语言流利性的活动。在技能的获得阶段，要优先考虑语言的准确性；对于高级水平的学习者来说，应该要求他们能够以正常的速度自然地讲英语，同时要保证语言的准确性。作为一个真正的口语熟练者，既要求能够讲得自然、有创造性，也要求能够说得流利和准确。

10.3.7　鼓励学生大胆说英语的原则

通常造成学生不愿意用外语说话的因素有三种：文化因素、语言因素或心理、情感因素。崔（Tsui，1996）的研究发现了语言课堂上学生不愿开口的五个原因：学生自觉语言水平低；学生担心犯错而被同学讥笑；教师提问时不能容忍沉默；话轮分配不均匀；输入难以理解。由此可见，教师要营造安全的学习环境并设置有意义的活动来激发学生开口的愿望。努南（Nunan，2001：241）认为口语教学的重要原则是为学生提供充分的、在有意义的语境中练习目的语的机会，并且不怕学生犯错。对于语言基础差的学生，教师要善用"手脚架"（scaffolding）的教学方法，适当为学生做一些语言方面的铺垫。对于高年级的学生来说，他们已经具备了一定的用外语表达思想的口语能力和策略，他们当中有些人安于现状而不想提高自己的口语能力。作为教师，要鼓励他们在说英语时敢于进行新的尝试并适当冒险以便提高他们的英语口语水平。

10.4　口语教学的实际操作

10.4.1　英语口语课堂教学模式

《普通高中英语课程标准》（实验稿）（2003：29）在语言技能教学建议部分提出，口语主要教学活动有说前活动、说话活动和说后活动。说前活动重在明确目的、激发兴趣、熟悉话题和语境、做好语言准备、分配任务和角色。说话活动包括下列这些内容：描述人物和事件、报告过程和结果、角色扮演、交换信息、讨论、演讲、辩论等。说后活动通常包括下面这些内容：汇报结果、讲评、书面表达活动。

在普通中学英语教学中口语教学通常是跟听、读和写等活动结合在一起进行的。口语技能的培养主要通过一些课堂口语活动来实现。教师的作用是示范、鼓励、引导、帮助、监控和评价。

10.4.2 英语口语课堂教学活动

（1）前交际活动（pre-communicative activities）。在技能的获得阶段，一般是设计控制性活动，或“假交际”活动。这类活动大部分是为了练习或熟悉某一指定的语言结构而进行的对话，目的在于培养或提高语言的准确性。例如：

Task：Complete the following guided dialogue.

Purpose：To get more familiar with the expression “not enough”.

The material of the guided dialogue：

A：Can ________ do ________?

B：No，he/she isn't tall enough.

A：What about if he/she uses a ________? Will he/she be able to do it then?

B：I think so.

（摘自 McDonough J & C. Shaw，2004：143）

（2）交际活动（communicative activities）。在技能运用阶段，一般是设计能激发真实互动的活动。这类活动着眼于培养或提高语言的流利性。

①游戏（game）。游戏寓语言练习和运用于游戏活动中。游戏教学通常适合低年级的口语教学。例如：

交换椅子（Changing Chair）

目的：运用定语从句“Those who…change your chairs.”来发口令。

游戏内容：准备比参与游戏的学生数少一只的椅子。先由一个学生发口令，符合口令内容的学生交换椅子，每次由没有坐到椅子的学生发口令。

②根据描述画画（describe and draw）。这类活动涉及一方用语言来描述一些非言语数据，另一方根据描述的内容画图画、图表、地图等。如果听的一方不清楚，还可以用言语请求对方澄清意思。例如：

Describe and Draw：

Acitivities：Learner A has a plan of a town centre containing the High Street，churches，school，library，shops，houses. Learner B has to draw the plan as accurately as possible from the description given by learner A.

（摘自 McDonough J & C. Shaw，2004：144）

③角色扮演/模仿活动（role play/simulation）。角色扮演一般包含三个阶段：信息输入/语言输入、活动以及教师反馈。例如：

Task：If you are the guide of a travel agency，please introduce a part of UK to your tourists.

Purpose：To practise students' ability to use information they have got from reading to introduce a place.

Procedures：

1. The teacher roleplays a guide to introduce her hometown to the tourists as a model.
2. The students prepare to introducea part of UK in groups.
3. One student acts as the guide and the other group members act as tourists；they talk about the place they are visiting.
4. The teacher and the class evaluate each group's performance.

（摘自朱慧华课堂实录录像）

④讨论活动（discussion）。就一个问题进行全班或小组讨论是常见的口语交际活动的形式。讨论活动一般围绕与教材相关的话题进行。例如：

Task：Discuss in groups of four—What laws/rules will you make to keep our class in good order?

Purpose：To develop students' ability to use what they have learned to talk about something related to their life of study.

Procedures：

1. Students read about Asimov's three laws for robots.
2. Students discuss the topic assigned by the teacher.
3. The teacher chooses one speaker from each group to present in class.
4. The teacher gives feedback.

（摘自曹霞课堂实录录像）

⑤调查活动（questionnaires）。口头调查的问题可以由教师提前设计，也可在教师的指导下由学生来设计。例如：

Task：Interview the teachers by asking about their daily life.

Purpose：To practise students'ability to use present tense to talk about one's daily life.

Procedures：

1. The teacher asks the students to interview the teachers observing their lesson using what they have learned.

2. The students talked to the teachers present using "Do you. . ."

3. The teacher asks the students to give a report of what they have found about their interviewees' daily life.

（摘自熊佳课堂实录录像）

⑥口头讲介（oral presentation）。口头讲介一般包含五个环节：阅读相关材料；做笔记或找出要讲介的相关信息；借助图表、投影仪等工具或手段进行讲介；同伴做笔记准备对讲介人进行提问；师生对讲介进行评价。例如：

Task：Make an Olympic Speech

Purpose：To practise students' ability to use language to make an oral speech.

Procedures：

1. The students are asked to prepare to make an Olympic speech in groups of four.

2. The teacher gives them a model speech.

3. The students set out to prepare the speech in groups.

4. The students choose a student to present their speech in front of the class.

5. The teacher gives feedback to the speeches.

（摘自李倩课堂实录录像）

⑦辩论（debate activities）。辩论是中学生喜欢的口语活动方式，好的话题能够激发学生参与的热情。辩论话题的设计应考虑热点问题、学生的兴趣和语言水平等。例如：

Task：Debate：Do you like CAI or dislike CAI?

Procedures：

1. The teacher divides the students into several groups.

2. Some groups are "for" CAI and the other are "against" CAI.

3. The "for" groups and the "against" groups work at their own reasons respectively.

4. The teacher asks the "for" groups and the "against" groups to present and defend their own view.

5. The teacher assess each group's performance and decides which group is the winner.

（摘自邓宁霞课堂实录录像）

（3）生生互动案例。下面是摘自 K. E. Johnson 的生生互动案例的一个片段，这个片段是两个学生以对子的形式一边阅读教师发给的材料一边进行讨论，他们讨论的话题是妇女要不要工作。阅读这个案例时请注意下面三点：①生生互动的结构；②互动中产生的语言类型和所用语言的功能；③学生使用语言去解决意见分歧的方式。

（Student pair of Kumiko and Eva）

1. Kumiko：（reads from handout）Too many women hold jobs today.

2. Eva：What's this?

3. Kumiko：What?

4. Eva：Hold jobs?

5. Kumiko：Women must have the job，"holding a job" means keeping a job，I have a job...

6. Eva：Oh，OK，not hold like this?（signals with her hand）

7. Kumiko：No，"hold a job" means I have a job so I hold it，like I hold on to it because it is my job，so I hold a job.

8. Eva：I don't agree.

9. Kumiko：Yeah，I think only men agrees，they want women to get back in home，to clean and cook and be with children. In Japan，all men think this way，but women don't agree. They want to work and have a job and money and be

independent from men，but it is very difficult there because everyone think it's better if women are home.

10. Eva：Yeah，but in my country there are too many jobs so the women must work，and some don't want to but they must so they are not happy，some want to work but some don't want to，so it is a problem，when I was in my country I had a job，and I want the job，but my friend，she doesn't want to work，but she must，and her daughter must go to the mother，and she must go to work.

11. Kumiko：Yeah，I think this is in Japan too，maybe some want and some don't...

12. Eva：I think the women must decide and if she doesn't want to go to work then she can be home，but she must decide what she wants.

13. Kumiko：OK，I agree with you，women must decide what they want.

14. Eva：Yeah，I think that is the best，OK?

在这一章中我们介绍了口语的定义和口语教学的内容，口语教学的相关理论和研究，口语教学的原则和实际操作。希望通过本章的学习，学习者能够掌握口语和口语教学的本质性的东西，在实施口语教学时能够真正地提高口语教学的成效。

目前很多中学没有单独开设英语口语课程，有的教师在进行单元或模块教学设计时，把某节课设计为口语课，但更多的教师把说和听、读、写的教学结合在一起，形成听说、读说、说写等课型。直接法所倡导的口语技能的培养分散在日常的教学中，即通过师生堂上的互动，如提问、对话以及设置讨论、辩论、讲介等活动来培养学生说的各种技能和策略。

有的教师认为口语教学容易组织，为学生提供几个有趣的话题就可以；有的教师则认为口语教学很难操作，因为一个教学班通常只有寥寥可数的几个口语能力较好或敢于冒险的学生愿意开口，而更多的学生表示沉默，他们对如何推动、激发全体学生的参与束手无策；有的教师对自己的口语能力都不自信；有的教师则认为农村学生基础太差，口语教学难以实施，等等。以上种种说明教师们对口语教学的认识和实施还需要正确的指引。

思考和练习

1. 在英语口语教学中你碰到的最大问题是什么？

2. 为什么要教学生意义磋商的技能？

3. 说说你对直接法和间接法用于英语口语教学的看法和体验。

4. 你认为哪一条口语教学原则最重要？说出你的理由。

5. 结合你所使用的教材，举例说明如何设计有意义的口语任务。

6. 作为教师，怎样对待学生口语输出活动中的错误？

参考书目

[1] Bailey, K. M. *Practical English Language Teaching: Speaking* [M]. Beijing: Higher Education Press, 2007.

[2] Boxer, D. & A. D. Cohen. *Studying Speaking to Inform Second Language Learning* [M]. Beijing: World Publishing Corporation, 2007.

[3] Cohen, A. D. *Strategies in Learning and Using a Second Language* [M]. Beijing: Foreign Language Teaching and Research Press, 2000.

[4] Crystal, D. *The Cambridge Encyclopedia of Language* [M]. Cambridge: Cambridge University Press, 1987.

[5] Harmer, J. *The Practice of English Language Teaching* [M]. Beijing: World Affairs Press, 2003.

[6] Johnson, K. E. *Understanding Communication in Second Language Classrooms* [M]. Beijing: People Education Press, 2000.

[7] Lewis, M. & J. Hill. *Practical Techniques for Language Teaching* [M]. Beijing: Foreign Language Teaching and Research Press, 2009.

[8] Macaro, E. *Teaching and Learning a Second Language: a Guide to Recent Research and Its Application* [M]. Beijing: World Publishing Corporation, 2008.

[9] McCarthy, M. *Spoken Language & Applied Linguistics* [M]. Beijing: World Publishing Corporation, 2006.

[10] McDonough, J & C. Shaw. *Materials and Methods in ELT: a Teacher's Guide* [M]. Beijing: Peking University Press, 2004.

[11] Nunan, D. *Second Language Teaching and Learning* [M]. Beijing: Foreign Language Teaching and Research Press, 2001.

[12] Rivers, W. M. *Interactive Language Teaching* [M]. Beijing: People Education Press, 2000.

[13] Schmitt, N. *An Introduction to Applied Linguistics* [M]. Beijing: World

Publishing Corporation, 2008.

[14] 傅瑞屏．高中英语口语教学的两种方法［J］．中小学外语教学，2010（4）．

[15] 龚亚夫，罗少茜．任务型语言教学［M］．北京：人民教育出版社，2003.

[16] 梁文霞．英语课堂学生小组对话中的话语共建［J］．解放军外国语学院学报，2007（1）．

[17] 教育部．普通高中英语课程标准（实验稿）［S］．北京：北京师范大学出版社，2003.

[18] 庞继贤，吴薇薇．英语课堂小组活动实证研究［J］．外语教学与研究，2000（6）．

[19] 王初明．学相伴用相随——外语学习的学伴用随原则［J］．中国外语，2009（5）．

[20] 王蔷，程晓堂．英语教学法教程［M］．北京：高等教育出版社，2008.

[21] 王宗炎．防治三病，坚持四多［J］．外国语，2002（5）．

[22] 杨军．口语非流利产出研究述评［J］．外语教学与研究，2007（4）．

[23] 张健．听说并重，口语领先——略论中国英语口语教学中的三个对立统一关系［J］．外语电化教学，2006（5）．

[24] 张文忠．第二语言口语流利性发展的定性研究［J］．现代外语，2000（3）．

[25] 张文忠，郭晶晶．模糊评分：外语口语测试评分新思路［J］．现代外语，2002（1）．

[26] 张文忠，吴旭东．第二语言口语流利性发展定量研究［J］．现代外语，2001（4）．

[27] 张文忠．4/3/2 口语练习法之能为与不能为［J］，现代外语，2002（4）．

[28] 周爱洁．论 4/3/2 活动对提高英语口语流利性和准确性的影响［J］．外语教学，2002（5）．

[29] 周红红．要流利还是要准确［J］．外语电化教学，2001（2）．

[30] 曹霞，邓宁霞，李倩，熊佳，朱慧华等课堂实录录像光盘．

第11章

英语阅读教学

阅读理解是英语语言的四大能力之一，与聆听一起，是语言输入的主要途径。在论述英语技能的主次关系时，有学者（宋德生，2006）甚至把外语阅读能力放在首位，认为应该通过阅读在外语基础知识和基本技能方面打下一定的基础，为其他技能的发展立“本”。外语学习中到底应该先发展哪种技能，或者四种技能是否应该并重，对这个问题仁者见仁，智者见智。但该文提出外语习得有别于母语习得，不一定是听说领先，阅读作为“隐性能力”，相对于听、说等“显性能力”容易遭到忽视等观点，却提醒我们要重视阅读能力的培养。在以英语为母语的国家，阅读也得到相当重视：20世纪末，美国总统克林顿在白宫作“美国阅读动员报告”，英国启动“阅读是基础”运动，同时两国都投入大量资金和人力推动国民阅读能力的培养（羽离子，2002）。可见阅读能力对语言学习起着举足轻重的作用。本章将首先探讨阅读的含义，并梳理阅读模式和阅读教学的相关研究，最后具体探讨阅读教学的原则。

11.1 阅读与阅读分类

11.1.1 什么是阅读

那么，我们应该如何理解阅读？

纳托尔（Christine Nuttall，2005：2）用如下三组词总结了人们对阅读的三种不同理解：

①decode（解码），decipher（破译），identify（识别）等；

②articulate（发声），speak（说话），pronounce（读）等；

③understand（理解），respond（反应），meaning（意义）等。

若用第一组词诠释阅读，就只是片面关注到阅读理解的第一步：书面词语的识认。当然，这一步是非常关键的，因为流利的阅读者首先必须能快速识认出词语，而速度又来自于大量阅读实践。第二组词的诠释也只是解释了阅读教学的初始阶段——朗读。朗读是将书面语言有声化，是最基本的阅读技能。学生通过朗读，在眼、口、耳、心的并用下直接感知阅读内容，加快理解、培养语感。从我国的课程标准来看，从小学到中学，随着年级的升高，读的要求逐步从有声向无声过渡（英语课程标准，2001；2003）。第三组词的诠释强调阅读过程是意义的理解和交流。在这个过程中，读者不是简单被动地接受信息，而是带着一定的目的，使用各种阅读技巧去理解文本要传达的意义。

很多学者都赞同阅读的中心是产生意义。安东尼等（Anthony et al. In：Farell，2007：1）认为“阅读是通过读者原有的知识、书面语言表示的信息、阅读情景的语境三者之间动态的交互去创造意义的一个过程”。西尔伯斯坦（Sandra Silberstein，2002：12）也将阅读概括为“一种复杂的信息处理技能，在此过程中读者与文本互动以（重新）产生有意义的语篇”。

从这些诠释中，我们注意到阅读涉及文本、读者，还有读者与文本之间的交流互动。文本的文体类型、修辞结构、句法语法、词汇等因素，都对阅读理解有很大的影响。但是，不同的读者阅读相同的文本，理解会有差异，因为读者的家庭背景、社区背景、教育背景、文化背景、个人的性格特征各不相同，这些都会影响到他们对文本的理解（Robison，1985；Brown，1987）。然而读者和文本只是阅读所必需的物质实体（physical entities），真正构成阅读的是这两者之间的互动（interaction）（Aebersold，2003；吕中舌等，2004）。

11.1.2　阅读的类型

在现实生活中，读者阅读的目的各不相同。有时是对某一题目感到好奇而想通过阅读获取信息；有时是通过阅读说明或指引，学习操作步骤并进行操作；有时是为了娱乐或放松而阅读；有时是为了查找特定信息，如地址、电话号码、航班等而阅读；有时是为了交流观点、见解而阅读……不一而足。阅读目的的不同，决定了阅读风格的不同。赫奇（Hedge，2007）总结了皮尤（Pugh）、伦塞（Lunzer）和加德纳（Gardner）等人的描述，区分了外语教学中五种不同的阅读类型：

（1）接受性阅读（receptive reading）：常用于阅读短篇小说、说明文、新闻报道等。

（2）反思性阅读（reflective reading）：常用于阅读议论文等。

（3）浏览性阅读（skim reading）：快速阅读以获得对文本的整体印象。比如翻阅一本杂志时，跳过大段文字，只关注文章标题和首句，了解该期杂志所包含的大致内容；略读一篇文章时，只读其主题段落或段落的主旨句，从而了解文章的中心大意。

（4）扫描性阅读（scanning）：指快速阅读文章以获取细节等具体信息，如时间、地点、人物、事件。常用于寻阅时间表上相关安排、电话本上某个电话等。

（5）精读（intensive reading）：指为了深度地了解文本，包括语言知识和文化内涵等不同方面，而仔细地、彻底地阅读。如学生阅读文学作品、教科书范文等。

不同类型的阅读决定了读者该应用哪些不同的阅读策略、倾向于使用哪些不同的阅读处理模式、用什么样的阅读速度进行阅读。教师在阅读课堂教学上不能只局限于慢速的精读训练，而是应该考虑到现实生活中不同的阅读目的，灵活指导学生采用不同的阅读风格进行阅读，从而训练不同的阅读策略。

11.2 阅读模式和阅读教学的相关研究

上文提到，不同类型的阅读决定读者使用不同的阅读处理模式。那么，阅读处理模式有哪些呢？20 世纪 60 年代以来，对阅读理论的研究随着心理学、心理语言学、应用语言学、篇章语言学研究的发展而不断深入，产生了新见解。其中有五种阅读模式对外语教学影响最大，它们分别是自下而上模式（the bottom-up model）、自上而下模式（the top-down model）、相互作用模式（the interactive model）、图式理论模式（the schema theory model）、话语分析理论模式（the discourse analysis theory model）。下面，我们将逐一介绍这五种模式。

11.2.1 自下而上模式（The Bottom-Up Model）

自下而上模式认为，阅读过程是由一系列独立而又连贯的阅读步骤组成的，经过字母—单词—短语—句子—段落—篇章，从底层的语言单位的识别到上层的语言单位的理解，信息从低级向高级转换，并在高一级的水平上得到进一步加工。每一层的加工相对独立又互相联系。因此，这种信息加工模式被称为自下而上模式。这种观点深受结构主义语言学的影响，把阅读看成是一个解码（decoding）的过程：文本就是作者用文字、符号，应用一定的语法规则，把自己所要表达的意思编成语码，阅读者必须把语码解译，解译的过程就是从识别最小的语言单位（如英语的字母单词）到理解较大的语言单位（如英语的语篇）的建构意义的过程。按照这个模式，理解一个篇章依赖对构成篇章的句子的理解，而对句子的理解又离不开对单词的识别。因此，理解一个篇章，其实就是对组成文章的语言的理解。不言而喻，阅读理解的问题说到底就是语言方面的问题（何广铿，2001；彭聃龄等，1991）。在国内，针对汉语儿童英语阅读学习，彭鹏和陶沙（2009）通过实证研究证实，单词解码和英语语言理解对于英语阅读理解有显著的独立贡献并存在显著的交互作用。

依照这个自下而上模式去理解阅读过程的教师，在教授阅读时，主要任务就是帮助学生解决语言上的障碍，即弄清词的意义、短语的意义和句子的意义，也就是帮助学生逐字、逐句地进行阅读。

然而，这种纯粹的静态的线性的阅读模式，从一开始就受到质疑。随着人们对阅读理解过程的研究的深入和理解的加深，人们发现阅读中即使语言问题解决了，对文章的理解不一定能够解决，对作者的意图也不一定都理解清楚。这个模式低估了阅读者的主动作用，没有把阅读者看成是信息的积极处理者，忽略了阅读者对其他阅读策略的运用。针对自下而上模式的不足，古德曼（Goodman）和史密斯（Smith）在 20 世纪 70 年代初从心理学角度提出了一个完全相反的阅读理解过程的模式：自上而下模式。

11. 2. 2　自上而下模式（The Top-Down Model）

古德曼（Goodman）和史密斯（Smith）认为，把阅读看成是对一系列的词的知觉，那是把阅读过程过分简单化了。在自上而下模式里，阅读被描述为读者依靠先前记忆里所具有的句法和语义学知识进行心理猜测（Goodman, 1967），因此，该模式也被称为心理语言模式。阅读过程被分成四个步骤：预测、选验、证实、修正。按照这种模式，阅读者不必使用全部文本中的显示（textual cue），他们在文章中挑选出足够的信息来做出预测，并运用记忆里已有的知识与经验去验证他们的预测。在这个过程中，读者不是被动地接受、逐字逐词地领会文字信息，而是从整篇文章入手寻找信息，进行预测和验证的积极的思维参与者。概括起来，阅读被认为是一个从高到低的线性过程，这就是所谓的自上而下模式：整个阅读过程就是在猜测、验证、修改、继续推断这样一个循环往复的过程中完成的。

按照这个模式，相对于语言知识，阅读更加需要有关客观世界的背景知识。阅读碰到的问题有可能是语言问题，但更可能是阅读技巧问题，即怎样使用客观世界的知识去理解的问题。因此，教师在阅读教学中要培养学生在文章中寻找线索去进行预测和进行验证的能力。

一些学者（如 David E. Eskey，1998）认为，在自上而下的模式里，由于过分强调了高层次的技能，即用背景知识或语境线索等高端技巧做出意义预测，而对较低层次的能力如快速、准确地对词汇和语法结构识别的能力有所忽视。该模式淡化了阅读过程中知觉和解码的重要性而去突出流利的阅读是一个认知过程。对非熟练的英语阅读者来说，自上而下模式的解释力显然不够充分：不可否认，词汇和语法结构识别能力对外语学习者是很重要的。相对而言，相互作用模式是一种能较全面地解释阅读理解过程的理论。

11.2.3 相互作用的模式（The Interactive Model）

相互作用模式认为，信息的处理和传递并非是线性和单向的，而是双向和交互的，每个阶段并非是独立的，高端和低端的信息处理是相互影响的。该模式认为在阅读过程中的任何一个阶段、任何一个层次里，信息在这些层次之间双向流动：两种信息处理的方式总是同时进行的，并且任何一个层次的信息处理可以弥补其他层次信息处理的不足（Stanovich，1980）。自下而上的信息处理保证读者能发现新的信息和发现不同于自己假设的信息；自上而下的信息处理帮助读者消除歧义并在可能的意义方面作出选择。因此，阅读过程是读者大脑已存知识和文章的信息相互作用的过程。法雷尔（Farrell，2007）用下图形象表现了相互作用模式中阅读理解的过程：

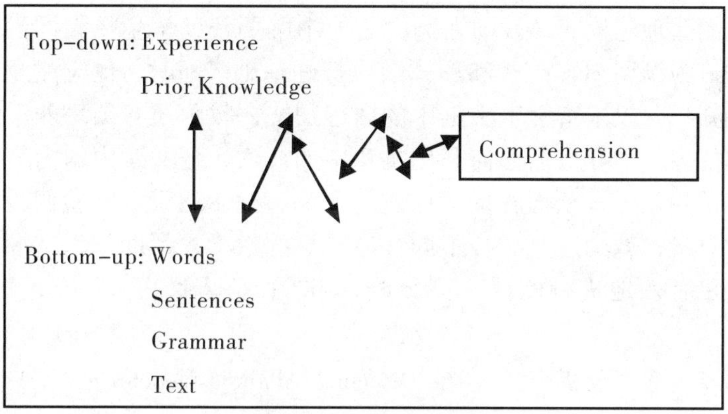

阅读理解的相互作用模式

交互模式认为，流利的读者首先具备自动化的解码技巧，并且语境解释技巧娴熟，不必花费太多的时间进行语境猜测，从而能保持较快的阅读速度。交互模式在解释阅读问题上融合了自上而下和自下而上两种观点，具有很强的说服力，对阅读教学影响相当大（吕中舌等，2004；薛锦，2009）。

11.2.4　**图式理论模式**（The Schema Theory Model）

图式理论是认知心理学家用以解释、理解心理过程的一种理论。德国哲学家、心理学家康德早在1781年就用“图式”解释知识的来源，认为大脑是由图式为媒介联结纯粹知性概念与感性直观，使知识的产生成为可能（张丽娜，2005）。认知心理学家巴特勒（Bartlett，1932）在他的《记忆》一书中提出，“图式”指“过去的反应，或过去的经验的积极组织”。根据认知心理学，人脑中的知识是以图式的形式储存在长期记忆中并形成一个庞大的图式结构，而阅读是一个创造过程。在图式理论看来，文本本身并不承载固定的意义，它输入的信息必须通过认知加工并不断与读者被激活的原有图式重新整合，才产生了意义，达到篇章的理解。因此，读者大脑里的原有图式储存的情况和在阅读活动中被激活的情况，决定了阅读理解的效率和效果，不同的读者在不同情况下便可能对阅读的文章产生不同的理解。

按照图式理论模式，读者的阅读能力由三种图式来决定，它们分别是语言图式、内容图式和形式图式。语言图式指的是读者对阅读材料的掌握程度；内容图式指读者对文章涉及的主题的熟悉程度；而形式图式指的是读者对文章体裁的了解程度。三种图式共同作用，推动阅读理解。崔雅萍（2002）讨论了它们对阅读理解、推理和记忆的促进作用。

根据图式理论模式，教师在阅读教学中既要帮助学生扩大词汇量和熟悉语言结构，为调用内容图式和形式图式打好基础；同时，也应注意提供外国文化背景知识，以丰富学生头脑中的内容图式；教师还必须培养学生调用内容图式的能力，引导他们如何利用文章中的线索，把文章中的内容与大脑中的背景知识相联系，从而在阅读中进行预测、提出假设和检验假设，正确理解文章的意义；教师还要结合不同文体文章的教学，帮助学生掌握各种文章的特点，更有效地进行阅读（高云峰，2000；鲁忠义等，2003；张法科等，2010）。

11.2.5　**话语分析模式**（The Discourse Analysis Model）

随着语言学研究的深入，尤其是语义学和语用学的发展，出现了话语分析理论，也称为语篇分析。话语分析理论强调话语的交际功能，认为话语是说话者或作者在某个语境中用来表达自己意思或实现自己意图的词、短语和句子；话语分析是对使用中的语言的分析，既探索语言的形式特征，更研究语言的使用功能。话语的含义主要依赖于语境。徐玉臣（2001）认为话语的理解分两个层次：句子意义（sentence-meaning）和话语含义（utterance-meaning）。前者是指“不依赖语境而具有的意义”，读者可以通过句法分析和词汇意义的累加而获得该层面的意义；而深层的话语含义则需要通过把语篇片段与语境联系起来才能理解，相对较复杂。话语分析既关注句子意义，即话语内部在语言上的连贯（话语的微观结构），更关注话语含义，即话语在语义上和语用上的连贯（话语的宏观结构）。

以话语分析为基础的阅读模式认为阅读过程是语篇、读者和作者三者之间相互交流的过程。邹爱民等（2002）认为，在理解过程中，读者选择性地理解并记忆单句的意义，理解或推断句间的关系，把单句的意义综合或组成总体意义，做出推断，而这些推断可能与作者的写作意图并不吻合，从而产生不同的理解。话语分析的阅读模式侧重从语篇的整体出发分析和理解语篇信息，揭示出阅读的本质是一个动态的交际过程。马博森（1995）把话语分析模式的教学过程列表概括为如下三个阶段：

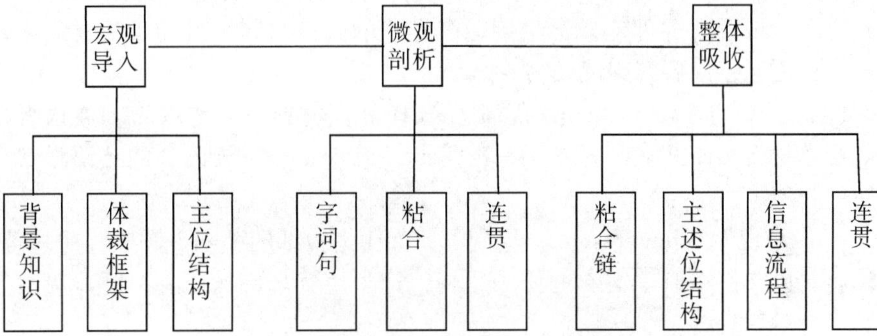

话语分析模式下的阅读教学三阶段

其中第一阶段“宏观导入”旨在使学生初步了解语篇的基本内容及篇章结构的组篇方式；第二阶段“微观剖析”旨在使学生通过深入理解各个段落的中心内容及表达方式，对语篇有更具体、详尽的了解；第三阶段“整体吸收”旨在使学生在详尽理解语篇内容、掌握语篇展开方式的基础上，摄取语篇的主要内容。

11.3 阅读教学原则与实践

11.3.1 选取阅读材料的原则

如何选择合适的阅读材料，是阅读教学的重要环节。中学英语教学通常有固定的教科书，但教师还必须根据实际情况选择备用或补充的阅读材料、选择课外阅读的材料。材料选择得当，才能保证教与学有更高的效率和更好的效果。纳托尔（Christine Nuttall，2005）为阅读材料的选取提出了一些指导原则：

（1）评估材料标准化（criteria）原则。纳托尔（Nuttall）认为可用三个标准衡量阅读材料：合适程度（suitability）、可利用程度（exploitability）和可读性（readability）。首先，要了解学生的兴趣和偏好，阅读材料的内容如果能激起大多数学生的兴趣，又与他们课外要处理的问题相关，便是合适的。其次，要选取能够最大程度满足阅读课的目标、有利于各种阅读技能的整合培养的可利用程度高的材料。最后，通过评估读者阅读水平、材料的词汇量、句法难度等，选取难易适中的可读性材料。

（2）多样化（variety）原则。从预防学生因阅读材料所涉及的领域或主题过于单一而产生厌烦情绪考虑，要通过多样化的选材刺激学生的阅读兴趣。另一方面，根据图式理论，学生接触多样化的阅读材料，有助于建立起丰富的图式，更利于以后的阅读。

（3）真实性（authenticity）原则。选择真实材料，即选取为本族语者撰写的文本材料，而并非经过缩写、改编的，或专为非本族语者的英语学习而撰写的材料。

（4）呈现性（presentation）原则。比如印出报纸的截图、图表、照片等，阅读材料以它们在原来文本的样子呈现，让学生犹如阅读原件，既能吸引学生，又有助于理解。

11.3.2 阅读教学原则

根据前文对阅读理论研究成果的梳理，我们认为，阅读种类是多样的，模式常常是交叉变化的，但是在阅读教学中，若能遵循一定的教学原则，就能以不变应万变，有效地提高阅读能力。我们把阅读的教学原则概括为如下五点：

（1）注重输入和激活相关背景知识。

所谓背景知识，就是读者头脑中已有的知识，包括我们对客观世界的一些普遍的共识，比如春暖夏热秋凉冬冷的天气常识；还有我们对一些具体事物的了解和熟悉程度，比如运动爱好者、天文爱好者等对不同领域的知识的了解；不同文化背景的人对目标语的文化了解。阅读研究（Aebersold，2003）表明，介绍与阅读主题相关的背景知识对阅读有积极作用：一是读者在回忆中激活了背景知识后，阅读过程中输入的信息通过与被激活的背景知识整合，能较快产生意义的理解；二是激发读者的兴趣，加强阅读的动机；三是若用目标语介绍相关知识，也能激活读者的相关语言图式（如熟悉相关词汇），从而帮助理解文本。

因此，在阅读准备阶段，应该着重介绍并激活背景知识。埃伯索尔德（Aebersold，2003）从一些教师的教学实例中总结了几种可用于激活背景知识的活动：

头脑风暴法（brainstorming）：可设置开放性问题，引导学生根据自身经验自由回忆与主题相关的信息；或呈现图片，引导学生集体讨论回忆。

结构性写作（structured writing）：如播放影像后，让学生自由写下所看到的内容。

实地考察（field trip）：直观获取相关知识。

角色扮演（role play）。

内容映射（content mapping）或语义映射（semantic mapping）：学生写下脑中想到的跟题目相关的句子（或词语），阅读时再把文本中相似的句子（或词语）标记下来。

在正式阅读前，也可以通过预览来激活背景知识。比如浏览文章的目录标题、文中的插图或图表、文章的首尾段落、文章所附的注释或问题等，联想和预测文章的大致内容和主题思想时激活相关信息。

（2）培养阅读中的词汇处理及句法分析等下层技能。

前面我们提到，词汇识认是阅读理解的第一步。因此，词汇知识的掌握情况、词汇处理技巧的运用情况，都对阅读理解有很大的影响。一些研究认为，对于外语学习者来说，要流利地阅读，文本单词的识认率要达到95%，甚至高达98%左右；日常阅读如阅读短篇小说、报纸所需的词汇量为5 000，大学的学术阅读所需的最低词汇量则为10 000，比日常阅读所需的量大得多（转引自Schmitt，2008）。因此，阅读教学中要适当关注词汇知识的积累。此外，王改燕（2008，2009，2010）、张宪和元鲁霞（2009）等，都探讨过阅读过程中的词汇附带习得，认为自然阅读的一个主要功能是提供词汇接触机会，促进词汇知识的部分习得。教师应该引导学生进行大量的自然阅读，从而附带习得词汇，扩大词汇量，最终促进阅读理解能力。

当然，把阅读中碰到的生词全盘识记是不现实的。纳托尔（Nuttall，2005）认为，应该把单词分为活跃类（active）、接受类（receptive）和抛弃类（throwaway）三种类型区别对待。最常用的为活跃类，可将其用法学透彻；生僻词为抛弃类，可以不记；介于两者之间的为接受类，能识记便可。纳托尔（Nuttall，2005）还提出，读者应该学会忽视难词，阅读中不能太过依赖词典，而是要训练猜词技巧。赵福利（2002）和王瑛（2007）等探讨了阅读中的猜词策略。

另外，很多学者（Bever et al.，1991；Cromer，1970；Doughty et al.，1998）通过实验证明了读者阅读时始终在进行句法分析，这提醒我们，在批判传统的英语教学过于强调句法时，必须防止矫枉过正。刘振前和贝弗（Bever，2002）以中国英语学习者为被试，也采用实验方法证实了句法分析在外语学习者，特别是一般熟练的外语阅读者的阅读中起到重要作用。他们认为，尽管阅读主要是提取意义，句法分析却是阅读理解必不可少的一个步骤。因此，在初级阶段的阅读教学中，句法分析仍然是非常重要的一种方法。

（3）训练阅读元认知和认知策略。

关于阅读中使用元认知和认知策略的积极作用，国外有很多学者如布朗都进行过论述。针对中国学生的研究也证明，成功的外语阅读者能更好地使用元认知策略控制自己的阅读，完成阅读任务过程中也能更好地使用认知策略（刘丹丹，2002；杨小虎、张文鹏，2002；孟悦，2004）。潘黎萍（2006）具体探讨了元认知策略在二语课堂阅读中的可教性，其对照安德森（Anderson）提出的每个策略的习得理论上都要经过陈述阶段（declarative stage）、实践阶段（associative stage）和自动化阶段（automatization stage）。实验证明：阅读元认知策略的训练必须理论联系实践。首先，教师应明确讲解策略，使学生对策略有清晰的认识；接着，让学生在阅读练习中体验如何使用策略；最后，通过大量阅读实践训练，促使被训练者的阅读元认知策略的运用逐渐由他控发展到自控，达到自动化。

（4）提高阅读速度。

以英语为母语的一般读者，平均阅读速度大约为每分钟300个单词，速度快的可达到每分钟800个单词，而以英语为外语的学习者，每分钟的平均速度只有120～150个单词（Nuttall，2005）。阅读速度能否通过训练提高？如何提高呢？

安德森（Anderson，1991）将二语学生分成实验组和控制组进行了为期14周的实验。实验组的学生通过阅读速度的训练后，阅读速度由原来平均每分钟161个单词提高到每分钟275个单词，效果显著，而控制组的阅读速度只是从每分钟160个单词提高到每分钟167个单词。尽管控制组的阅读理解成绩不像实验组一样有显著提高，但实验证明，可以通过训练帮助学生提高阅读速度而不会影响其理解。

纳托尔（Nuttall，2005）指出，训练阅读速度，读者必须警惕三个错误的阅读习惯：默读（subvocalizing）、指读（finger-pointing）和回视（regressive eye movement）；同时，必须训练学生以意群（sense groups）为单位阅读，而不是逐词阅读。

也有学者（元鲁霞，1990）认为，阅读速度主要还是由头脑处理信息的速度决定的，因此训练速度不可能一蹴而就，而是一项长期任务。

（5）激发阅读动机，减少焦虑情绪。

美国学者Krashen针对第二语言习得提出的“监察模式”对外语教学影响颇大。其中的“情感过滤假设”（Affective Filter Hypothesis）认为，学习者的学习动机、信心和忧虑程度构成语言的输入的过滤器，左右语言的输入。针对中国学生的英语阅读，端木庆一（2001）、邹启明（2002）、石运章和刘振前（2006）、胡庭山和郭庆（2007）等做了相应研究，支持动机和焦虑程度与阅读表现相关。安德森（Anderson，2004）总结了一些学者的研究，认为较高预期回报和较低的预期付出努力能激发读者的阅读动机。安德森分析了另一位研究者的案例，列出了提高阅读动机的一些具体做法：

提高阅读动机的方法

提高预期回报	降低预期付出的努力
经常表扬学生	提供背景知识
设计趣味性较强的活动	明确具体的阅读目的
设计公平合理的测试题	预习阅读任务
布置成功率高的阅读任务	预习词汇
让学生清楚阅读目的	讨论阅读策略
让学生自己设问	使用成功率较高的阅读材料
尽可能使阅读活动有意义	对篇幅较长的阅读材料分批阅读
给学生选择的空间	

在阅读教学中实践这些做法，读者的阅读动机得到提高的同时，自信心也能得到加强，忧虑程度随之会降低，教学效果更有保证。

阅读教学的方法可以是灵活多样的。教师在了解了阅读的性质、对比阅读的不同模式之后，根据学生的实际需要选取合适的阅读材料、运用相应的阅读类别，采取有效的教学策略进行教学，学生的阅读理解能力必然能提高得更快。

除此之外，教师必须让学生明白，想提高阅读能力，最重要的途径就是大量阅读。按照新课标的要求，中学阶段的阅读量必须累计达到30 万词，但是中学的课外泛读却容易被师生所忽视。针对课外泛读，教师应该给予学生较大的自由，选择自己感兴趣的内容、程度适合的阅读材料；也可以配合课内精读文章，要求学生就同一个主题阅读多篇文章，从而建立起相关主题的背景知识；同时要创造机会让学生涉猎不同类型的阅读。有经验的教师会建立班级图书馆，鼓励学生推荐和分享丰富多样的英语阅读书报，并让学生自己登记、监控阅读量，写阅读材料的概要、写阅读汇报、做口头阅读汇报、进行小组讨论或辩论等，作为阅读的目标任务，营造全体阅读的氛围。

思考和练习

1. 你是如何理解阅读的？对阅读的理解与阅读教学有什么关系？

2. 对比五个阅读模式，你认为它们有何异同？对教学有何启发？

3. 用选择阅读材料的原则评价你们学校所采用的教科书，教科书所选用的文章是否合适？

4. 阅读教学中，你是如何处理“注重输入和激活相关背景知识”与“培养阅读中的词汇处理及句法分析等下层技能”两者的关系的？

5. 阅读教学中你训练了哪些元认知和认知策略？是如何训练的？

6. 你认为阅读速度可以训练吗？

7. 阅读教学中，你是否关注学生的心理因素？具体怎么做？

8. 学完本章的内容，请评价你以前的阅读教学，并撰写一个新的阅读教案。

参考书目

［1］Aebersold，J. A. & M. L. Field. *From Reader to Reading Teacher*［M］. Cambridge：Cambridge University Press，2003.

[2] Anderson, N. J. *Exploring Second Language Reading: Issues and Strategies* [M]. 北京：外语教学与研究出版社，2004.

[3] Anderson, N. J. Individual Differences in Strategy Use in Second Language Reading and Testing [J]. *Modern Language Journal*, 1991 (75).

[4] Bartlett, F. C. *Remembering: a Studying Experimental and Social Psychology* [M]. Cambridge: Cambridge University Press, 1932.

[5] Bever, T. G. et al. Psycholinguistics Makes a Difference: The Improvement of Text Readability With Phrase-Sensitive formats [R]. Poster Presented at 1991 CUNY Sentence Processing Conference.

[6] Brown, H. D. *Principles of Language Learning and Teaching* [M]. London: Prentice-Hall International, 1987.

[7] Carrell, P. L. Three Components of Background Knowledge in Reading Comprehension [J]. *Language Learning*, 1983 (2).

[8] Celce-Murcia, M. *Teaching English as a Second or Foreign Language* [M]. 北京：外语教学与研究出版社，2006.

[9] Cromer, W. The Difference Model: a New Explanation for Some Reading Difficulties [J]. *Journal of Educational Psychology*, 1970 (61).

[10] Doughty, C. & J. Williams. *Focus on Form* [M]. Cambridge: Cambridge University Press, 1998.

[11] Eskey, D. E. Holding in the Bottom: An interactive Approach to the Language Problems of Second Language Readers [A]. Carrell et al. *Interactive Approaches to Second Language Reading* [C]. Cambridge: Cambridge University Press, 1998.

[12] Farell, T. S. C. *Planning Lessons for a Reading Class* [C]. 北京：人民教育出版社，2007.

[13] Goodman, K. S. Reading: A Psycholinguistic Guessing Game [J]. *Journal of the Reading Specialist*, 1967 (4).

[14] Gough, P. B. One Second of Reading [A]. In: J. F. Kavanaugh and I. G. Mattingly. *Language by Eye & Ear* [C]. Cambridge: MIT Press, 1972.

[15] Grabe, W. & F. L. Stoller. *Teaching and Researching Reading* [M]. 北京：外语教学与研究出版社，2005.

[16] Hedge, T. *Teaching and Learning in the Language Classroom* [M]. 上

海：上海外语教育出版社，2007.

[17] Nuttall，C. *Teaching Reading Skills in a Foreign Language* [C]. 上海：上海外语教育出版社，2005.

[18] Robison，G. L. *Cross-Cultural Understanding：Processes and Spproaches for Foreign Language，English as a Second Language，and Bilingual Educators* [M]. New York：Pergamon Press，1985.

[19] Rumelhart，D. E. Schemata：The Building Block s of Cognition [A]. In：R. J. Spiro et al. *Theoretical Issues in Reading Comprehension* [C]. Hillsdale，N J：Erlbaum，1980.

[20] Schmitt，N. *An Introduction to Applied Linguistic* [M]. 北京：世界图书出版公司北京公司，2008.

[21] Silberstein，S. *Techniques and Resources in Teaching Reading* [C]. 上海：上海外语教育出版社，2002.

[22] Smith，F. *Psycholinguistics and Reading* [M]. New York：Holt，Rinehart and Winston，Inc，1973.

[23] Stanovich，K. E. Toward in Interactive-Compensatory Model of Individual Differences In the Development Of Reading Fluency [J]. *Reading Research Quarterly*，1980（16）.

[24] 崔雅萍. 图式理论在 L2 阅读理解中的运用 [J]. 外语教学，2002，23（5）.

[25] 端木庆一. 外语阅读心境的发展过程及其效应 [J]. 外语界，2001（1）.

[26] 龚兵. 词汇知识深度对阅读能力的影响 [J]. 国外外语教学，2006（2）.

[27] 高云峰. 应用图式理论提高 SBE 阅读能力 [J]. 外语界，2000（3）.

[28] 何星. 从阅读到写作——交互式阅读模式对英语语篇连贯写作方法的启示 [J]. 外语研究，2004（6）.

[29] 胡庭山，郭庆. 心理评价机制与二语阅读过程中的认知信息处理交互关系 [J]. 外语研究，2007（5）.

[30] 李勇忠，李春华. 阅读理解中语用推理的认知考察 [J]. 外语教学，2004（9）.

[31] 刘丹丹. 中国英语学习者的阅读策略研究 [J]. 外语界，2002（6）.

［32］刘绍彬．外国阅读教学综述［J］．临沧教育学院学报，2005（5）．
［33］刘振前，T. G. Bever. 句法分析在外语阅读中的作用——一项实验研究［J］．外语教学与研究，2002（3）．
［34］吕中舌，郭茜．阅读：解码的过程还是相互交流的过程［J］．外语教学，2004（7）．
［35］鲁忠义，王哲．英语议论文图式训练对阅读理解水平影响的实验研究［J］．外语教学与研究，2003（11）．
［36］马博森．阅读教学中的话语分析模式［J］．外语教学与研究，1995（3）．
［37］孟悦．大学英语阅读策略训练的实验研究［J］．外语与外语教学，2004（2）．
［38］潘黎萍．元认知策略在二语课堂阅读中的可教性实验研究［J］．外语教学，2006（1）．
［39］彭聃龄，潭力海．语言心理学［M］．北京：北京师范大学出版社，1991．
［40］彭鹏，陶沙．单词解码、英语语言理解和一般认知能力在汉语儿童英语阅读学习中的作用［J］．外语教学与研究，2009（1）．
［41］石运章，刘振前．外语阅读焦虑与英语成绩及性别的关系［J］．解放军外国语学院学报，2006（3）．
［42］宋德生．其余皆次要，阅读最为先——大学英语五种技能主次关系之我见［J］．外语教学，2006（3）．
［43］唐丽萍．英语学习者阅读立场之批评话语分析及其启示［J］．外国语，2010，33（3）．
［44］王瑛．中国外语学习者在阅读中的猜词过程探析［J］．外语研究，2007（5）．
［45］王改燕．第二语言自然阅读过程中词汇附带习得研究［J］．外语教学，2008（11）．
［46］王改燕．第二语言阅读过程中词汇附带习得认知机制探析［J］．外语教学，2010（3）．
［47］王改燕．二语自然阅读词汇附带习得研究［J］．解放军外国语学院学报，2009（9）．
［48］王鹏．内容图式对大学英语学习者阅读的影响［J］．解放军外国语学院学报，2002（3）．

［49］徐玉臣．阅读教学中的语境化策略［J］．外语与外语教学，2001（3）．

［50］薛锦．解析二语英语阅读的两个成分：字词解码和理解［J］．外语研究，2009（3）．

［51］杨小虎，张文鹏．元认知与中国大学生英语阅读理解相关研究［J］．外语教学与研究，2002（5）．

［52］教育部．英语课程标准［M］．北京：北京师范大学出版社，2001．

［53］教育部．英语课程标准［M］．北京：人民教育出版社，2003．

［54］羽离子．对英国“阅读是基础”运动的考察［J］．图书馆，2002（1）．

［55］喻爱菊．英语快速阅读强化教学的若干问题［J］．外语教学与研究，1993（2）．

［56］元鲁霞．阅读速度决定于眼睛扫描的速度吗［J］．现代外语，1990（3）．

［57］张法科，王顺玲．图式理论在 EFL 阅读教学中的应用研究——以《综合教程》教学为例［J］．外语界，2010（2）．

［58］张宪，元鲁霞．自然阅读中的词汇附带习得研究［J］．外语教学与研究，2009（7）．

［59］张丽娜．论康德“图式”概念之作用——主体产生知识的桥梁［J］．吉林广播电视大学学报，2005（1）．

［60］赵福利．关于阅读中词义猜测策略的探讨［J］．解放军外国语学院学报，2002（3）．

［61］邹爱民，高佑梅．话语分析与阅读理解［J］．天津外国语学院学报，2002（4）．

［62］邹启明．读者因素对第二语言阅读理解的影响［J］．现代外语，2002（3）．

第12章

英语写作教学

20世纪80年代以来，随着第二语言习得理论研究的不断深入，二语或者外语写作教学逐渐成为一个热点问题（崔刚、罗立胜，2006）。和英语口语教学一样，英语写作教学也是外语教学的难点。一般来说，写作能力的提高需要较长的时间。目前，虽然教师们在写作教学上投入不少的时间和精力，但教学效果却难以令人满意。《英语课程标准》（教育部，2001）和《普通高中英语课程标准》（实验稿）（教育部，2003）对英语写作教学的要求作了扼要、精确的描述，体现了写作教学的重要性和新理念。在英语课程改革中，仍然有一些外语教师对如何实施英语写作教学感到困惑，他们需要理论的引领以提高写作教学的成效，需要接触并借鉴较新的写作研究成果。在本章中，我们首先探讨写作教学的内涵，接着回顾英语写作教学的相关理论和研究并讨论英语写作教学的原则，最后讨论写作教学的实际操作。

12.1 写作的定义及英语写作教学的内容

12.1.1 什么是写作

写作和口语同属于产出性技能（productive skill），从输入输出的角度来看，写作属于语言输出。在英语中“writing”一词的含义既包括写作的过程，也包括写作的成果。好的写作不仅仅是创造出完美的文章，也是创造文章的过程。过程的好坏决定结果的好坏（Martinez & Martinez，1991）。

写作是人类传递信息和交流思想的三种方式之一，不是口语的附属。写作是一个复杂的过程，它涉及多种技能和知识（Williams，2007）。写作是写作者展现其社会语言能力、策略能力和语言能力的过程，也是展示这些能力的结果（Canale & Swain，1980. In：Schmitt，2008：253）。

从认知心理过程来看，写作被视为一个有着复杂活动的解决问题的信息加工过程，而不仅仅是视觉上的编写行为和书写的结果（王俊菊，2006）。

写作有两个功能：为学语言而写作和为学写作而写作。写作的第一种目的是学生通过写作对所学的词汇、词组、语法结构等加深印象。在写作的过程中学生表达自己的观点，动手、动脑的过程就是强化学习，将所学知识应用于交际的过程；写作的技能只能通过学习写作才能获得。（Raimes，1983，见：张吉生、周平，2002）

综上所述，写作是作者用书面语传递信息和交流思想的过程和结果；它涉及多种技能和知识；它涉及意义的表达和信息加工；写作既是学习运用语言的手段，也是学习运用语言的目的。

12.1.2　英语写作教学的内容

《高中英语课程标准》（实验稿）技能教学建议（2003：31）指出，高中英语写作教学的目的是培养学生能够表达事实、观点、情感、想象力和交流信息的能力和规范的写作习惯。高中英语写作教学要培养的技能如下：整理思路、组织素材、规划文章结构、列出提纲、起草文章、组织语言、遣词造句、修改文章以及正确使用标点符号和字母大小写。写作能力和写作习惯的培养要通过一系列有关的技能的培养来实现。

培养学生正确使用字母大小写以及标点符号等规范写作习惯是写作教学的最基本的教学内容。离开规范的写作习惯，写作成品的准确性和可读性就无从谈起，更谈不上信息表达的有效性了。因此，写作习惯的培养是写作教学中应该常抓不懈的任务。

构思（planning）是写作教学的重要内容。海伊斯和纳什（Hayes & Nash，1996）提出了比较完整的整合性的写作构思模型。他们认为，构思首先分为过程构思和文本构思，过程构思着眼于作者如何完成写作任务；文本构思包括文本的内容、形式和文本对读者的影响。构思通常使用两种激发思维的途径：思维风暴法（Brainstorming）和自由写作法（Free-Writing）。前者指围绕主题尽可能地开展联想，无拘无束地搜寻信息，让有关细节、感觉、例子、观点、想法像风暴一样在大脑中爆发，然后以写的方式记录下来；后者指自由自在、毫无拘束地写。（张省林，2005）

当前，学生在用英语写作时碰到的主要问题是“无物可写”和“找不到语言来写”。通过写作构思的教学可以帮助他们解决“写什么，如何写，用什么语言来写”等问题。构思涵盖了英语课程标准提及的“整理思路、组织素材、规划文章结构、列出提纲”等写作过程、写作技能和写作环节。

初稿（drafting）。初稿在过程写作法中被称为“孩子般”的草稿（the child's draft）。莱莫特（Lamott，1998）认为，几乎所有的优秀文章都源于糟糕的初稿。初稿要把重点放在信息内容的表达上（张省林，2005）。但它也涉及组织语言、遣词造句等策略和技巧。努南（Nunan，2001：F34）认为，在初始阶段不必过多担心文字的正确性。

反馈（feedback）。反馈是介于初稿和修改之间的一个环节。莱美思（Raimes）认为，教师在写作课中应考虑的两大关键问题是时间和反馈。写作教学包括教学生如何通过同伴之间的磋商获得反馈以及写作者自己站在读者的位置的自我反馈。通过反馈，使写作者意识到读者的存在，增强写作者的读者意识，使作者站在读者的角度写作，以便提高写作表达的明晰度。

修改（revising）。修改的技巧是写作教学的另一重要内容。修改既包括对已写好的文字的修改，也包括在构思和表达阶段对未成文的思想和观点进行修正。根据过程教学法，写作是一个非线性的、循环往复的交互过程，各个写作环节在写作过程中互相交织、相互渗透。写作者在这种循环过程中进行思维创作，达到提高认知能力、思维能力、交互能力和书面表达能力的目的。修改活动可以在写作内容生成之后，也可以在写作者表达形成之后。

为了培养和提高学生的英语写作能力，在课堂教学中，教师要有意识地培养学生的写作策略。写作策略渗透在写作各个阶段的活动中。马卡洛认为，写作策略主要包括：①预先准备策略；②具备适当的心境策略；③利用资源策略；④重新组织策略；⑤通过翻译产出策略；⑥重构策略；⑦具体检查策略；⑧回避策略；⑨常识监控策略；⑩内容监控策略；⑪衔接监控策略；⑫听觉监控策略；⑬视觉监控策略；⑭翻译成母语策略；⑮个性化监控策略；⑯对已做决定的评估策略；⑰合作监控策略等。（详见 Macaro，2008：D35）

一旦学生掌握了这些策略，意味着他们具有一定的自主写作能力。写作教学的最终目标是学生能够离开教师的指导而进行独立的写作，而策略的培养有助于把学生培养成独立的写作者。

12.2 外语写作教学相关理论与研究

12.2.1 写作教学理论

19 世纪后期，语音学成为应用语言学的研究中心，写作则被视为口头表达的转录。写作被认为是可以脱离语境的，因为写作不需要作者和读者面对面地进行交流。20世纪中叶以来，写作教学作为应用语言学的研究对象已引起人们极大的注意。在写作教学研究的历史上，研究者从语言学、认知以及社会等不同的角度对写作的过程和结果进行了多方面的研究，形成了不同的写作教学理论，这些理论对英语写作教学产生了不同的影响，其中具有较大影响的是结果教学法、过程教学法；此外还有体裁教学法、我国学者王初明等提出的“写长法”等。

（1）结果教学法（Product Approach）。

20世纪60年代末，大部分教写作的教师仍以学生最终能写出一篇完美的文章为教学目的，他们的指导思想是重结果的教学法。重结果的教学法在写作时让学生模仿或改写教师提供的范文，利用提示词扩词成句以及按照范文扩句成篇等。教师注重自己的教，教学的重点放在句子层次的语法正确性上（Nunan，2001）。传统的作文课堂教学偏爱这种教学方法。

结果教学法是一种基于句子层面的写作教学模式，它强调学生遣词造句的能力，要求加强句子组合和语法练习，是一个从句子入手，发展到段落，再到篇章的过程。对于段落来说，强调主题句、段落的组织与结构。

结果教学法的一般过程为：教师首先就某一修辞手段或写作技巧进行解释，然后要求学生阅读一个作品，并在课堂上就作品反映的修辞手段或写作技巧进行分析、讨论，然后布置写作任务，最后教师对学生的习作进行讲评（Dana，2004）。教师关心的是写作的结果，强调语言的正确性、文章的结构和质量。

结果教学法忽视了写作过程的复杂性，对学生在写作过程中遇到的困难缺乏认识和了解。写作的内容不是学生自己的思想，说出的不是自己的声音，不可能产生内在动机（张省林，2005）。写作在教师的控制下进行，学生没有自由创作的空间，缺乏写作的热情和动机，怕写，而写作的产物常常是内容空洞、结构生硬、语言贫乏、千人一面。学生单独写，教师单独评，学生没能在写作过程中参与交互、商讨和修改等能发挥主观能动性的活动。结果教学法忽视了教学中的情感问题，给学生带来了焦虑、抑制、自尊心受损、动机的消退等消极因素，导致了写作中的心理障碍（张省林，2005）。结果教学法虽然能够从宏观方面提高学生作文的连贯性，却无法从微观上解决学生在写作过程中必然面临的心理和认知方面的困难。于是，人们把研究的重点从结果逐步扩展到写作过程上来，开始关注写作者的具体写作行为和写作活动（王俊菊，2006）。

（2）过程教学法（Process Approach）。

过程教学法兴起于20世纪60年代，是在发生认识论、信息论、控制论以及各种语言理论和教学法影响下所形成的一种写作教学方法，并从20世纪80年代开始应用于外语的写作教学。

过程教学法将写作视为一个动态变化的过程，强调如何帮助学生在实际的写作行为中提高写作能力，而不把学生是否能交上一篇按规定写好的作文视为教学的目的（刘爱英，2003）。在理论上，过程教学法强调思维在写作活动中的重要意义，强调作者的主观意识和能动作用。在实践上，它把培养学生的交际能力和智能放到首要地位，提倡学习者之间的相互合作，同时培养他们的写作情感和写作策略。因此，过程教学法的特征是注重思维训练和作者的主观能动作用（崔刚. 见：Williams，2007：D19）。

过程教学法将写作视为一个过程，包括写前阶段、写作阶段和修改阶段。过程法认为，写作是一个创造性的过程（陈立平，2000）。写作过程包括计划、用语言表达思想和检查三个阶段，写作并非是一个线性的过程，因此在很多情况下，这三个阶段在循环往复中进行。在写作过程中，作者所拥有的内部资源和外部环境进行相互作用，以形成写作的合力并使写作过程具有交叉互动的特点。写作课应该教授的是写作过程的一步步的操作方法（Judy，1981，见：陈立平，2000）。

布朗（ Brown ，1994：320～321）把过程教学法的特征归纳为：① 重视能够产生习作的过程；② 帮助学生理解自己的写作过程；③ 帮助学生构建关于写前、起草、修改这些过程的策略；④ 给学生写作和重写的时间；⑤ 特别重视修改的过程；⑥ 让学生发现自己想写什么；⑦在整个写作过程中都给学生提供反馈，使他们越来越靠近写作意图；⑧鼓励教师和同伴反馈；⑨在写作过程中让师生有面谈的机会。（王蔷，2006：214）

过程教学法既关注写作的终端产物，也关注写作的手段。倡导过程写作法的教师把重点放在关注学生本身以及写作过程中如何帮助学生获取写作资源和策略、培养写作情感、降低写作焦虑等。在实施过程教学法时，教师可以组织学生进行小组讨论，对作文题目进行头脑风暴等，使学生感觉到写作任务并不很难，至少并非无物可写，从而培养他们对写作的积极情感，从可以写到写长再到写好。过程教学法还可以发展学生自我评价和同伴评价的能力，把评价权从教师的手中交到学生手上去，从而发挥评价的作用，从自我评价和他人评价中发展自己的作文能力。

值得注意的是，以过程为主的写作教学模式主张以作者为中心，强调文章的意义和内容，以及文章的形式必须为内容服务。过程教学法的成功与否关键取决于教师是否组织学生进行小组讨论以及如何对学生的作文作出反馈。(李森，2000. 见：Williams，2007：D22)

(3) 体裁教学法（Genre-Based Approach）。

从20世纪80年代后期开始，体裁教学法得到了广泛的应用。按照体裁教学法，教师应向学生介绍他们在未来生活中将会遇到的一些体裁，通过体裁分析提高学生的写作能力。

体裁被言语社团认为是同一种类型的言语活动，如祈祷文、讲道文、歌词、诗歌、信函、小说、日常会话等。各种体裁都有各自互相区别的特点(劳允栋，2004. 见：Williams，2007：D22)。体裁具有三个特点：① 交际目的的决定性；② 体裁的常规性；③ 同一体裁的语篇之间的差异性。

体裁教学法的主要教学步骤包括（崔刚，2007）：

① 范文分析。范文分析是体裁教学的重要环节，重点分析文章的“图式结构”和语言特点，使学生对某一体裁的形式和内容有全面的了解，为以后的写作阶段打下基础。

② 模仿写作。模仿写作并不是要简单地照搬范文，而是要有意识地运用范文分析中获得的有关特定体裁的知识，使学生能够内化这些结构特点和语言特点。

③ 独立写作。学生选择题目，并按照该类体裁进行写作。

体裁教学法的优点是它能使学生认识到写作是一种有规律可循的社会交往活动，是理解客观世界并参与社会活动的一种手段，因此在一定程度上减轻对写作的畏难情绪（秦秀白，2000；陈立平，2000）。但体裁教学也有一定的局限性，体裁的规约性可能会束缚学生的想象力和创造力；同时，体裁教学不可能穷尽学生在实际交际中将遇到的所有体裁。

(4) 外语写长法（Length Approach）。

外语写长法是王初明（2000，2003）提出的一种外语教学法。该方法有一套完整的理念、切实可行的操作程序和评估体系。“写长法”的四个理念是：①打开学习者的情感通道，促进外语学习；②外语技能是学出来的，不是教出来的；③写长可以加快知识向运用层面转化；④帮助学生超越自我，开阔思路，挖掘学习潜力。（黄书能，2004）文秋芳认为，该方法有两个特色：一是提出了新的教学途径，在听、说、读、写中选择了写为突破口，以写促学；二是建立了新的评价体系，在量与质的评价标准中选择了量为先，以量促质；在奖赏与批评的评价方法中，选择了奖赏为主，以赏激情。（文秋芳，2005）

写长法采取的路径是满足学习者的情感需要：通过逐步加大写作量去冲破外语学习的极限状态，获取学习成就感，通过成就感去增强信心，克服怵写心理。“写长法”首先是满足学习者情感需要的方法。“写长法”主张以写促学，通过写去整合知识，提高语言表达的准确性，通过写长去挖掘思想深度，充分磨练语言运用基本功。“写长法”强调写作的长度，目的在于开阔学生的思路，让他们在无字数限制的情况下充分表达思想，使学生的思维具有一定的深度和广度（王初明，2005）。

“写长法”针对的是掌握了不少外语语法和词汇知识、具有较好阅读能力、但外语运用机会不多的学习者（王初明，2005）。尽管该方法已有多年的实验和研究，并已取得一批有影响的成果，但也有学者认为该方法还存在一些有待进一步解决的问题。文秋芳（2005）认为写长法还存在实验效度问题和以写促学问题，因此有必要对该方法进行反思和改进。

12.2.2 国内外二语写作教学研究

（1）影响写作能力的因素。许多外语写作研究者已从不同的视角对影响我国学生英语写作的因素进行了实证研究，他们的结果表明，外语水平、母语写作能力、写作任务与条件、写作练习的频率、元认知能力、体裁意识等因素对外语写作的质和量都有不同程度的影响（王立非，2005；蔡慧萍、方琰，2006）邓鹂鸣、王香云（2007）。探讨背诵式语言输入对中国学生二语写作能力发展的实际功效，他们的研究结果表明：背诵式语言输入明显有助于学生写作词汇、语块的习得和巩固；能有效增强语感，减少学生写作输出中母语的负迁移；能促进写作整体水平的提高；学生的背诵水平与英语写作水平显著相关。孙鑫、赵永青（2008）对四名不同英语水平大学生的英汉写作过程进行研究，结果发现：被试在两种语言写作中都最关注内容和语言；英语水平影响到写作过程和结果的关系。

（2）构思（planning）。弗洛尔（Flower）和海伊斯在1980年提出了写作过程的认知模型。他们认为，写作可用三个核心成分来描述：写作的任务环境、作者的长时记忆和写作过程。其中写作过程是重点，包括构思、转译、修改。构思涉及文章信息内容的生成、观念的组织和目标的设定。Flower 和 Hayes 的写作过程模型对后来者产生了很大的影响，很多学者纷纷在此基础上提出了自己的模式（Gould，1980；Hume，1983；Bereiter & Scardamalia，1987；Zimmerman & Riesemberg，1997）。海伊斯（Hayes，1996）对该模式进行了修改，提出了个体—环境的写作新框架，把写作情感和社会维度也包括进来（范琳、朱立霞，2004）。凯洛格（Kellog，1987）的研究结果表明，学生在写作时要用1/4的时间进行构思，说明构思在写作中具有重要作用。加雷、弗洛尔和海伊斯（Carey，Flower & Hayes，1989）对12名作家的研究结果表明，最终成文的质量和写前构思的质量和数量有着显著的关系。

（3）起初稿/成文。起初稿可以是单个学生独立完成，也可以是以小组为单位进行。过程教学法认为：写作是一个复杂的、重叠的认知过程；写作者不可能一开始就能写出好文章，参与写作过程的不只写作者一人；整个写作的过程就是思考的过程、发现的过程；写作者的观点在这个过程中得以形成、发展、组合、修改、再修改；写作适合运用"自上而下"的信息加工模式，重点应放在篇章层面而不是语言层面；学习者在篇章中创造、连接、组织并实现与上下文意义的统一。（Zamel，1983）

（4）修改。写作教学的目标之一，就是要让学生养成修改作文的习惯；很多写作技巧均由修改作文而得。写作有两个过程：一是由教师发给作文题目，到学生呈交作文，谓之第一过程；二是学生收到教师批改的作文，再依据评语进行修改，谓之第二过程。以往有关学生写作的研究往往围绕第一写作过程，而对第二过程重视不足（何万贯，2007）。由此可见，修改是写作过程中的一个重要步骤，是提高学生写作能力的必经阶段，因此也是我们写作教学不可或缺的内容。写作是"思考—书写—修改—再思考……"的往复行为，这一过程是"生成的"、"合作的"，而不是一次性的单向行为（Zamel，1983）。

修改可以通过几种方式进行：讨论式、罗列问题、自我编辑等。讨论式包括学生一对一交谈或全班讨论；罗列问题是帮助学生罗列一份可供对照的问题清单；自我编辑是在讨论或罗列清单的基础上学生对自己作品进行自我评价，莱美思认为这是学生最需要发展的能力。在修改阶段要注意的一个问题是如何把教师反馈、同伴反馈和学生自我反馈的结果结合到修改稿中，使修改稿真正做到在质量上优于初稿。

（5）反馈和评价。反馈可以是来自教师的反馈，也可以是同伴或自己的反馈。教师要提供正面的、具有建设性的反馈。教师的反馈至少要包括三个因素：①对文章中的优点给予正面评价（positive comments）；②需要改进的地方；③对学生在文中讨论的问题提出自己的见解。教师的评价最好个性化（王蔷、程晓堂）。教师要尽量为学生提供分享写作结果的机会。教师可适当安排单个学生向全班学生讲介（present）自己的作文。这也是学生互相学习的机会。

（6）结果法和过程法。结果法和过程法是两种不同的教学写作的方法，张吉生、周平（2002）从对写作本质的理解、写作任务、写作模式和步骤、参与写作的方式、写作中教师/学生的作用、评估六个方面对比了结果法和过程法的差别：

结果法和过程法的比较

内容＼方法	结果法	过程法
对写作本质的理解	写作是结果	写作是过程
写作任务	以句子层面为基础	以篇章为基础
写作模式和步骤	线性：大纲—写作—编辑；一个写作步骤	往复式：草稿—修改—再修改；三个写作步骤：预写—写作—修改
参与写作的方式	写作者独立写作	写作时讨论、协商
写作中教师/学生的作用	教师控制；既是听众又是法官	以学生为中心；既是听众又是写作者，学生的态度和积极性是重要因素
评估	只有教师评语	通过课堂从教师和其他读者得到反馈

（改编自张吉生，2002）

努南认为，写作教学最有争议的一个方面是采用结果教学法还是过程教学法。结果教学法强调写出的作品的连贯性、准确性和可接受性，即文章的质量；过程教学法则重视从初稿到修改稿之间涉及的过程和步骤，过程教学法的倡导者认为没有文章是完美无瑕的，但经过形成初稿、思考、讨论、重写等过程可以使文章接近完美。（Nunan，2001：272）

目前，大多数英语教师还是采用结果教学法。虽然过程教学法自诞生以来一直受到人们的普遍欢迎和广泛的使用，但是自 20 世纪 80 年代初以来，过程教学法也受到许多学者的质疑。罗德里格思（Rodrigues，1985）指出，过程教学法只是看似能让学生自由发挥，而学生确实需要语法结构，需要模仿，需要提高各种写作技巧。霍洛维兹（Horowitz，1986）也提出类似的批评，认为过程教学法只强调写作过程，不像结果教学法那样让学生一次性地完成作文，这使得学生没有足够的能力在单位时间内应付考试；此外，过多进行小组评阅会使学生不能正确评估自己的写作能力（崔刚. 见：Williams，2007：D22）。

（7）外语写长法。我国已有不少学者投入关于写作有效教学方法的研究。王初明（2000）对广东外语外贸大学英语本科一年级的201名学生进行了一项英语“写长法”研究，从作文任务的设计、布置、讲评、评估等方面入手，通过调节作文长度要求来提高学生的英语水平。研究结果表明：通过写长作文，学生写英语作文的信心增强了；写长作文有助于提高其英语水平。

薛常明等（2009）通过对基础教育阶段56名学生开展的为期两个学期的英语“写长法”教学实验，发现“写长法”不仅能增强学生英语写作的自信心，还能促进英语整体水平的提高，适当调整后的“写长法”完全可以下移到基础教育阶段，值得推广。

开发写长法的主要目的在于帮助学习者突破学外语多年而不会运用的困境；推广写长法不是要排斥或取代其他教法，而是激励人们从中获取灵感，自主创新，积极实验各种有效的外语教法，让教师有更多的选择，使教学得心应手（王初明，2005）。

写作教学方面有待探索的空间很大。对于什么样的写作教学最有效还需在实践的基础上进行实证研究，探索出适合中国教学语境的写作教学方式，尤其需要对过程教学法和结果教学法的优缺点进行实证研究。写作教学中如何评改作文也是需要进一步探究的问题。国外对教师如何评改二语作文的内容、结构、语法，教师评语对学生修改作文的影响，学生互改对作文修改的作用等进行了大量的实证研究，而国内对这方面的研究只以思考和讨论为主，实证研究较少。国内还需加强对二语写作过程的实证研究，进一步了解中国学生用二语写作时构思、成文、修改等过程，同时探讨学生写作时碰到的困难及采用的策略，以便有效提高他们的二语写作能力（王文宇、王立非，2004）。

12.3 中学写作教学原则

12.3.1 写作与其他技能活动结合的原则

语言学习是一个系统过程，写作只是第二语言教学的一部分，虽然听、说、读、写各有自己的特点，但是他们在本质上是相互依赖、相互促进的关系。相对而言，读跟写的关系更为密切。通过阅读范文，学生可以获取一系列的写作资源，如语言、观点、篇章结构等，在一定程度上减轻学生的写作负担。写说结合，把说当写的基础，把写当说的发展；还可以听写结合，把听作为输入的方式来获取写的内容，以写来反映听的结果。

12.3.2 结果写作法和过程写作法相结合的原则

每一种方法都有它的优点。结果写作法的优点是注重写作的结果的质量，尤其是语言的准确性。而过程写作法将学生视为写作的主体，强调学生体验写作的全过程，多采用课堂交互活动使学生在循环往复的交互过程中挖掘和创造意义，增强学生写作的自主性，激发学生写作的积极情感（张省林，2005）。过程教学法更符合第二语言习得的规律（张吉生、周平，2002）。中国的国情告诉我们：不问环境如何而一味追求过程法并非有益。赫奇认为，明智的方法是最大限度地利用两种不同方法的优点，扩大学生最需要的写作知识（张吉生、周平，2002）。努南（Nunan，2001：274）认为，在写作课堂教学中我们既需要过程也需要结果，既需要范文也需要得当的过程，既需要练习句子层面的写作也要练习篇章层面的写作，具体选用哪种方法，要视学生的需要和具体的环境而定。在写作教学的中后阶段可以更多使用结果教学法。

12.3.3 设计恰当的写作任务的原则

王初明提出好的写作任务要具备两个基本特征：一是能够激发学生表达思想的愿望，使学生有内容可写；二是能够有效地拓展学生的语言能力，如增加词汇量、学会新句型。上述的这两个好任务的特征是针对写长法提出来的，但在一定程度上也适合中学写作任务设计的要求。理想的写作任务既要贴近学生的生活，使学生有话可写，也要有利于学生把学到的语言知识应用到交际活动中去，并通过自主学习的方式增加词汇量和学习新句型。在设计写作任务时，要充分考虑学生现有的知识储备、当前他们关心的话题和正在学习的教学内容的话题。

12.3.4 重视写前准备的原则

坎贝尔（Campbell）认为，写作前有必要进行调研、搜集资料、酝酿论点及分析问题等活动。学生之间的讨论在写作过程中起着突出的作用。通过讨论，学生可以获得写作的素材。头脑风暴、对话题的讨论、构思等写前活动能够减轻学生的写作负担、培养写作元认知策略以及培养学生对写作的积极情感。

12.3.5 小组协写作和个人写作相结合的原则

设计一些适合小组合作的写作活动，通过这些活动不同学生可以展示自己的才华，为合作写作贡献自己的智慧，同时也可以强化学生的写作动机。在真实的交际环境中，既有需要个人单独完成的写作任务，也有需要小组或团队合作完成的任务。因此，在写作教学中，我们要采取个人独立写作和小组协作写作相结合的方式。

12.3.6 培养学生的读者意识的原则

体裁教学法以交际为目的，其典型的方法论是分析各种文本的范文和练习正规的写作要求（张吉生、周平，2002）。体裁教学法要求学生在写作时要具有读者意识，写文章要有一定的适切性。所谓适切性，就是在分清文体的前提下使用合适的词汇、句子和修辞，既适合话题，又适合读者（高芳，2002）。

12.3.7 积累写作素材的原则

积累写作素材是培养写作能力的重要手段。要鼓励学生在阅读范文的基础上对一些段落、句子、词块等进行背诵。背诵输入有助于克服英语写作中的负迁移，产出地道的英语表达方式。地道的英语是通过一些固定而优美的句型和英语的习惯说法来表达的。

12.3.8 培养写作情感和写作策略的原则

情感因素在外语学习过程中起着至关重要的作用(Arnold & Jane，2000)。情感因素决定外语学习最终能否取得成功。在进行写作教学时，我们要充分培养和激发学生对写作的积极情感，鼓励学生先写再完善，消除他们对写作的恐惧感，建立和提高他们对写作的信心，让学生在写作中享受能写、会写的成就感。为此，教师在写作教学中要设置学生能够完成的、有话可写的任务，培养他们的外语写作策略，通过小组讨论、同伴反馈等方式降低写作的难度，坚持以正面评价为主。

12.3.9 使用多种评价方式的原则

教师评价可以给学生以信心，因为教师是学生心目中掌握知识和能力的权威。教师的评价应以鼓励为主，并在必要时指出需要改进之处。教师可以在示范如何评价的基础上发展学生互评和自评的能力，在学生评价时教师要提供必需的评价工具，如自我评价表等，给出评价的指标、评价的标准和粗略的评价等级等，使学生在互评和自评时掌握一定的依据和方向，增强他们对自己的评价能力的信心。

12.3.10 正确对待学生作文中错误的原则

教师对待学生错误的方式会影响学生写作的兴趣和动机，教师对待学生错误的正确态度对激发学生的写作动机起着关键性作用。教师要鼓励学生在作文中大胆使用新的词汇，这样可避免学生为了追求语言的准确性回避使用新的语言形式。

12.4 写作教学的实际操作

12.4.1 结果教学法、过程教学法、三段论写作模式的操作步骤

不同的写作教学理论应用于课堂教学实践，表现为不同的课堂步骤。下面主要介绍常用的三种外语课堂写作教学模式的操作过程。

12.4.1.1 以结果教学法为主导的课堂操作步骤

结果教学法一般把写作分为四个阶段：① 熟悉范文（familiarization）。教师解读范文的修辞手段、写作技巧、结构模式和语言特点。② 控制性练习（controlled writing）。教师就范文中所体现的相关常见句式要求学生进行替换练习，学生在教师指导下渐渐过渡到段落写作。③ 指导性练习（guided writing）。学生模仿范文，使用经过训练的句式尝试写出相类似的文章。④ 自由写作（free writing）。学生可以自由发挥，内化写作技能，为真实交际写作做准备。

12.4.1.2 以过程为主导的课堂操作步骤

根据葛（Keh，1990）的设计方案，过程教学法大致可分为以下的步骤：

（1）输入阶段。输入阶段包括头脑风暴、阅读、拟提纲、聆听、调查报告等多种构思活动，这些活动可以帮助学生获取写作资源，收集写作素材以及体验构思的不同方法。

（2）写初稿。写初稿是进一步整理思想、确定写作内容的过程。此阶段要求学生将自己的构思用语言表达出来，重点放在内容的表达上，不必过多考虑构思的句子是否正确、选词是否得当等语言形式问题。写初稿也是一个反复进行的思维创造过程，写作者反复构思、修改直至完成初稿。

（3）同学互评。以小组为单位，让学生对照评价表或教师提供的问题对同伴的作文进行评价，评价的着眼点落在作文的内容而不是作文的语言形式上。

（4）写二稿。写二稿时，主要以同伴反馈的信息为依据。要力促写作者把同伴的反馈和自我反馈的结果结合到修改稿中。写二稿要注意以下的一系列问题：主题是否突出、内容是否充实、段落安排是否合理、文体是否恰当、句型是否正确、是否有语法错误、用词是否得当、表达是否准确、内容与目标是否一致、细节是否典型和充实、文章是否有条理、大小写和拼写是否正确等。

（5）教师批阅和师生交流。教师收集学生的二稿进行评价。教师可根据写作训练的目的一次重点评价一个方面的问题，如语言形式、结构、内容等。教师在批阅时采取鼓励为主的方式，以便培养学生对写作的积极情感。教师还可以采取跟个别学生进行交流的方式对学生的作文进行评价，也可以选取个别学生的作文进行全班评价。

（6）定稿。学生把从各方面收集的意见汇总后重新修改并完成最终的作品。

在课堂实操中，葛的上述步骤中的（1）、（2）、（3）和（5）是必不可少的，（4）和（6）可以在课后完成。

12.4.1.3　三段写作模式的操作步骤

目前比较流行的写作教学模式是包含写前、写中和写后的写作课堂教学模式。

写前活动：激活灵感；激发兴趣；明确目的和读者对象；讨论主题；搜集素材；语言准备；阅读范文；写提纲。

写中活动：写初稿；规划文章结构；填空；看图作文；图文转换；仿写；连句成文。

写后活动：自我修改；相互修改；个人或小组面批；检查语言、文法、逻辑、用词、润色；制作板报、墙报。

12.4.2 写作教学举例

（1）控制性写作（Controlled Writing）案例。

控制性写作指的是教师就范文中所体现的相关常见句式要求学生进行练习，学生在教师指导下渐渐过渡到段落写作。例如：

新概念英语（*New Concept English* 2）

Lesson 45 Composition：A Clear Conscience

Task：Rewrite the following sentences using the joining words in parenthese：

1. Sam told everybody about the wallet. He did not try to find the thief.（but）
2. The man was not really a thief. He needed money badly.（but）
3. He paid back the money. He bought himself a clear conscience.（not only... but also）

（2）指导性写作（Guided Writing）案例。

指导性写作，顾名思义，是指导英语学习者怎样写作，是一种既有空间和自由，又有引导和制约的写作训练模式（梁正溜，2003）。指导性写作其实也是一种以结果为中心的写作教学模式。例如：

新概念英语（*New Concept English* 2）

Lesson 1 A Private Conversation 的摘要写作

Task：Write a summary based on the answers to the following questions .

Procedures：

I. Answer the following questions.

1. Where did the writer go last week?
2. Did he enjoy the play or not?
3. Who was sitting behind him?
4. Were they talking loudly，or were they talking quietly?
5. Could the writer hear the actors or not?
6. Did he turn round or not?
7. What did he say?
8. Did the young man say："The play is not interesting，" or did he say："This is a private conversation!"?

II. Write a summary based on the answers to the above questions with no more than 55 words.

(3) 自由写作 (Free Writing) 案例。

自由写作，按照马蒂内兹 (Martinez，1991) 的定义，就是没有组织的写作，或是在纸上的思考。它可以从泛泛的主题或根本没有主题开始动笔，然后把想到的信息、观点、感情写下来。写作者不必很有逻辑地组织素材，也不必把素材写成段落或完整的句子，而只需把自己的思想在短时间内全部写在纸上。自由写作只是一种帮助学生整理思路的技巧，只是复杂的写作过程中的一个环节。下面是马蒂内兹关于自由写作的一个例子。

Task：Free Writing About Dogs

Writing example：

Dogs are usual people because they don't openly converse with you but rather amuse themselves by making you obey them. They love to make you wonder (I am lost) if you know if they are (can't think，still can't. I am a broken record this time. I am losing entire thought.). Whatever dogs do，they can out-connive a human and make you believe you have mastered them，but in reality it is they who have outwitted you because they have a great deal of (can't think of right word) cunning，and without us understanding their language but them understanding ours somewhat，we have an animal who takes advantage of the situation...

(摘自张吉生，2002)

(4) 过程法写作案例。

如前所述，三段式包含了写前、写中和写后三个阶段。三段式主要是过程写作法的具体的表现形式。例如：

人教版高中英语选修 7 (Module 7)

Unit 5 Traveling abroad 的写作任务

Writing Task：

Tina，your American pen-friend，is coming to study at Sun Yat-sen University. She's wondering what life will be like in Guangzhou... So you are supposed to write sth. describing the life in Guangzhou.

Procedure：

I. Lead-in and set up the writing task

II. Pre-Writing（写作前阶段）

1. Brainstorm：What makes you feel proud of Guangzhou?

2. Make a list（of difficulties that may happen）.

3. Group discussion：what problems Tina will come across in Guangzhou?

4. Generating ideas.

III. While-Writing（写作阶段）

1. Planning—Outlining.

2. Drafting.

3. Editing.

IV. After Writing（写后阶段）

1. Self-evaluation.

2. Summary.

（根据林爽上课录像转写）

写是用书面语传递信息的交际能力，凡是具有良好素质的外语人才都必须具有外语写作能力。国外英语教育工作者已充分认识到写作对提高学生文化素质的重要意义，普遍主张在基础教学阶段加强写作训练。重视写作训练的目的不仅仅在于教会学生如何拼写、组句和谋篇，更重要的是让他们通过写作认识自己、挖掘潜力、开阔视野，最终能积极地参与到笔语交流这一高层次的社会文化活动中来（Campbell，2004：F6）。

本章主要探讨了英语写作的内涵、写作教学的内容、主要的写作教学方法、相关的写作教学理论研究；在探讨写作教学原则的基础上用实例来说明写作教学的实际操作，希望对一线的教师和对写作教学有一定兴趣的在读学生有所裨益。尽管国内外对写作、写作教学的研究越来越重视，但人们对写作和写作教学的认识还有待进一步加强，我们要不断加强对写作教学理论的学习、研究和实践。在教学实践方面，教师们要根据自己的教学语境选择合适的写作教学策略；在理论探索方面，需要做更多的实证研究来证实和提高某些方法的可行性和有效性。

思考和练习

1. 谈谈你对结果教学法和过程教学法的认识。

2. 过程教学法适合你的课堂写作教学吗？为什么？

3. 你的学生在英语写作中可能会碰到哪些问题？

4. 你认为在写作评价中要注意哪些问题？

5. 写作教学中常见的修改方式是什么？如何评价这些修改方式？

6. 请根据你的教学对象制订一个学期的写作教学计划并加以实施。你制订计划的理论依据是什么？

参考书目

[1] Arnold & Jane. *Affect in Language Learning* [M]. Beijing: Foreign Language Teaching and Research Press, 2000.

[2] Alexander, L. G. & He Qixin. *New Concept English* 2 [T], Beijing: Longman & Foreign Language Teaching and Research Press, 2008.

[3] Campbell C. *Teaching Second Language Writing: Interacting with Text* [M]. Beijing: Foreign Language Teaching and Research Press, 2004.

[4] Hedge T. *Teaching and Learning in the Language Classroom* [M]. Oxford University Press, 2000.

[5] Nunan D. *Second Language Teaching and Learning* [M]. Beijing: Foreign Language Teaching and Research Press, 2001.

[6] Williams J. *Teaching Writing in Second and Foreign Language Classrooms* [M]. Beijing: World Publishing Corporation, 2007.

[7] Macaro E. *Teaching and Learning a Second Language: A Guide to Recent Research and its Apllications* [M]. Beijing: Wolrd Publishing Corporation, 2008.

[8] Raimes, A. *Techniques in Teaching Writing* [M]. Oxford University Press, 1983.

[9] Schmitt, N. *An Introduction to Applied Linguistics* [M]. Beijing: Beijing World Publishing Corporation, 2008.

[10] Zamel, V. The Composing Process of Advanced ESL Students: Six Case Studies [J]. *TESOL Quarterly*, 1983 (17).

[11] 蔡慧萍，方琰. 英语写作教学现状调查与分析 [J]. 外语与外语教学，2006 (9).

[12] 陈立平．从阅读与写作的关系看英语写作教学中的范文教学［J］．解放军外国语学院学报，2000（6）．

[13] 陈立平．从阅读与写作的关系看写作教学中的范文教学［J］．外语与外语教学，2001（4）

[14] 崔刚，罗立胜．英语教学理论与实践［M］．北京：对外经济贸易大学出版社，2006．

[15] 邓鹂鸣，刘红等．过程写作法的系统研究及其对大学英语写作教学改革的启示［J］．外语教学，2003（6）．

[16] 邓鹂鸣，刘红等．过程写作法在大学英语写作实验教学中的运用［J］．外语教学，2004（6）．

[17] 杜金榜，从学生英语写作错误看写作教学［J］．外语教学，2001（2）．

[18] 范琳，朱立霞．国外写作构思心理研究的进展［J］．外语教学，2004（4）．

[19] 丰国欣．人文主义语言思想观照下的英语书面输出［J］．外语与外语教学，2004（7）．

[20] 傅瑞屏．评一节高中英语写作课——兼谈新课程理念下的高中英语写作教学［J］．中小学外语教学（中学篇），2009（8）．

[21] 高芳．文体意识和写作教学［J］．外语与外语教学，2002（5）．

[22] 何万贯．第二写作过程研究［J］．现代外语，2007（4）．

[23] 胡新颖．过程写作法及其应用［J］．外语与外语教学，2003（9）．

[24] 黄书能．建构主义视野中的“写长法”教学［J］．外语界，2004（3）．

[25] 教育部．高中英语课程标准（实验稿）［M］．北京：北京师范大学出版社，2003．

[26] 李志雪，李绍山．对国内英语写作研究现状的思考——对八种外语类核心期刊十年（1993—2002）的统计分析［J］．外语界，2003（6）．

[27] 梁正溜．什么是一种真正的指导性写作［J］．外语界，2003（6）．

[28] 刘爱英．英语写作：课程目标与教学方法的重新定位［J］．外语教学，2003（3）：80～84．

[29] 孙鑫，赵永青．英汉写作过程和结果对比——对4名大学生的个案研究［J］．外语教学理论与实践，2008（3）．

[30] 王初明，牛瑞英，郑小湘．以写促学——一项英语写作教学改革的试验［J］．外语教学与研究，2000（3）．

[31] 王初明. 外语“写长法”的教学理念 [J]. 外国语言学及应用语言学研究, 2002 (1).

[32] 王初明. 写长法的教学理念 [A]. 广东外语外贸大学外国语言学与应用语言学研究中心编. 求索论坛 [C]. 2003.

[33] 王初明. 外语写长法 [J]. 中国外语, 2005 (1).

[34] 王初明. 外语教学应以生为本——答文秋芳 [J]. 现代外语, 2005 (3).

[35] 王俊菊. 英语为第一语言的写作认知心理过程研究综述 [J]. 外语教学, 2006 (4).

[36] 王立非, 文秋芳. 母语水平对二语写作的迁移: 跨语言的理据与路径 [J]. 外语教学与研究, 2004 (3).

[37] 王立非, 孙晓坤. 汉语写作能力对英语写作质量的影响——一项基于中国学习者语料的实证研究 [J]. 外语与外语教学, 2005 (4).

[38] 王蔷, 程晓堂. 英语教学法教程 [M]. 北京: 高等教育出版社, 2006.

[39] 王文宇, 王立非. 二语写作研究: 十年回顾与展望 [J]. 外语界, 2004 (3).

[40] 吴红云. 时间限制对 EFL 作文成绩的影响 [J]. 外语教学与研究, 2006 (1).

[41] 薛常明, 何孙赋, 蒋益群. 基础教育阶段英语“写长法”教学的实效性研究 [J]. 广东外语外贸大学学报, 2009 (4).

[42] 张吉生, 周平. 英语写作教学中“结果法”与“过程法”的对比研究 [J]. 外语与外语教学, 2002 (9).

[43] 张省林. 英语写作心理障碍及其调适——过程写作法教学中积极情感因素培养 [J]. 外语与外语教学, 2005 (5).

第13章

文化教学

我国2000年颁布的《高校英语课程教学基本要求》也调整了语言技能要求，突出了对学生跨文化交际能力的培养。而2001年试行的基础教育阶段英语课程标准明确把教学目标由原课程大纲中规定的语言技能加语言知识的两大要素，扩充为语言技能、语言知识、情感态度、学习策略和文化意识等五大组成部分。文化意识的培养成为综合语言运用能力的五个目标之一，在课程目标结构中扮演着重要的角色。文化在英语教学中为何如此重要？如何理解文化意识、文化知识、文化理解、跨文化交际意识和能力等重要概念？在外语教学中进行文化教学有什么教学策略和技巧吗？本章接下来的内容会详细探讨以上问题。

13.1 文化的定义、分类及相关概念

13.1.1 文化的定义、分类

对于什么是文化，众说纷纭。有人把文化看做文明，有人视为传播，有人认为文化是个泛化而没有具体的概念，有人认为是不同团体或社区的互动，还有人认为是人与人之间以及人们内部的一个动态的构建过程（Moran，2004：4～5）。其中比较有代表性的观点认为，人们可以从两个结构和范畴去理解，即广义的文化（大写的文化 Culture with a big C）和狭义的文化（小写的文化 culture with a small c）。广义的文化是指人类在社会历史发展过程中所创造的物质和精神财富的总和，包括物质文化、制度文化和心理文化三个方面。狭义的文化则是指人类普遍的社会习惯，如衣食住行、风俗习惯、生活方式、行为规范等（Stern，1992：208）。

哈默利（Hammerly，1982：513～515）对文化的概念作了三个方面的分

类，即信息文化（指国家的历史、英雄人物、地理等）；行为文化（指人们的行为、态度、生活方式等）；成就文化（指传统的艺术成就、文学成就等）。

还有学者认为，文化可分为知识文化和交际文化（张占一，1990）。知识文化指的是两个文化背景不同的人进行交际时，不直接影响准确传递信息的语言和非语言的因素；交际文化指的是那种两个文化背景不同的人进行交际时，直接影响信息准确传递（即引起偏差或误解）的语言和非语言的文化因素。

莫兰（Moran，2004：24）提出了文化的五个要素，分别是文化产品、文化实践、文化观念、文化社群、文化个体。在此基础上，他对文化进行定义：文化是人类群体不断演进的生活方式，包含一套共有的生活实践体系，这一体系与一系列共有的文化产品相关，以一套共有的世界观念为基础，并置于特定的社会情景之中。

对于英语学习者来说，英语教学里的文化主要是指英语国家的历史、地理、风土人情、传统习俗、生活方式、文学艺术、行为规范和价值观念等（见中华人民共和国教育部，2003：21）。由此可见，这里的文化是广义的，且包含知识文化和交际文化。本篇所涉及的文化概念也是广义的文化。

13.1.2 文化与语言的关系

对于文化与语言的关系，长期以来在这个问题上主要存在两派争论。一派观点认为语言第一性，语言形成思想和文化；另外一派则相反，认为文化决定语言，语言仅是文化和思想的一种表现手段。然而这两种二选一的观点在当今已经趋向于避免极端，语言学家韩礼德（1992：7～21）概括为：语言既不驱使文化，也不被文化所左右。究竟哪一方决定另一方是无关紧要的，因为它们之间不是互为因果的关系，而是同时变化和发展的。具体地说，语言是文化的一部分，并对文化起着重要的作用；语言又受文化的影响，反映文化，有丰富的文化内涵。可以说，语言反映一个民族的特征，它不仅包含该民族的历史和文化背景，而且蕴藏着该民族对人生的看法、生活方式和思维方式。总的来说，语言与文化相互影响、相互作用；理解语言必须了解文化，理解文化必须了解语言。因此，外语教学界普遍认为，外语教学应该包含文化的教学。学习一种外语不仅要掌握语音、语法、词汇和习语，而且还要知道操这种语言的人如何看待事物，如何观察世界；要了解他们如何用他们的语言来反映他们社会的思想、习惯、行为；要懂得他们的“心灵之语言”，即了解他们社会的文化。学习语言与了解语言所反映的文化是分不开的(邓炎昌，刘润清，1989：159～160)。

基于文化与语言密不可分的关系，在英语教学中，文化教学有着重要的作用，它对学生更深刻地理解英语语言现象、增强学生对英美文化的敏感性、培养学生的英语思维能力、拓宽知识面以及提高其与英语国家人士交流的能力等，都有非常重要的影响。例如，为什么“亚洲四小龙”在英文中称为East Asian Tigers而不是East Asian Dragons，如果不了解西方文化中“龙”的含义，则很难明白。东方文化的“龙”是吉祥的动物，而在西方文化中则是一种会喷火、长着翅膀的猛兽，是邪恶的象征。东西方文化对龙截然不同的印象导致在翻译的时候不能直译。了解了这种文化现象，在碰到East Asian Tigers这种叫法的时候，便很容易地理解在英文里为何变成了tiger而不是dragon了。从这一语言现象出发，教师在英语教学中，应该注意东西方文化的区别，注意把两者的异同结合起来讲授。

13.1.3 文化教学的相关重要概念

(1) 文化知识。

文化知识可以指学习者需要了解的有关语言文化的知识（knowledge about culture)，如衣食住行、风俗习惯、生活方式、行为规范等知识，具体如教材或学习资源中出现的人物、历史、地理、文学、风俗、艺术等的知识。

从上文我们可以得知，文化涉及的内容很广。我们可以从文化的定义和分类中得到启发，推断出什么是文化知识。查斯顿（K. Chastain）主张在外语教学中应从狭义的文化入手，逐步扩展到广义的文化。他提出44个主题作为讲授狭义的文化的纲要，实际上是需要讲授的文化知识，桂诗春（1988：138～139）将之简化为下列一些方面：学生生活；青年；父母；家庭；亲戚；朋友；恋爱婚姻；教育；职业；成就；快乐；饮食；文娱活动；金钱；社会制度；经济制度；政治活动；爱国主义；社会问题；环境污染；人口；宗教；法律；仪表；报纸；广告；死亡；纪律；度假；穿着；交通；礼貌用语；身势语。

斯特恩（Stern，1992：219～222）提出了一般的语言学习者需要学习的六大文化教学内容，包括：

① 地理（places)。

②微观的个体及其生活方式（individual persons and way of life)。

③宏观的民族及社会（people and society in general)。

④历史（history)。

⑤制度、习俗（institutions）。

⑥艺术、音乐、文学及其他成就（art，music，literature，and other major achievements）。

以上六大点文化教学内容，实际上就是学习者需要学习和了解的文化知识。我国学者左焕琪（2002：254～255）也对文化知识提出了相似的分类：

①地理概况。

②重大历史事件。

③行为的文化类型——包括饮食、购物、文体活动等。

④社会生活特点——包括阶级与阶层、就业、工作场所规定、婚姻、妇女地位、服饰与主要社交礼节等。

⑤各种非语言表达方式，如面部表情、手势等的意义。

⑥民族、政府机构、政治、经济与教育的基本特点。

⑦文学、艺术、音乐及建筑特点。

⑧以上各项与本国文化的差异。

在这个分类结构中，“与本国文化的差异”作为一项文化知识被单独列出来，可以看出在英语教学过程中，教师不仅仅要向学生介绍西方的文化知识，还应该注意结合与本土文化的比较来进行讲授。

（2）文化理解。

文化理解（understanding of culture）是在20世纪90年代外语教学界提出了文化知识的传授的基础上，对外语教学提出进一步的要求。它是指学生对中外文化及其差异的理解过程或理解能力（陈琳等，2003：45），它主要指两个方面的问题：一是对具体的、个别的文化知识和文化现象进行理解，了解其背景、渊源、文化含义、宗教含义等，并了解该知识或现象所反映或代表的道德观、价值观、人生观等；二是把其看成是一种客观存在。文化无好坏之分，但在每一种文化中精华与糟粕并存。我们没有必要去评头论足，但我们可有选择地传授文化知识。我们应该采取一种客观的、宽容的态度对待异国文化，避免用我们自己的文化、道德、价值观作为标准去衡量、评判异国文化，避免拒绝任何异国文化的狭隘的民族主义态度；同时又要避免盲目地追随、模仿异国文化，而应是坚持自己的优秀文化传统，比较两种文化的异同，使自己在跨文化交际中能恰当地、得体地进行交际（教育部基础教育司，2002：82）。

文化理解的以上两个问题告诉我们，教师一方面要引导学生正确地理解外国文化现象与文化知识。外国文化应当被视为与本国文化相平等的主体，并且要以承认两者之间的差异为前提，即对文化的理解没有绝对的答案，学习者可以有不同的理解。另外，有人认为，只有正确理解外国文化，才能理解外语并恰当地、得体地使用外语，学习外语与本国文化没有关系。实际上，对本国文化与外国文化的差异的了解程度，很大程度上决定了能否正确理解外语并恰当、得体地使用外语。因为了解本国文化能帮助我们更加深刻地理解外国文化，提高对外国文化的鉴赏能力，更准确、深刻地认识两者的异同，最终提高对外国文化的敏感度。可以说，本国的文化知识，是文化理解的基础。不打好这个基础，是很难进行文化理解的。

（3）跨文化交际、跨文化交际意识与能力。

美国人类学家霍尔（Edward T. Hall）在其1959年出版的经典著作《无声的语言》（*The Silent Language*）中首先提出了“跨文化交际”这一术语。从前面的论述我们得知，语言和文化关系密切，学习外语必须涉及文化的学习。而由于学习外语的主要目的是交际，因此外语的学习必定要涉及文化间的交际问题，即跨文化的交际问题，所以，“跨文化交际”可以指本族语者与非本族语者之间的交际活动，也可指任何在语言和文化背景方面有差异的人们之间的交际。“跨文化交际”作为一个名词被提出来以后，其内涵引起研究者的广泛关注，目前已发展成为集社会学、人类学、语言学、传播学、语用学等多学科交叉的新兴学科。

“跨文化交际意识”是指在跨文化交际中，对外国文化与本国文化的异同的敏感度以及在使用外语时根据目标语（如英语）文化来调整自己的语言理解和语言产出的自觉性。有学者把跨文化交际意识归入文化知识的范围，实际上跨文化交际意识和文化知识是有很大区别的。跨文化交际意识不是指对于本民族文化和其他文化的具体事实或信息的了解，而是对文化现象和文化知识以及两种文化异同的敏感度，是一种洞察力和批判性的理解。因此并不是外在的、显性的知识，而是一种内在的素质。

而“跨文化交际能力”指成功进行跨文化交际所需要的能力或素质，具体地说，就是根据所处的文化环境及交际双方各自的文化背景，在理解并尊重交际双方的文化背景的前提下，恰当、得体地使用语言来进行交际的能力。美国社会语言学家海姆斯（Hymes，1971：186）首先提出交际能力（communicative competence）这一概念及其四个要素，即语法性（possibility）、可行性（feasibility）、得体性（appropriateness）和实际可行性（actually performed）。其中，得体性主要是指在说话的对象、话题、场合、身份等不同的情况下，要能够使用不同的得体语言。现实性主要是指要使用真实、地道的语言。在教学中，教师应该注意让学生学会根据不同的场合使用恰当、得体、真实的英语。因此，可行性和得体性的实质就是语言使用者的社会文化交际能力。海姆斯的交际能力概念，引起了社会语言学界与应用语言学界对不同语言交际中文化差异的极大关注。在20世纪80年代语言学界热烈讨论"跨文化交际"的基础上，于20世纪90年代形成了"跨文化交际能力"这一概念。目前对于跨文化交际能力的界定仍在讨论中。拜卢姆（M. Byram，1997；见：左焕琪，2002：257）等学者提出，它应由态度（attitude）、知识（knowledge）与技能（skill）三方面构成。由于跨文化交际能力对外语学习者的要求较高，因此对学习者的培养应该在外语学习的高级阶段进行。

13.2 文化教学的理论与实践研究

文化、文化教学早已引起外语教学界的注意。早在19世纪，已经有许多语言教学研究者指出，语言学习的一个重要目的，是学习到关于一个国家及其人民的知识（Stern，1983：247）。1880年，法国教育家古安（F. Gouin）发表《语言教学与学习的艺术》一书，第一次指出语言教学中文化的重要性。美国语言学家弗里斯则最早从理论上讨论了外语教学中文化教学的必要性以及文化教学与语言教学的关系（王振亚，2004：8）。弗里斯（Fries，1945）在《作为外语的英语的教与学》（*Teaching and Learning English as a Foreign Language*）一书中主张语言的掌握必定要依赖对语言使用文化环境的充分理解。他认为，为了实际交际，完全掌握一门语言，并做到真正理解，需要对各种句子的使用场合的许多特点作系统的观察和记录。他详细列举了学习英语应该注意观察的各个生活侧面，甚至认为如果不了解文化背景，连一句简单的"John is having breakfast."也不能真正理解。John是哪国人，什么时候吃早饭，吃什么早饭，吃早饭时通常做什么，这一切确实与文化分不开。美国早餐、英国早餐、欧洲大陆早餐很不相同。欧洲大陆的人到英国去，看到英国人早餐时吃那么多东西很不习惯（胡文仲，1992：6）。这是外语教学界最早对文化教学所作的系统论述。

第二次世界大战以后，特别是从20世纪50年代后期到60年代，越来越多的关于外语教学中文化教学的论述开始出现。拉多在1957年就出版了《跨文化的语言学》（*Linguistics across Culture*），明确提出外语教学应包括文化教学。他认为："我们不努力去掌握文化背景知识，就不可能教好语言。语言是文化的一部分，不懂得文化的一些模式和准则，就不能真正学好一种语言。"因此，外语教学必须包括文化教学。在这本书中，拉多提出了一个从形式、意义、分布三个方面对于不同社会文化集团的人们的行为方式进行结构主义对比分析的模式。

人们对文化教学研究的不断深入，使得这个领域从20世纪50年代末至60年代初逐渐进入繁荣时期。具有标志性的事件是跨文化交际学的诞生。霍尔1959年出版的《无声的语言》中首次提出了"跨文化交际"这一术语，此书因此被视为跨文化交际学的开山之作。此后，研究文化与交际的专著陆续问世。海姆斯相续发表了《文化与社会中的语言》（*Language in Culture and Society*）和《论交际能力》（*On Communicative Competence*）等著作，首次提出"交际能力"的概念，指出了社会交际与文化等因素在语言能力中的重要地位（左焕琪，2002：249）。此后，美国的大学里也开始设置跨文化交际课程。到1976年，美国已经有200多所大学开设了此门课程。

20世纪70年代以后，交际法建立起来，人们在外语教学中开始注意文化教学。交际法强调语言是交际的工具，语言教学的目的在于培养学生的交际能力，因此交际文化的教学被引入课堂，然而教学的重点仍然在于培养学生的交际能力，其他的如社会文化方面的内容仅仅作为课堂内容的背景知识进行介绍，且只占课堂内容的较小比例，教学大纲对其要求也不够明确。虽然这个时期文化教学已经成了外语教学的一个重要部分，也很少有人真正从理论上反对文化教学，但文化教学长期以来一直未能正式列入外语教学大纲中，这个现象开始引起一些研究者的重视。1976年，英国人威尔金斯（Wilkins）提出的语言功能意念大纲反映了他重意义、重社会、重文化和重交流的语言观，大纲的提出自然将"文化"引进了语言教学，语言教学的重点也由此从注重语言形式的操练到语言的实际使用，这时的文化教学已开始有意识地融入语言教学中去（张思永、张宜波，2007：91）。

进入20世纪八九十年代以后，外语教学中文化的重要地位已经被学界所广泛认同，对文化研究越来越深入，一些重要的理论和概念不断地被提出来。斯特恩（Stern，1983：262）在《语言教学的基本概念》（*Fundamental Concepts of Language Teaching*）一书中，提出一个包括结构、功能、社会文化、经验四个组成部分的课程框架，把社会文化作为一个独立的教学成分纳入外语教学，以此承认了文化教学在外语课程教学中的重要地位。在英美等国，一些政府或教学权威部门开始把文化教学列为外语教学的目标之一。如这一时期在英国政府有关外语教学的正式文件中提出，外语教学的目的是：

（1）培养学生的语言交际能力。

（2）使学生认识语言的本质与基本属性。

（3）掌握使用该语言国家的社会文化知识。

美国外语教学委员会（ACTFL）也在1996年发布的《面向21世纪的外语学习标准》中，把社会文化知识教学明确列为外语教育的组成部分。

20世纪八九十年代还见证了跨文化交际研究领域的蓬勃发展。1983年，美国第一部有关跨文化交际理论的论文集 *International and Intercultural Communication Annual* 出版，此后该领域的理论研究逐步发展起来，在广度和深度方面都有明显的体现。在过去的20多年中，美国有关跨文化交际的理论研究取得了巨大的进展。这从2005年在美国出版的一部名为 *Theorizing About Intercultural Communication* 的有关跨文化交际理论的著作中便可感受到。该书介绍了17种跨文化交际理论。这17种是人们引证较多的，至于影响较小的理论究竟有多少尚不可知（胡文仲，2006：4）。

在我国外语教学界，由于20世纪80年代以前偏重于结构主义和生成语法，对文化教学的研究一直较少涉猎。最早的论述见于1950年罗常培出版的《语言与文化》专著。该书详细阐述了语言与文化之间的密切关系。国内更多的关注始于20世纪80年代。许国璋（1980：19～24）首先提出词汇的文化内涵与英语教学的关系问题，这是我国外语界研究文化教学的较早文献，使国内开始关注外语教学中的文化内涵问题。在这一时期，外语教学界对文化教学的研究逐渐进入高潮，有代表性的三本论文集陆续出版：胡文仲编著的《跨文化交际与英语学习》（1988）着重从语言和非语言手段以及人们交往等各个侧面论述文化因素对于人们交往的影响；邓炎昌、刘润清著的《语言与文化——英汉语言文化对比》（1989）通过比较中西文化的差异，讨论在使用英语时所涉及的最基本、最重要的文化因素；顾嘉祖、陆升主编的《语言与文化》（1990）对语言与文化之间的关系进行宏观分析，从文化的不同侧面对各国语言文化特征进行介绍，强调语言的多种社会功能以及文化对语言形式产生的影响。桂诗春（1988：137）在1988年出版的《应用语言学》里呼吁将社会文化项目纳入外语教学大纲，并介绍了几种文化教学的具体办法。赵贤洲（1989：76～83）于1989年发表在《外语教学与研究》的一篇文章“文化差异与文化导入论略”，较早地提出了“文化导入”这一概念。胡文仲

1994 年主编的《文化与交际》一书，有相当的篇幅讨论了文化因素与外语教学的关系。2000 年，高一虹出版了《语言文化差异的认识与超越》，该书把对语言文化差异的认识放在了中国的社会、文化、语言、教学背景中，并进行了实证性的研究。2007 年，我国学者张红玲出版了国内第一部系统研究跨文化外语教学的专著《跨文化外语教学》。该书对外语教学和跨文化交际能力培养等问题进行了探讨，并提出了中国跨文化外语教学的一体化框架。近十几二十年来，越来越多的专家学者强调教授语言应结合语境、文化背景和文化内涵，这说明我国的英语教学从字词句段的教学模式向前跨出了一步。

在教学政策的制定方面，我国于 2000 年对高中英语教学大纲进行修订，增加了关于外语课程在国际交流和文化理解方面的作用以及提高人文素养方面的价值，即“通过学习他国的语言，加深对他国文化的认识和理解”，而在 2003 年颁布的英语课程标准中，明确把教学目标由原课程大纲中规定的语言技能加语言知识的两个要素，扩充为语言技能、语言知识、情感态度、学习策略和文化意识等五个要素。如下图所示：

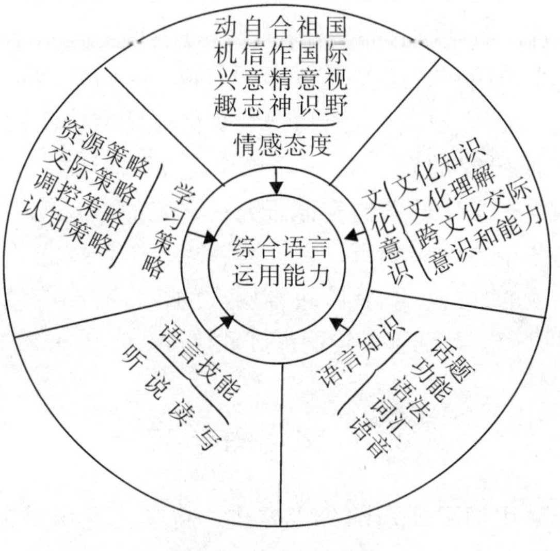

英语课程目标结构图

（摘自：中华人民共和国教育部，2003：7）

新课程标准对学生中西方文化差异的建立和培养提出了很高的要求，它规定：要帮助学生了解世界和中西文化的差异，拓宽视野。要求学生从开始学习英语就接触、了解和学习跨文化交际的知识，为他们在今后的进一步学习中提高对中外文化差异的敏感性、鉴别能力和跨文化交际能力打下良好的基础。课程目标的扩充，文化意识成为综合语言运用能力的五个组成部分之一，说明文化教学已受到我国外语界的高度重视，在课程目标结构中扮演着重要的角色。

在新课程改革的推动下，近十年来，文化教学在国内的教学实践中得到广泛的重视。然而与国外重视实证研究不同，国内对文化教学的研究大多数停留在概念的论述和教学经验的总结上。从基础教育新课程改革启动的2001—2010年间，在学术期刊上发表的以外语文化教学为主题的文章已将近7 000篇，而其中实证的研究不足50篇。这里说的实证研究包括调查研究、个案研究、访谈、准实验法、实验法等。这些实证研究当中，以调查研究居多，准实验法或实验法占极少数。而国内高校硕士以上学位论文研究中，文化教学也是近十年来的研究热点，从2001年到2010年，以“文化教学”作为主题的学位论文共有150篇。与公开发表的论文情况不同的是，学位论文大部分都属于实证研究。不仅仅文化教学的研究如此，在跨文化交际方面的研究同样极不平衡。我国学者胡文仲将1992—2002年间我国学术刊物上发表的跨文化交际论文与同一时期美国 *International Journal of Intercultural Relations* 上发表的论文相比较，发现在美国刊物上实证性研究论文占主导地位，而我国刊物上基于实证研究的跨文化交际论文不到百分之一（胡文仲，2005：323）。纵观国内关于文化教学的实证研究，研究的主题较为丰富和全面，涵盖了外语教学的各个方面，如听、说、读、写、译等技能学习中进行文化教学的各种理论和策略研究，有基础教育层次的，也有高等教育层次的，还有职业教育的。可以说，达到了一定的深度和广度。

13.3 文化教学方法

新课程标准采用国际通用的分级方式，将文化意识目标内容分级如下。一级：对英语学习中接触的外国文化习俗感兴趣；二级：乐于了解异国文化、习俗；三级：能意识到语言交际中存在文化差异；四级：在学习和日常交际中能注意到中外文化的差异；五级：进一步增强对文化差异的理解和认识；六级：能体会交际中语言的文化内涵和背景；七级：理解交际中的文化差异，初步形成跨文化交际意识；八级：了解交际中的文化内涵和背景，对异国文化采取尊重和包容的态度；九级：具有较强的世界意识。其中对二级（小学毕业）、五级（初中毕业）、八级（高中毕业）应达到的文化教学目标详述如下：

文化教学目标

二级目标	1. 知道英语中最简单的称谓语、问候语和告别语
	2. 对一般的赞扬、请求等作出反应
	3. 知道国际上最重要的文娱和体育活动
	4. 知道英语国家中最常见的饮料和食品的名称
	5. 知道主要英语国家的首都和国旗
	6. 了解世界上主要国家的重要标志物，如英国的大本钟等
	7. 了解英语国家中重要的节假日
五级目标	1. 了解用于交际中常用的体态语，如手势、表情等
	2. 恰当使用英语中不同的称谓语、问候语和告别语
	3. 了解、区别英语中不同性别常用的名字和亲昵的称呼
	4. 了解英语国家中家庭成员之间的称呼习俗
	5. 了解英语国家正式和非正式场合服饰和穿戴习俗
	6. 了解英语国家的饮食习俗
	7. 对别人的赞扬、请求等作出恰当的反应
	8. 用恰当的方式表示赞扬、请求等意义
	9. 初步了解英语国家的地理位置、气候特点、历史等
	10. 了解常见动植物在英语国家中的文化含义
	11. 了解自然现象在英语中可能具有的文化含义
	12. 了解英语国家中传统的文娱和体育活动
	13. 了解英语国家中重要的节假日及主要庆祝方式
	14. 加深对中国文化的了解
八级目标	1. 理解英语中常见成语和俗语及其文化内涵
	2. 理解英语交际中常用典故或传说
	3. 了解英语国家主要的文学家、艺术家、科学家的经历、成就和贡献
	4. 初步了解主要英语国家的政治、经济等方面的情况
	5. 了解英语国家中主要大众传播媒体的情况
	6. 了解主要英语国家与中国的生活方式的异同
	7. 了解英语国家人们在行为举止、待人接物等方面与中国人的异同
	8. 了解英语国家主要宗教传统
	9. 通过学习英语了解世界文化，培养世界意识
	10. 通过中外文化对比，加深对中国文化的理解

以上三个层次的各项目标，可具体分为四大类：①学习英语文化知识（小学至高中）；②应用英语文化知识（小学至高中）；③加深对本国文化的理解（初、高中）；④培养跨文化意识（高中）。

为了达到以上各项目标，教师在教学中要采取不同的方法进行文化方面的教学。文化教学的方法可以根据文化的不同定义区分。广义的文化可以由专门的课，如背景知识课、概况课来讲授；狭义的文化则应渗透到外语课中进行（桂诗春，1988：139）。目前中小学外语教学中，一般采用外语课中渗透文化教学的方法进行。而英语专业学生的外语学习中，一般都开设专门的文化课程。

基础教育阶段的文化教学主要是通过在教学中导入文化的内容，因此称为文化导入。文化导入的内容具体可概括为四个方面：与词语有关的文化；与篇章有关的文化；与交际环境有关的文化；与非语言交际有关的文化。常见的方法有如下四种：

（1）注解法。

这是完成第一类目标——学习英语文化知识的最主要的方法。注解法是在教材中对涉及具有文化特异性的内容加以注释和讲解。注解的目的是为了清楚理解难点和障碍。如讲授人教版 NSEFC 必修 2 Unit One Cultural Relics 一课时，应对课文中涉及的人物、地名、事件等内容补充一定的时间、地理、政治背景等方面的内容。注解法的一种较为方便的形式是文化旁白（culture aside）。文化旁白是传授社会文化知识的方法之一。它是指在进行语言教学时，就所读的材料或所听的内容中有关的文化背景知识，教师见缝插针地作一些简单的介绍和讨论（陈俊森，2006：259）。由于学生在外语学习中，文化上的差异往往成为理解目标语的较大障碍，用这种方法能有效地清除部分语言认知障碍。教师可充当讲解员，也可以运用图片、实物教具或者多媒体课件等手段进行讲解，目的是帮助学生更好地理解所读或所听的内容，又有助于丰富学生的感性认识，促进理解。如讲授人教版 NSEFC 必修 1 Unit 4 Earthquake 一课时，教师可利用视频展示世界上有史以来有影响力的大地震的情况，还可以介绍地震的有关情况以及预防地震的方法。文化旁白的好处是机动灵活，用途最广，使用时间最长，缺点是任由教师掌握，随机性很大，且需要教师有较高的驾驭语言与文化的能力和一定的教学技能与艺术。

（2）对比分析法。

文化教学第三类目标——加深对本国文化的理解主要可用此方法完成。对比分析的方法是跨文化研究的主要方法，也是第二语言教学的重要方法。文化的对比分析法是语言教学常用的一种方法。这种方法非常有利于培养学生的文化意识。它是在教学中直接利用本国文化，通过对比两种文化的差异来进行文化教学。对比的目的主要是通过对比让学生发现本国文化与目的语文化之间的异同，正确区分知识文化因素和交际文化因素（吴菲，2007：49）。由于汉语和英语分属两种截然不同的语系，而东方文化与西方文化又差异颇大，通过比较进行教学可以产生良好的效果。在这种方法的使用中，对比不能仅限于表层的形式的对比，还应该有深层的内涵的对比；不仅要进行语言的对比，还要有非语言的对比；不仅要作语言、非语言形式与意义的对比，还要作语言交际行为的形式和意义的对比，等等。

如讲授人教版 NSEFC 必修 3 Unit 1 Festivals around the World 时，可以通过比较分析中西方具有相同功能和意义的节日，以便让学生对国外风俗理解得更深刻。这是就文化主题的讲授进行对比分析，在语言知识等方面的学习中，也可以使用这种方法。例如，高中英语必修模块北师大版中出现了 peacock，phoenix，bat，rooster 等表示动物的词汇。在教学这些词汇时，教师可以先列举几个表示动物的词汇，再给出它们在中西方文化背景下的不同喻义，然后要求学生先把它们与其汉语背景下的寓意相配对，再与其英语背景下的寓意相配对，最后给出含有该动物词汇的词组，从而帮助学生理解所学的表示动物的词汇在中、西方文化中的不同喻义。表格设计如下（王德美，2006：26）：

动物词汇在中、西文化中的喻义

Animals	Metaphor and Cultural Association in China	Metaphor and Cultural Association in Western Countries	Your Choice
1. phoenix	（1）beautiful / gentle （2）lucky / king of all birds （3）happy / healthy / rich （4）hopeful / talisman（辟邪物）	a. evil / ugly b. egotistic（自高自大） c. reborn / revived d. a male chicken / very pleased with oneself in a negative sense	1.
2. peacock			2.
3. rooster			3.
4. bat			4.

（3）文化包（Culture Capsules）。

文化教学第二类目标——应用英语文化知识，和第三类目标——加深对本国文化的理解，都可使用这个方法。文化包的方法通常是教学内容学习加讨论形式结合进行。文化包中含有一份介绍外国文化的材料，在学习了这份材料之后，教师组织学生对材料的内容进行文化对比的讨论。例如，在学习人教版 NSEFC 必修 3 Unit 2 Healthy Eating 一课时，教师可提供一篇介绍西方饮食文化的材料给学生阅读，然后学生就材料的内容进行扩展性的介绍和讨论，最后再与中国饮食的文化作对比分析讨论。通过这种介绍、讨论、对比、分析等有意识的活动，来培养学生对英美文化的敏感性，使他们在英语学习中善于发现英美文化特点并乐于了解和学习英美文化。若干个具有相同内容类别的文化包可以组成文化丛（culture clusters）。通常文化包的活动时间只有十分钟长。上了几个文化包就可以上一堂课，以综合讨论和消化这个主题的内容。如有关西方饮食文化的文化丛，可以分解为饮食观念、饮食对象、饮食方式等三个文化包。这三个文化包完成后，第四次课时可以综合介绍、讨论东西方饮食文化的异同。

（4）文化体验（Cultural Experience）。

这是完成文化教学第四类目标——培养跨文化意识的有效方法。莫兰（2004：24）认为："文化是一个动态的、鲜活的现象，人们每天以共有的生活方式参与实践文化，同时经历和创造他们的历史或文明。"他的观点主要强调人们参与文化的体验。由此他运用"文化体验"作为文化教学理论的核心概念。要帮助学生理解文化，可以从三个框架入手：文化体验、文化知识、体验式学习循环。他提出的文化体验包括五个方面的内容：文化内涵、学生介入这一内涵的活动、预期或实现的结果、学习内容和师生形成的关联的实质。莫兰认为文化教学应运用体验性学习方式（Moran，2004：19）。这实际上是一系列的方法，通过一个循环的过程进行文化学习。这个过程包括：参与（直接或间接）、描述（理解内容）、解释（理解原因）、回应（对自我的了解）四个步骤。即通过组织学生参加语言实践活动来了解外国的文化。学习者在体验文化的学习过程中能构建文化行为规则，获得文化信息，形成文化理解意识和个人反应。文化体验活动可以是需要学生参与度较高的戏剧表演、改编对话等活动，也可以是浏览网站、观看电影、阅读文学作品、观察图片及其他听、说、读、写等方面的活动。

除了以上课堂上使用的方法，教师也可以直接把外国文化内容作为教学材料，编成教材并开设课程。课程内容可以是外国的习俗、典故、历史、风土人情等。目前高中阶段开设的一些选修课校本课程即为此类课程。

自基础教育课程改革颁布以来，有关文化教学的研究和讨论已成为外语教学界的热点话题，而且还将在一定时期内继续深入下去，其未来的发展将呈现两方面的趋势：文化日益多元化和复杂化；教学目标日益本土化。（苗丽霞，2007：101）在全球化、网络化的今天，越来越多的英语使用者是第二语言或外语使用者，他们有自己的母语文化背景，他们把英语作为国际交流的工具，其交流的对象不仅仅是第一语言使用者，更多的是第二语言或外语使用者。很显然，国际跨文化交际的情景日趋多元化和复杂化，外语教学中的文化亦愈显多元化和复杂化。同时，长期以来，我国英语文化教学一味强调中西文化的差异和英语国家的文化导入，相对轻视中西不同文化之间的相互渗透和影响，忽视外语使用中本族文化导出的意义，其后果是学习者本国文化素养的严重缺失。有越来越多的教育从业者开始关注这个问题（袁园，2010：54），我国基础教育课程改革也开始重视这个问题，把对本国文化的理解作为文化教学的目标之一，这将是个良好的开端。

思考和练习

1. 广义的文化（culture with a big C）和狭义的文化（culture with a small c）两者在内容上有何区别？

2. 你认为文化知识是什么？你对文化知识概念的理解与 Stern（1992）的概念有何区别？

3. 你认为文化意识的培养可以通过什么方法进行？

4. 语言与文化的关系是怎么样的？

5. 新课程标准中，二级、五级、八级目标对文化教学的要求有什么变化？

6. 你在平常的教学中是如何处理文化方面的内容的？

7. 请尝试运用文化旁白的方法设计英语课堂中某个文化知识点的讲授。

8. 请尝试使用文化包的方法设计人教版 NSEFC 必修 3 Unit 1 Festivals around the World 的内容。

参考书目

[1] Halliday, M. A. K. The Act of Meaning. In: J. Alatised. *Language, Communication and Social Meaning. Georgetown University Roundtable on Languages and Linguistics* [M]. Washington, DC: Georgetown University Press, 1992.

[2] Hammerly, H. *Synthesis in Second Language Teaching* [M]. Blaine,

Washington: Second Language Publications, 1982.

[3] Hymes, D. *The Communicative Approach to Language Reaching* [M]. Oxford: Oup, 1971.

[4] Moran, Patrick R. *Teaching Culture: Perspective in Practice* [M]. Heinle & Heinle, 2004.

[5] Stern, H. H. *Issues and Options in Language Teaching* [M]. Oxford: Oxford University Press, 1992.

[6] Stern, H. H. *Fundamental Concepts of Language Teaching* [M]. Oxford: Oxford University Press, 1983.

[7] 陈琳，王蔷，程晓堂. 普通高中英语课程标准解读 [M]. 南京：江苏教育出版社，2003.

[8] 陈俊森. 跨文化交际与外语教育 [M]. 武汉：华中科技大学出版社，2006.

[9] 邓炎昌，刘润清. 语言与文化 [M]. 北京：外语教育与研究出版社，1989.

[10] 桂诗春. 应用语言学 [M]. 长沙：湖南教育出版社，1988.

[11] 胡文仲. 文化教学与文化研究 [J]. 外语教学与研究，1992 (1).

[12] 胡文仲. 趋势与特点：跨文化交际研究评述 [J]. 中国外语，2006 (3).

[13] 胡文仲. 论跨文化交际的实证研究 [J]. 外语教学与研究，2005 (5).

[14] 教育部基础教育司，英语课程标准研制组. 全日制义务教育英语课程标准解读 [M]. 北京：北京师范大学出版社，2002.

[15] 李峰. 高中英语课堂文化知识教学 [D]. 华中师范大学学位论文，2008.

[16] 苗丽霞. 近 20 年我国英语文化教学研究述评 [J]. 中国外语，2007 (4).

[17] 王德美. 如何在英语教学中融入文化教学 [J]. 中小学外语教学，2006 (12).

[18] 王振亚. 实用英语语言文化 [M]. 保定：河北大学出版社，2004.

[19] 吴菲. 基础英语教育中跨文化意识培养的策略研究 [J]. 中小学英语教学与研究，2007 (1).

[20] 许国璋. Cultural - loaded Words and English Language Teaching [J].

现代外语，1980（4）.

［21］袁园．论英语教学中的中国文化自觉［J］．淮海工学院学报（社会科学版·教育论坛），2010（5）.

［22］张思永，张宜波．外语教学中的文化教学：回顾与讨论［J］．宁波职业技术学院学报，2007（4）.

［23］张占一．试议交际文化和知识文化［J］．语言教学与研究，1990（3）.

［24］赵贤洲．文化差异与文化导入论略［J］．外语教学与研究，1989（1）.

［25］中华人民共和国教育部．普通高中英语课程标准（实验）［S］．北京：人民教育出版社，2003.

［26］左焕琪．外语教育展望［M］．上海：华东师范大学出版社，2002.

第14章

外语教学评价

在外语教学中，我们会对教学和学生学习的情况进行评价。通过评价我们能了解到课程目标的实行情况和教学计划的落实情况，也能了解到学生的学习的进步和成绩。评价时，我们不但会关注教学的结果，如通过某段时间的学习学生能否达到某一课程设计的要求，是否达到某一级别的水平；我们也会关注学生学习过程发生的变化，如他们的进步，他们在学习策略使用方面的变化，他们在兴趣和情感出现的差异。因此，外语教学评价可分为两类，即关注结果的终结性评价（summative evaluation）和关注过程的形成性评价（formative evaluation）。但在过去的教学中，我们较多地注意了语言测试——终结性评价的主要形式，而对形成性评价注意得不够（何安平等，2006：16~8）。新课程中的一个理念就是要建立多元化的评价体系，更多地关注形成性评价。通过评价让学生树立自信，培养兴趣，调整学习策略已达到学好外语的目的。本章不但更新了原来语言测试的内容，而且加入了形成性评价的一部分。

14.1 外语教学中的形成性评价和终结性评价

要在外语教学中落实新课程理念，把形成性评价作为评价的重要手段，我们要弄清楚什么是评价、什么是形成性评价和终结性评价。

14.1.1 外语教学中的评价

14.1.1.1 外语教学中的评价和评估

评价和评估是外语教学中经常使用的两个概念，我们在阅读相关文献时会发现，人们常常交替使用这两个术语（龚亚夫、罗少茜，2002：1），但就其内涵而言是不同的（Montgomery，2004：8. 见：王笃勤，2007：3）。

评价（evaluation）一般指系统收集资料以作出判断。在语言教学中，评价是对教学课程质量高低或对课程中个体的判断。它可涉及课程本身质量、课程目标、课程教学材料、测试及评分方法，也可涉及个体的入学、编班、个人进步和学业成绩。无论是评价课程或个体，测试或其他的手段都是常用的方法（Richards et al.，2000：163）。

评估（Assessment）指对一个人的能力或一门课程质量或效果的测量，它可使用考试、问卷调查、访谈、观察等方法进行（Richards et al.：28～29）。

上面的描述基本上能向我们展示评价和评估的内涵。教学评价可理解为分析评估数据或资料对课程或个体作出判断的过程。因此，我们可依据评估数据或资料对学生的学习或课程的质量作出判断或评价。可以说，评估过程是评价过程的一部分，是评价的基础（王笃勤，2007：3），这大概就是人们将两者交替使用的原因吧。

14.1.1.2 外语教学评价的分类

外语教学评价可从不同的角度出发进行不同的分类。根据评价的对象可分为课程评价和学生评价（Stern，1999：441）；根据评估过程可分为起点评价、形成性评价和终结性评价；根据评估的功能可分为选拔性评价和诊断性评价；根据评估的内容可分为以课程标准为基础的评估、以学业为基础的评估和以能力为基础的评价；也可根据评价参考的标准分为标准参照评价和常模参照评价（龚亚夫、罗少茜，2002：3～5）。但这些分类法并非互相排斥的，而是可相互交叉的，形成性评价和终结性评价就是一例，它们可说是以课程标准为基础的，也可说是按评估过程而界定的。本章介绍的是新课程提供的两种评价方式：形成性评价和终结性评价。

14.1.2 形成性评价

14.1.2.1 什么是形成性评价

布卢姆等（Bloom et al.，1971. In：Stern，1999：441）把对学生的形成性评价（formative evaluation）看成是对学生学习过程中的进步的评估。据此观点，在形成性评价中有两个关注点，一是关注学生的学习过程，二是在此过程中的进步。因此，形成性评价一般出现在日常的教学过程中，属于课堂教学评价（class-based assessment）（陈琳等，2004：110）。由于我们关注的是学生在学习过程中的进步，我们会在教学过程中通过不同的方式和手段，使用不同的工具系统地收集资料和数据，了解学生在外语学习过程中的进步，这些进步涉及对外语语言知识的掌握，对语言技能的应用、学习策略的使用、情感态度的变化和跨文化交际能力的提升。与此同时，在形成性评价中，教师会发现学生的进步，鼓励学生不断前进，教师也会发现学生在学习过程中存在的问题，与学生商讨、寻找解决问题的方法，促进学生的发展。

14.1.2.2　形成性评价的方法

在进行形成性评价时可使用不同的手段和方法，即测试型评价和非测试型评价的方法（陈琳等，2004：110～111）。使用测试型的方式，教师可设计应用型、综合型的语言应用任务以观察学生获取信息和处理信息的能力、分析问题和解决问题的能力、用英语思维和表达的能力以及与他人合作的能力。教师还可设计恰当的评价标准，全面、具体、细致地观察学生能力的变化。《普通高中英语课程标准（实验）》为我们提供了很好的范例，可参考这些范例（中华人民共和国教育部，2003：44～50），结合自己的教学情况进行相关的评价。

形成性评价还可以使用非测试型评价手段进行。非测试型评价指在教学中使用信息收集工具，系统地收集相关的教学信息，然后进行分析，再作决策（陈琳等，2004：110）。非测试型评价可使用的工具有观察、问卷、访谈、检测表、学生成长记录袋（portfolio）等（龚亚夫、罗少茜，2002：6～11；陈琳等，2004：110～112；王笃勤，2007：7；中华人民共和国教育部，2003：51～53）。

14.1.3　终结性评价

14.1.3.1　什么是终结性评价

布卢姆等（Bloom et al.，1971，In：Stern，1999：441）把对学生的终结性评价看成是在一门课程教学后对学生的学业成绩进行评估，评估为的是决定学生是否达到课程所定下的某一水平要求。因此，终结性评价会出现在某一教学阶段之后，目的是了解学生是否达到了某一教学阶段所规定的目标或水平。我们可以在学期结束或学段结束时使用终结性评价了解学生是否达到了课程标准所规定的级别水平。

14.1.3.2　终结性评价的方法

培养学生综合语言运用能力是英语课程的目标要求。因此，终结性评价必须以考查学生综合语言运用能力为目标（中华人民共和国教育部，2003：41～43）。当然，在不同的学段，不同的级别，综合语言运用能力有着不同的体现和不同的标准。

终结性评价一般采用考试的形式，但也可以采用其他方式，如项目报告、小论文、实验报告、专题演讲、辩论、表演等形式。成绩记录也可尝试多种方式。由于考试是终结性评价的主要形式，因此，本章在其余的部分将保留原版本更新过的语言测试的内容。按照课程标准如采用考试形式进行的学段、学期或结业考试，测试应包含口试、听力和笔试的内容，并可以通过理解（听力理解、阅读理解）与表达任务（听后写、读后写）来检测学生运用语言知识的能力。试题的设计要注意综合性，评分要注意评分标准的设计，也应按实际情况运用电脑及教育技术辅助考试以达到更快、更准地考查学生综合语言运用能力的效果。

14.1.4 新课程的评价理念及意见

不论是《全日制义务教育普通高级中学英语课程标准（实验稿）》还是《普通高中英语课程标准（实验）》都对英语课程在评价方面的要求作出了明确的规定。两个英语课程标准不但阐述了评价的理念和体系，而且还对如何进行形成性评价和终结性评价，在步骤上和操作方面作出了较详细的描述。我们要学习两个英语课程标准，了解和掌握课程的评价体系、评价主体、评价方式、评价作用、评价依据、形成性评价和终结性评价的关系。

按英语课程标准，我们要建立多元化的以学生为主体的评价体系。学生是评价的参与者和合作者，他可以与同伴、家长参与评价。在这样的体系中评价方式是多样的，有形成性评价也有终结性评价；有定性评价也有定量评价；有自评也有他评；有综合性评价也有单项评价。在这个体系中，不管我们采取何种方式进行评价，目的都是促进学生的学习，促进学生全面的发展；通过评价使学生能监控、调整自己的学习目标和学习策略，增强学习英语的兴趣、动力和信心。在这个体系中评价的依据是课程目标及相应级别的教学目标，终结性评价要注意考查学生的综合语言运用能力，应该包括口试、听力和笔试等形式。虽然课程标准主张使用形成性和终结性评价相结合的方式进行评价，但应以形成性评价为主。

如何落实课程标准的评价理念和原则，是个带有挑战性的任务。长期以来，我们只注意了使用终结性评价的测试形式对学生进行评价，对形成性评价，对测试型和非测试型的形成性评价，我们做得不多，或根本没有使用。因此，我们应加强学习，努力实践新的评价理念。

14.2 语言测试的功能

语言测试出现在不同的时间、不同的场合和为着不同的目的进行时有着不同的作用。好的语言测试可以帮助学生了解学习的情况，作为一种学习方面的信息反馈，能帮助学生调整学习计划，改进学习方法，从而提高学习的效果。设计得好的语言测试也能帮助教师了解教学的情况，作为教学方面的信息反馈，帮助教师了解教学目的是否达到、教学进度是否适当、教学方法应否改进等。这些都是好的测试的教学功能。除此以外，语言测试还可以用于选拔人才和教学科研。

14. 2. 1　语言测试的教学功能

外语教学离不开教学评价。作为终结性评价的主要形式，语言测试有其不可替代的作用。我们可以使用语言测试了解学生的外语水平以按不同的要求进行分班和制订不同班级的教学计划。在课程实施的时候，使用语言测试能帮助我们诊断学生学习方面的问题，好让我们因材施教和调整教学计划。在课程结束或学段结束的时候，使用语言测试还能帮助我们了解到学生能否达到课程设定的目标和水平。语言测试反馈的信息除能为学校或教师使用外，还能为学生和家长使用。通过语言测试，学生更明了自己的进步情况和自己存在的问题，家长也更能了解学校外语课程的质量和子女学业的进步。一句话，语言测试在外语教学中有着相当重要的功能。

14. 2. 2　语言测试用于选拔人才

如果你想到美国或加拿大留学攻读学士学位或硕士学位，那里的大学将会要求你出示 TOEFL 或 GRE 的成绩。考试成绩将表明你的英文水平是否达到可以到美国大学学习的水平。从这个角度来看，这两个考试成了选拔人才的考试。

在中国，EPT（English Proficiency Test）用于选拔出国留学人员。想要出国的人员都要参加这种考试并要达到一定的成绩。

更大规模的选拔性英语考试应该是我国高考的 NMET 考试。它较全面地考查学生运用语言的能力并按照考生英语水平划分，规定什么水平的考生可以到哪一级的学校学习外语，等等。

14. 2. 3　语言测试用于教学研究

在进行教学研究时，我们会使用实验法对比两种教学方法的效果。我们在实验前和实验后会使用测试去获取实验班和对照班的数据，看两班学生的测试平均分有无显著差异（何广铿等，2009：126 ~ 136），然后再作出结论。测试用于教学研究的例子是不少的，外语期刊能为我们提供不少范例（如冯晶，2005；乔佳义，2004 等）。

14.3 语言测试的种类

我们可以从不同的角度去研究语言测试，语言测试可以按不同的标准作不同的分类。

14.3.1 按用途分类

按用途来分类，语言测试可分为四种，即成绩考试（achievement tests）、水平考试（proficiency tests）、学能考试（aptitude tests）和诊断考试（diagnostic tests）。

（1）成绩考试。

成绩考试用来考查学生学习了某一教材后对语言掌握的情况。它是一种检查教学情况的考试，按照教学大纲和教学内容命题，命题一般由教师进行。我们所熟悉的期中考试、期末考试、随堂考试、单元测验、毕业考试等都属于这一类考试。这种考试的分数表示学生对学习内容掌握的情况，用百分制来评价。60 分往往说明掌握了 60% 的教学内容或称及格。

（2）水平考试。

水平考试考查考生对语言的掌握是否达到了一定的水平，从而决定考生能否适应以后的工作需要。水平考试主要检查考生的语言知识及语言运用能力能否达到某一水平。命题不会如成绩考试那样以某一教材作依据。它所关心的是考生的语言水平，而不是有否学习过某一教材。我们熟悉的托福考试属于水平考试。托福考试在世界范围内进行，由美国一家测试机构主办，它是为要求到美国大学去学习的外国学生举行的考试。美国很多大学以托福考试成绩作为录取的条件之一。我们的 EPT 和英国的剑桥英语水平证书测试（University of Cambridge Certificate of Proficiency in English）也是水平考试。一般说来，水平考试的成绩无所谓及格或不及格，它反映出某一考生的水平在整体考生中的位置，即他的水平比多少考生高了，又比多少考生低了。水平考试的分数是一个相对的分数（参看“常模参照性考试”一节）。

（3）学能考试。

学能考试用于预测学生学习语言的潜在能力。学能考试并不根据过去教学内容来命题，它的命题依据是对语言潜在能力的结构的分析。学能可以包括发音能力、语法结构敏感性、机械记忆能力等（Carroll，1981：105. In：Cook，2000：101）。

高考的复试试题中曾有学能部分的考查（温植胜，2005：387），主要考查考生听觉的敏锐性，对语言规律观察的敏感性和总结及运用语言规则的能力。高考复试中 A Ⅰ语言听辨和 AⅡ语言观察题是学能考试类型题。

研究生入学考试 GRE（Graduate Record Examination）也是学能考试，目的是测试考生是否具备将来在研究生班学习的能力。学能考试的目的是预测考生将来学习语言的潜力，至于能否真正达到其效果，目前在社会上尚有争议。

（4）诊断性考试。

诊断性考试与成绩考试相似，用于考查学生掌握某一教学内容的情况，目的在于判断学生学习某些项目的困难程度，直接获取教学反馈信息，以利于教师针对问题进行教学和改进教学。诊断性考试由教师根据教学情况命题，学生成绩用于了解教学情况，不一定作为衡量学生水平的分数。

14.3.2 按评分的客观性分类

按评分的客观性分类，语言考试可以分为主观性考试和客观性考试（Subjective Tests and Objective Tests）。

（1）主观性考试。

这里所说的主观性指的是在评分上是否掺杂有主观因素。比如在评高考英语科试题中书面表达部分时，不同的教师对同一篇作文会打出不同的分数。评分时不同的尺度取决于评分者的英语水平、爱好、心理状态等主观因素。但主观题能够考查学生运用所学知识来组织、归纳和综合的能力，可以测量学生应用所学知识解决问题的能力，考查他们综合运用语言的能力，这些是客观性试题不能做到的，所以在考试中，它也应占一定的比例。

（2）客观性考试。

客观性试题的评分没有掺杂主观因素，不管谁来改卷，机器或人，结果都会一样，得分都会相同。评分准确是客观性试题的特点。但它也有不足之处，它无法测量考生创造、组织、表达、概括等能力。客观性试题包括是非题、多项选择题、配对题等。

14.3.3 按考试方式分类

按考试方式分类，考试可分为综合式考试和分离式考试（Integrative Tests and Discrete-point Tests）。

（1）分离式考试。

在分离式考试中每个项目分别检查考生的一种技能或一类知识。它可以集中考查语言的某一方面，如语音、语法或词汇，也可以考查考生某一方面的技能，如听、说、读、写等。高考英语科考试中的单项填空题属于分离式考试的考题。单项填空题考查的是语音、语法、惯用法和词汇方面的知识。分离式考试一般多用客观性的试题，它的理论基础是：语言是一个系统，由很多成分构成，掌握一种语言就是对这个系统的成分的掌握。因此，考查一个人的语言水平就是考查他对这些成分、结构的掌握和运用。但另一部分学者则认为：组成语言的成分一般会同时出现、同时使用，部分之和小于全体，即使我们测量了各部分（各成分）也不等于测量了全体（整个系统）。因此他们提出了综合式考试。

（2）综合式考试。

综合式考试的试题侧重考查学生使用语言的综合能力。高考试卷中书面表达、完形填空和阅读理解题都属于综合考试的题型。书面表达考查考生综合运用语法、词汇等知识，以书面形式表达思想的能力。完形填空和阅读理解则考查考生运用语言知识和非语言知识理解篇章的能力。

14.3.4 按解释分数的方法分类

按解释分数的方法去区分考试类型，可以把考试分为常模参照性考试和标准参照性考试（Norm-Referenced Tests and Criterion-Referenced Tests）。

（1）常模参照性考试。

常模参照性考试目的是测试学生在掌握英语知识和运用英语能力上的差异，它结合其他考生的得分来反映一个考生的分数。在常模参照性考试中我们关心的不光是某一考生的分数，更重要的是这个分数在考生中的位置。如果一个考生得分为78，它的名次为第958名。在1 000人的考试中这个分数是低的，但在10 000人的考试中这个分数是比较高的。为反映某考生的位置，我们给他一个百分比，即在第一种情况下，他的位置是比95.8%的考生差而比4.2%的考生好。在第二种情况中，考生的位置则是比9.58%的考生差而比90.42%的考生好。

常模参照性考试可用于大规模的选拔性考试中。高考和托福考试是常模参照性考试。

（2）标准参照性考试。

标准参照性考试不同于常模参照性考试。它的评分不是参照一个常模，而是参照一个事先规定好的标准，所有考生的成绩都仅仅同应当到达的标准作比较，达到这个高度就算及格。申请领取教员证书、驾驶执照和打字员证书等考试都属于这一种考试。

14.4 评价语言测试的标准

一个好的考试要有相应的指标来表明它良好的程度。评价语言测试素质的标准是其有用性（usefulness），而其有用性则由六个因素组成：信度、结构效度、真实性、交互性、反拨作用和操作性（Bachman & Palmer，1999：17～42）。

14.4.1 信度

简单来说就是考分的一致性（consistency of test scores）。从理论上讲，如果一个考试具有较高信度的话，无论在什么情况下对同组学生施考多少次，学生们各次的考试成绩应该一致（邹申、杨任明，2005：34）。在阅卷过程中，不同阅卷人员对同一测试项目（如作文）给予相同的分数，或同一阅卷人员在不同时间评卷时给同一测试项目相同的分数是阅卷信度高的体现（转译自 Alderson et al. *Language Test Construction and Evaluation*，2000：129）。

信度指考试的可靠性，也即考试结果的稳定性。如果我们用 100 道题考同一个学生，在第一次测试中，他答对 80 题；第二次再考，他只答对 40 题；第三次再考时，他仅仅答对 20 题。这个考试是不可靠的。但如果几次重复测试的结果是稳定的，或是基本一致的，这个考试就是可靠的。

在客观性试题占主导的考试中，信度值要达到 0.90 以上。如果一份试卷有主观性试题，信度可略为降低，但最好不低于 0.80（桂诗春，1986：136；广东省教育考试院，2010：2）。托福的信度大致为 0.95。

14.4.1.1 影响信度的因素

影响试卷信度的因素有试卷的长度、题目的同质性、题目的区分度、考生的差异性和考试时间是否充裕等。（桂诗春，1986：135～137）

（1）试卷的长度。一般说来，题目越多，信度就越高。因此在合理而实际可行的情况下应尽量把题目出多一些。高考 MET 的命题注意了试卷的长度，客观题 85 题，主观题 1 题。题目多当然好些，但不是说可以无止境地多出题目，延长时间。如果这样，学生筋疲力尽，同样会降低测试的可靠性。

（2）题目的同质性。影响测试信度的另一个因素是题目的同质性，它是指各项题目相似或一致的程度。如果题目考的是同一种能力倾向，信度也会增加。但在较大规模的语言测试中，我们往往不愿意让试题太单一，试题会包括不同类型的项目，如语法题、词汇题、阅读理解题等。因此最好采取折中的办法，限制试题的项目，以增加信度。

（3）题目的区分度。题目的区分度也是影响信度的一个因素。所谓区分度是指某一试题对于不同水平考生区分的能力。如有一题目，水平好的考生答对了，而水平低的考生都答错了，那么该题的区分度是好的。如果某题目太难或太易，所有考生都答错或答对，那么该题区分度就差。一般说来，区分度以 0.3 以上为好，0.3 以下则为差，在试题中，区分能力强的题目越多，信度就越高。

计算试题的区分度可用下面公式进行：

$$D = \frac{Hc - Lc}{n}$$

式中：D 是某试题的区分度；Hc 是高分组答对该题的人数；Lc 是低分组答对该题的人数：n 是高分组或低分组的人数（全体人数 ×0.27）。

计算某试题的区分度时，先把改好的试卷从高分至低分排列好；然后，找出高分组（全部卷数 ×0.27）中有多少人做对，又找出低分组（人数与高分组相同）中有多少人做对；最后按上式计算即可。比如，有 51 人参加了某次考试，做第一题，高分组的 14 人（51 ×0.27）中有 9 人答对，低分组的 14 人中有 3 人答对，那么这题的区分度则为 0.43（$D = \frac{9-3}{14} = 0.43$）。

对某题的区分度 D 可作如下解释：

① $D \geqslant 0.4$，说明该题区分度很好（即优）。

② $0.30 \leqslant D \leqslant 0.39$，说明该题区分度良好（如果能改进更好）。

③ $0.20 \leqslant D \leqslant 0.29$，说明该题区分度尚好（用时需要改进）。

④ $D \leqslant 0.19$，说明该题区分度差（必须淘汰或改进后方可使用）。

（4）考生能力的差异性。考生能力的差异性指学生能力参差不齐。如果学生程度悬殊，有的很好，有的很差，对这样一组学生进行测试，较容易达到准确可靠。因此考生能力差异越大（往往以较大的标准差表现出来），信度就越高。

（5）考试时间是否充裕。如果测试内容多、题目难，在这种情况下做题的速度也会成为测试的内容。如是这样，测试的信度将会受到影响，因为目前所使用的信度公式用来估量能力考试比用来估量速度考试更准确些。

除了上面提及的因素外，还有一些影响信度的其他因素，如考场的环境、评分标准，等等，这里就不详述了。

14.4.1.2 测试信度的方法

测试信度的方法有多种（桂诗春，1986；Heaton，2000），我们在这里介绍四个常用的方法。

（1）重测法。重测法的做法是用同一份试卷对一组学生测试后，经过一段时间再测一次，然后将两次结果加以比较，求出两次考试分数之间的相关系数。若相关系数大，考试的信度就高。重测法的缺点是：较难控制在两次考试之间学生水平的变化，也难控制学生在第二次考试时对第一次考试的内容的回忆。

（2）对等卷法。对等卷法的做法是，编制两套“等值”的试卷，并用他们考查同一组考生。在一次考试中使用一份试卷，在另一次考试中使用另一份试卷，然后求出两次考试分数的相关系数，该系数是对等卷信度。对等卷法存在的问题是：要编制两套“等值”的试卷是不容易的。

（3）对半法。对半法的优点是无需用两套试卷去考两次。可把整份试卷按奇、偶数分为两半，计算这两部分的分数的相关系数，然后用下面公式计算其信度。

$$r_{tt} = \frac{2r_{hh}}{1 + r_{hh}}$$

式中：r_{hh}为两半分数的相关系数；r_{tt}为整份试卷的信度系数。

（4）内部一致性信度法。这是一种得到较广泛应用的方法。常用计算客观性试题和主观性试题信度的公式如下：

①用于客观性试题的信度计算的 $KR-20$ 公式：

$$\mathrm{r_{tt}} = \left(\frac{\mathrm{m}}{\mathrm{m}-1}\right)\left(1 - \frac{\sum \mathrm{pq}}{\mathrm{S_T^2}}\right)$$

式中：m 为试卷的题目数；p 为一个题目的答对率；q 为 1 - p 为题目的答错率；$\mathrm{S_T^2}$ 为整份试卷的方差。

②用于主观性试题的信度计算的 α 系数公式

$$\alpha = \left(\frac{m}{m-1}\right)\left(1 - \frac{\sum S_i^2}{S_T^2}\right)$$

式中：S_i^2 为每一题目的方差；$\sum S_i^2$ 为每一大题的方差总和；S_T^2 为整份试卷的方差；m 为试卷的题目数。

在一次考试中既有客观性试题又有主观性试题时，一般用 α 系统公式来计算全卷的信度。如何使用公式计算某考试的信度可参考邹申和杨任明（2005）。

其他计算信度的公式这里就不作介绍了。

14.4.2 效度

效度指的是一个考试测量了它所要测量的东西的程度（桂诗春，1986：137；Heaton，2000：159）。一个考试的有效程度如何或一个考试的有效性如何，取决于这个考试是否达到了考试的目的和这个考试是否真正测量了它所要测量的内容。效度指的是一个考试的分数，而不是考试的本身，是根据考试分数作出的推论或预测的准确性程度。

14.4.2.1 效度的分类

效度可以分为内容效度、预测效度、共时效度和实验效度。（桂诗春，1986：137～141），也可分为表面效度、内容效度、共时效度和结构效度（邹申、杨任明，2005：38～41）。下面介绍内容效度、预测效度、共时效度、实验效度和结构效度。

（1）内容效度。

内容效度指的是一个考试是否考查了应该考查的内容，或者说考试内容与预定考试的要求是否一致。在考试中为了考查学生对英语的掌握情况，最好能在试卷中包含所有要求学生掌握的内容。但实际上这是办不到的。因此在考试中我们只能考查那些有代表性的内容，以便从考生的考试分数来推测考生对英语的掌握情况。

为了解决考试中这个“代表性”的问题，我们一般先制订出命题的细目表，详细把各个项目列出，然后编写出合适的试题编成试卷。要提高题目内容的效度，要靠命题人员和审题人员的经验，主要靠他们根据考纲和命题细目表作出判断。

（2）预测效度。

有些考试是用来帮助我们作出某一决定的。例如，选拔考生进入高等学校或选拔各类科技人员出国进修。我们可使用 NMET 和 EPT 考试来选拔人员。我们关心的是考试是否能帮助我们选到真正的人才，我们想知道考试预测的准确程度。这里预测效度涉及分数的比较。我们可以把考生的高考成绩与考生到高校学习了一年后的成绩作比较，看两个分数是否有相关性，高考成绩优异的学生在大学里是否也优异。一个考试预测得越准，其预测的有效程度就越高，或可以说，预测与实际越吻合。广州外语学院将 1985 年通过高考入学的学生与其 1986 年期末考试成绩进行了比较，发现高考笔试与期末考试相关系数为 0.468，而口试与期末考试的相关系数为 0.574。

(3) 共时效度。

共时效度与预测效度相似，不同的是预测效度比较的是两次在不同时间考试的成绩，而共时效度比较的则是两次同时举行的考试的成绩。为了检验我们自己设计的 EPT 考试是否成为标准化考试，学者们让一组考生在短期内参加了两次 EPT 和两次托福考试。四次考试的相关系数非常一致，因此 EPT 考试可以说是具有标准化考试特征的考试（桂诗春，1986：140）。

(4) 实验效度。

在做科学实验时（如一些英语的教改实验），我们往往从科学理论出发提出某些假设，然后用某种测试的手段去验证这种假设。要知道该接受或拒绝我们的假设，我们必须采用某种统计手段，去检验实验结果的效度、考试结果是否具有显著性意义、还包含了哪些误差，等等。为了解实验效度，我们会使用 t 检验和其他分析方法。t 检验等方法可参考桂诗春、宁春岩（1997），李绍山（2001）等。

(5) 结构（构念）效度。

结构或构念在这里指的是语言能力理论中假设的基础能力或特征。比如，我们时常提及阅读能力（reading ability）或写作能力（writing ability），就代表了两个典型的理论能力结构（theoretical construct）。如果一个考试表明能够测量某个理论能力结构，它就具有结构效度（邹申、杨任明，2005：40）。为了验证广东高考 2007 年开始使用的读写任务的结构效度，张新玲、曾用强使用问卷、访谈方式对专家、教师和学生时行探究。研究表明读写任务能够检测英语学习者读、写结合构念的相关能力（张新玲 、曾用强，2009）。

14.4.2.2　效度系数的计算方法

效度系数的计算一般是求出两组数据的相关系数。所谓相关就是相互关系。下面介绍一种常用的相关系数的求法。它的公式是：

$$r=\frac{N\sum XY-(\sum X)(\sum Y)}{\sqrt{[N\sum X^2-(\sum X)^2]\cdot[N\sum Y^2-(\sum Y)^2]}}$$

其中：N = 总人数，$\sum X = X$ 卷分数的和，$\sum Y = Y$ 卷分数的和，$\sum X^2 = X$ 卷分数的平方和，$\sum Y^2 = Y$ 卷分数的平方和，$\sum XY = X$ 卷与 Y 卷相乘的和。

14.4.2.3　影响效度的因素

影响测试效度的因素有题目的难度、题目的安排、答案的安排等（桂诗春，1986：154 ~ 155）。为提高测试效度，在编写试题和试卷时我们要做到以下八点：

（1）题目要清楚。如果题目和试卷的指令不够清楚，学生对题目要求的理解也成了测试的内容。学生会因要求不明确，答不出问题，造成测试效度低。

（2）用词和句法要得当。试题中的词和句子结构应容易懂。如考语法的题目用词要简单，不要使词汇也成为考查的内容；同样地，考词汇的题目，句子结构也不应太复杂，否则，句子结构也会变成考查的内容。

（3）题目难度要适当。所谓难度是指试题的难易程度。过难、过易的题目都不能很好地区分学生的差异。题目过难，不论是水平低还是水平高的学生都解不出；题目过易，不但水平高的学生做对了，水平低的学生也会做对。因此，题目的难度要适当，不然也会影响试卷的效度。在高考中难度以适中为宜，试题难度以0.30～0.70为佳，整卷难度以0.50～0.60为佳（广东省教育考试院，2010：1）。

客观性试题的难度值用选择正确答案考生人数与参加该次考试全体考生人数的比来表示，即：

$$\text{难度值}\ P=\frac{\text{选择正确答案考生人数}}{\text{参加该次考试全体考生人数}}$$

主观性试题难度值用试题的平均分与试题的满分的比来表示，即难度值。

$$P=\frac{\text{试题的平均分}}{\text{试题间满分}}$$

（4）避免试题中的歧义。试题不应出现有两种不同的解释。如果某个题目可以有两种理解，学生就得猜测出题人的意图，这当然也会影响效度。

（5）题目要足够。如果没有足够的题目来考查所有应该考查的内容，测试的有效性会受到影响。

（6）题目编排要恰当。应把容易的题目放在前，难的放在后。如果颠倒安排，有些学生会因题目太难而失去信心，放弃继续做完下面的题目，这当然也会影响效度。

（7）时间要充足。只有提供充足的时间，才能保证大部分或全部考生完成考试的内容，这样才能提高效度。

（8）避免有规律的答案。在多项选择题考试中，题目应安排好，使学生看不出正确答案的出现有什么规律性。

总之，在编写试题、编排试卷时应多注意其信度和效度，只有这样我们才能编出较好的试卷。

14.4.3 **真实性**

真实性指某一语言测试任务（a language test task）与实际语言运用任务（target language use task）在特征方面的对应程度。

当今语言测试界在考试真实性方面有两大派别。一派在实现考试真实性上采用“现实生活法”，即通过完全复制具体语言使用环境的考试来达到真实性。另一派则是“交际/能力法”（interactional / ability approach），它的特点是强调交际语言运用过程中的显著特征。根据这个观点，真实性不一定反映在语言运用实景中，而是应该体现在考试是否真正测试构成语言能力的那些特征（邹申、杨任明，2005：41～42）。

14.4.4 **交互性**

交互性指的是在考试所设计的任务（test task）中学生的参与程度。参与程度越高，考试的交互性就越强。例如，一个包括50多道选择题考查语法与词汇题的考试交互性较低，而一个采用小组讨论进行口试的考试则交互性较高（邹申、杨任明，2005：41～42）。

14.4.5 **后效作用**

后效作用指考试对教学的影响。考试的后效作用直接影响以下两个方面：教与学。教指的是教师或学校，学指的是学生（邹申、杨任明，2005：43）。

14.4.6 **操作性**

即可行性。制约施考过程的因素有：资源因素、人力因素和时间因素。

尽管上面提到的评估和设计考卷的这六个方面各有其侧重点，但它们构成一个完整的评价体系，缺少其中的任何一个都将会使我们在考试的设计或评估中缺乏全面性、客观性和科学性（广东省教育考试院，2009：43～44）。

14.5 各种题型的设计

在考试中，可以使用许多不同的题型。总的说来，我们可以把试题分为两大类（桂诗春，1986：33）。一是主观性试题。这一类试题包括作文题、问答题等。这类试题因为答案不唯一，评分时易受主观因素影响。二是客观性试题。这一类试题包括是非题、匹配题、多项选择题等。这类试题答案唯一，评分时不受主观因素影响。

还有一类试题可称为限制性试题。它是介于主观性试题和客观性试题之间的试题。这类试题包括填空题和改错题等。从做题方式来看，它们可以由学生自己提供答案，似属主观题型，但从评分的客观性来看又较不受主观因素影响。

下面我们按客观性试题和主观性试题两大类来谈它们的设计。

14.5.1　客观性试题的设计

客观性试题作为一种题型有下列的长处：知识覆盖面广、评分准确客观、利于考查理解、判断能力，评分、记分经济，误差少等。但它不能考查写作和口语表达能力。

14.5.1.1　是非题（正误判断题）

是非题也叫二项选择题，是一种命题方便的题型，一般由一个句子组成，要求学生对所陈述的事实或观点作出判断。但由于考生做是非题有50%的机会猜对答案，故用是非题去了解学生对某一语言项目懂得多少、程度如何就不会像其他题型的试题那么准确。

在命是非题时要做到是非分明、答案唯一。此外，应着重考查学生的理解能力。因此，命题要注意技巧，如考词汇的题目可以考查学生对某一词在一定情景中的意义的掌握；考语法的也应考查学生能否明白某一特定语法结构的意义等。

下面的是非题1和2是编在聆听理解文章（A）后的两道题：

聆听理解（A）

I met an Englishman in the mountains of central New Guinea who had been away from European company for about six years. He had established a very good working relationship with the local people, who were Pygmies. He had three or four visitors during those six years. We came with a line of porters, down the mountain－side: the porters sing as they march, so that he knew we were coming for hours before we actually arrived. He was extremely excited. He was a little fat man with curly grey hair. He bounced up and down with excitement and, perhaps because he hadn't spoken English to anybody else for a long time, his words stumbled out across one another, so that he never finished a sentence. He stuttered: "s-so g-glad c-come, s-sit."

1. Jim had been working for a European company for six years in New Guinea.
2. Jim got on well with the local people.

这两道是非题编得较好，编写时注意了词汇在不同的上下文中的不同意义。

下面的是非题3是出现在阅读理解文章（B）后的题目。

阅读理解（B）

The suggestion does not seem very likely. Had the woman been subject to such attacks genuine or imagined, the doctor would surely have mentioned the fact. Moreover, later in her life the girl frequently spoke about the incident as something unique in her experience, which she would scarcely have done had the vision been a mere exercise of the imagination.

3. The doctor had mentioned that the woman was subject to frequent heart attack.

这道题考查学生对语法结构的掌握，可以说是一道语法结构题。从以上的例子可以看到，是非题可以用来考查词汇、语法或其他的项目（如阅读理解）。在设计时，我们应着眼于学生对项目的理解方面，并注意答案的非争议性。

14.5.1.2　多项选择题的设计

多项选择题是较流行的一种测试题型，它可以用来考查语音、语法、词汇或其他项目。多项选择题由三部分组成，即题干、正确答案和干扰项。如：

Tom ought not to ______ me your secret, but he meant no harm. ——题干

A. have told——正确答案　B. tell / C. be telling / D. having told ｝干扰项

（选自 NMET'93，第15题）

有时题干可以采取对话形式，如：

... Could borrow your dictionary?
... Yes, of course you ______ . ｝题干

A. might　B. will　C. can——正确答案 D. should　A、B、D、为干扰项

（选自 NMET'92，第12题）

正确答案加上干扰项统称为选择项。在高考试卷的选择题中，选择项为4项；在另一些考试的试卷中，选择项为5项。一道多项选择题多少选项为合适呢？从理论上讲，选项越多，考生越难猜对。但实际上要做到这一点并不容易。选择项太多，会增加考生的阅读时间，使题数减少而影响信度。研究表明，选择题最佳形式为每道题4～5个选择项。

编写多项选择题可按下面四个步骤来编写。

（1）定出要考查的项目。决定该题是用来考查语音知识还是词的意义，是考查词的搭配还是考查某一个语法项目。

（2）写出题干和答案。

（3）编写好其他干扰项。

（4）修整题干和选择项使之符合要求。

在编写题干和选择项时，要注意下列的几个问题。题干要把考查的项目显示清楚，提供足够的信息。如：

——down the radio . . . the baby's asleep in the next room.

（选自 NMET'93，第24题）

这是一道设计得较好的题干，它向考生提供了足够的信息“the baby's asleep in the next room”。因此考查的项目“动词”很清楚地摆在考生面前。此外，题干设计时要贯彻经济原则，避免在选择项中重复使用某一单词或词组。1978年的高考题第15题看来还不够经济：

What do you usually do ______?

A. in an evening　　B. in the evening　　C. on the evening

它可以改成更好的一道题：

What do you usually do ______ evening?

A. in an　　B. in the　　C. on the

在设计选择项时，首先要注意正确答案的唯一性，如果出现了两个或两个以上的答案，不但不能考出考生的水平，而且会给评分带来麻烦。请看

NMET91 的第 36 题：

... Come in，Peter，I want to show you something.

... Oh，how nice of you. I ______ you ______ to bring me a gift.

A. never think；are going

B. never thought；were going

C. didn't think；were going

D. hadn't thought；were going

按一位学者对英国大学中好几位教授调查的结果，B、C、D 都可能是正确答案［见曾利沙关于 1991 年高考英语一道试题的调查外语教学与研究，1992（3）］。因此，我们命题时，一定要注意正确答案的唯一性。

在设计选择项时，第二个要注意的问题是干扰项要出得巧妙些，不能因设计上的毛病给予学生暗示，表明哪个选择项是正确答案。下面两题在选择项编写方面存在着不足之处。

1. She needs to get up earlier so she's buying an ______ clock.

A. time　　B. alarm　　C. watch　　D. bell

2. This sentence needs ______ .

A. a improvement　　B. improve

C. improving　　D. improved

第一题由于句子意思和定冠词 an 给了考生提示，考生较容易选中正确答案 B。在第二道题中，A 项是不符合语法的，不能起到干扰的作用。

在设计选择项时，第三要注意的问题是它们的长度，答案和干扰项的长度基本一样或字数相同。下面考题的编写违反了这条编写要求（Heaton，2000：121）。

The curriculum at the new college is a good one in many ways because it ______ .

A. includes many science courses

B. offers a well-balanced program in both the humanities and the science

C. is realistic

D. consists of useful technical subjects

在设计选择项时，我们还应把它们相同的内容放在题干内，以符合更经济的原则。这是第四个要注意的问题。下面的试题，可把“to keep you”放入题干（李筱菊，1997：281）：

Wherever you go on the earth, there is always gravity ______.

A. to keep you to fall off

B. to keep you from falling off

C. to keep you falling off

D. to keep you fall off

在设计选择项时，第五个要注意的事项是选择项要适合学生的水平。在编题时，不论是题干还是选择项中最好不要出现学生难懂或不懂的单词。下面一道题在编写时没按这一原则处理。

They needed lots of training to operate such ______ equipment.

A. easy　　B. sophisticated

C. blue　　D. wise

很明显，B 是正确的答案，可又是学生不懂的词。

上面提出的原则，是编写多项选择题时一般的要求，编写语音题、词汇题、语法题及理解题时，还应该按它们各自不同的特点设计。

在编写语音题时要多根据中国学生发音存在的问题，编好选择项，提高干扰项的干扰能力。这样一来有可能把考查英语语言知识的题出活，考查考生的实际发音。我们知道，中国学生较难掌握/i/和/I/，/e/和/æ/，/uː/和/u/（注：这里缺一个音素），/s/和/z/，/s/和/ʃ/或/ʒ/，/θ/和/ð/等音素之间的区别，中国学生也经常会丢掉单词中的某些音素如/l/等。抓住这些特点，我们就可以编写出有针对性的语音题。下面是高考中编得较好的语音题例。

从 A、B、C、D 中找出其画线部分与所给单词的画线部分读音相同的选项。

例：have

A. gave B. save C. hat D. made

答案是 C

1. dangerous

A. Canadian B. January C. balance D. advanced

2. frequently

A. president B. fresh C. fever D. electric

3. cousin

A. thirsty B. resist C. anxious D. universe

（选自 NMET'92，第 1、2、4 题）

4. salt

A. chalk B. calm C. almost D. half

（选自 NMET'91，第 1 题）

在编写词汇题时，要注意使正确答案和干扰项保持同等难度和同等形式。下面的题目出得不够理想。

She had to help the ______ old man up the stairs.

A. weak B. slowly C. try D. wisdom

该题不理想的原因是：干扰项与正确答案形式不一。如把干扰项 B、C、D 改为 strong、energetic 和 active 会好些。下面是编得较好的词汇题：

1. We have worked out the plan and now we must put it into ______.

A. fact B. reality

C. practice D. deed

（选自 NMET'92，第 38 题）

2. Readers can ______ quite well without knowing the exact meaning of each word.

A. get over B. get in C. get along D. get through

（选自 NMET'93，第 26 题）

在编写语法题时，我们可以多按照学生们在翻译、写作和口头表达练习中出现的错误来编写干扰项，这样一来，它们的干扰性会更大些。以下几道考查语法的多项选择题编得较好。

1. We offered him our congratulations ______ his passing the college entrance exams.

A. at　　B. on　　C. for　　D. of

（选自 NMET'93，第 39 题）

2. Which is ______ country，Canada or Australia?

A. a large　　B. larger　　C. a larger　　D. the larger

（选自 NMET'92，第 28 题）

3. On Saturday afternoon，Mrs. Green went to the. market，______ some bananas and visited her cousin.

A. bought　　B. buying　　C. to buy　　D. buy

很多多项选择题可用来考查一个语法点或一个项目，但一道多项选择题也可以用来考查两个项目，这样一来，它的难度就会加大。如：

In the dark street，there wasn't a single person ______ . she could turn for help.

A. that　　B. who　　C. from whom　　D. to whom

（选自 NMET'92，第 27 题）

14.5.1.3　完形填空题的设计

完形填空题不但能考查学生对语言结构和有关语言知识的掌握，更重要的是，它能考查学生综合运用语言的能力。编题时，我们在一篇文章中去掉其中一些词，要求学生根据上下文提供的信息，在空格里填上他认为原来属于该句的词。一般说来，第一句和最后一句应是完整的句子，这样有助于学生对全篇文章的理解。去掉的词越多，要求学生填入的词越多，完形填空题的难度就越大。有人认为，应有规律地去掉文章的单词，才能保证测试的信度和效度。这就是说，每篇文章的空格都一律隔一定的词数出现。像这样的要求，问题还是不少的。一些空格会很简单，而另一些空格会很难，特别是碰到专有名词、日期、数字时，难度就更大。所以，人们后来采取了较灵活的做法去留空。下面是一篇完形填空的范例：

Fill each of the numbered blanks in the following passage. Use only one word in each space.

In my childhood, the whole family would sometimes go on a diet. ___1___ that we were all oversize; far from ___2___. In fact, one of my brothers was and ___3___ is one of the thinnest people. I have ___4___ known. The ___5___ for all this dieting was partly my father's health and ___6___ my mother'strange ideas. My father had heart trouble ___7___ quite sometime and the doctor advised him to cut ___8___ on fats and smoking. My mother ___9___ this as a sign that all of us should restrain ___10___ from overeating and she immediately cut our food portions ___11___ half. My brothers and I were ___12___ hungry that we ___13___ to spend our pocket money ___14___ cream cakes. We ___15___ not have worried though. After only a week we surprised our mother secretly ___16___ a slice of fruit cake in the kitchen. We teased her ___17___ this, and my father said life wasn't ___18___ living unless you ___19___ eat whatever you wanted. So she agreed ___20___ start cooking more.

这道完形填空题共有空格20个，最近两个空格的距离是2个词，最远两个空格的距离是13个词（这样的安排好吗？请读者考虑）。编写者采用了较灵活的做法留空。全文共171个词，如果去掉第一句12个词的话，平均每隔7个词就留了一个空——这是较普遍的做法。当然也有每隔5个单词或9个单词留一个空的，这得视要求而定。

现在的高考与其他一些考试的完形填空题，采用与多项选择结合的方式命题。要求考生不是填词而是选择正确的词。由于这种题型在中学生的考试中出现较多，下面我们来谈谈这一类完形填空题的设计。

这类完形填空的编写可以按三个步骤进行，即选文章、留空格和编选择项。

选取的文章最好来自原著，如能出于名家之手则更佳。文章的难度应比学生平时所读的材料稍容易一点，因为在删去一些词后，又没有其他的注释，文章会变得更难。至于文章的长度，则要看留多少个空格和平均隔多少个词留一个空格而定。

在文章选好后，我们便要决定去掉一些词。去掉的词数取决于考试的要求。1997—2000年高考英语考试的完形填空题去掉25个词，2001—2003年试题的完形填空题只有20个空格；2004年后自主命题的省份都有自己的思路，广东省2007—2010年的完形填空题只有10个空格。到底应去掉什么样的词呢？这取决于我们考查什么内容，如2010年的全国题去掉的既有实词也有虚词，但广东题只去掉实词。

最后一个步骤就是编写多项选择的选择项。这问题前面已详述，这里就不费笔墨了。

下面是2007年广东高考题的完形填空题，细心阅读全题将会帮助我们加深对编写原则的理解。

Wouldn't it be great if we didn't have to remember passwords ever again? If we could just sit in front of our computers and be 21 logged in? Crave mentions how NEC Soft Biode Logon system uses face recognition technology to log you on to Windows, rather than using a 22 . All you need is a webcam and your pretty face to 23 your PC. No more 24 , confusing passwords to remember or change every few months.

After doing a little research, I found this type of 25 already available in English to consumers via a relatively 26 application called FaceCode. The 27 requires the use of a webcam to recognize and log PC users into their systems. You can add as many 28 as you want, provided they each have a Windows account. If the system 29 to recognize your 30 , you can recall the Windows user name and password by using a hot-key combination.

21. A. automatically	B. personally	C. correctly	D. occasionally
22. A. face	B. password	C. software	D. system
23. A. access	B. connect	C. recognize	D. remember
24. A. simple	B. complicated	C. special	D. useful
25. A. computer	B. technology	C. password	D. application
26. A. independent	B. infrequent	C. inexpensive	D. instant
27. A. account	B. consumer	C. designer	D. software
28. A. users	B. passwords	C. systems	D. computers
29. A. begins	B. tries	C. fails	D. stops
30. A. account	B. name	C. password	D. face

14.5.1.4　多选择项阅读理解题的设计

阅读理解题可以考查学生对单句或篇章的理解；就测试的题型来看，可以用是非题的形式，也可以用多项选择的形式。是非题的形式，我们上面已提及，这里主要谈谈多选择项阅读理解题的编写。

多选择项阅读理解题可以考查考生对下面所列六类问题的理解［（比较Alderson 和 Lukmani，1989：260）的分类，引自邹申等，2005：87］：

（1）文章的话题。它通常具体反映在文章的题目或一段短文的小标题上。

（2）文章的中心思想。它常常贯穿于全文，考生应归纳、概括得出。

（3）文章的细节。它是组成文章的各个部分，帮助解释或表达主题。

（4）文章的结论。

（5）文章的寓意。它隐含于文章中，要求考生在理解文章的基础上领会作者的言外之意。

（6）词义。它往往因上下文不同而变化。考生应能按上下文猜测原来没有学习过的词的意思。

编写多项选择的阅读理解题主要的三个步骤是：第一，选短文；第二，确定考点并编多项选择题的题干；第三，编选择项。

在选短文时，应多注意文章的题材和体裁。题材尽量多样化，包括日常生活、传说、人物、文化、史地、科技、政治、经济等。体裁尽量避免单一化，宜包括记叙文、说明文、议论文、应用文等。

在选好短文后，我们应决定考查内容是细节还是寓意、是话题还是结论、是词义还是中心思想。定出考点后，我们应把考点用文字写成题干。阅读理解的题干可以是问答句类（如下例中的4、5题），或是非完整句类（如下例中的1、2、3题）。在同一考卷中两种类型题目都应有一定的比例。非完整句类的题干中空置部分一定出现在句尾，不能出现在句中或句首。

编写选择项也是个不容忽视的问题。编写正确答案可用释义和用另一种表达（paraphrase）的方法。编写干扰项时，应多注意其干扰力度。当正确答案是中心思想时，干扰项可以是某一段落的意思。编写干扰项时，长度和排列也应引起我们的注意。答案与干扰项的长度最好一样；如不一，两长两短也属一种较好的安排；四个选择项构成一个梯形的形状也可以。一定不要出现答案项最长，其他的选项一般长度的项目。

编写阅读理解题需要我们不断练习，逐步掌握其技巧。下面我们选出一段高考阅读理解题让大家学习，它包含了多种题型。

阅读下列短文，并做后面的题目。从四个选项中，选出能回答所提问题或完成所给句子的最佳答案。

Shu Pulong has helped at least 1 000 people bitten（咬）by snakes. “It was seeing people with snake bites（伤口）that led me to this career,” he said.

In 1963, after his army service, Shu entered a medical school and later became a doctor of Chinese medicine. As part of his studies, he had to work in the mountains. There he often heard of people who had their arms and legs cut off after a snake bite in order to save their lives.

“I was greatly upset by the story of an old farmer I met. It was a very hot afternoon. The old man was pulling grass in his fields when he felt a pain in his left hand. He at once realized he had been bitten by a poisonous snake. In no time he wrapped a cloth tightly around his arm to stop the poison spreading to his heart. Rushing home he shouted ‘Bring me the knife!’ Minutes later the man lost his arm forever.”

“The sad story touched me so much that I decided to devote myself to helping people bitten by snakes,” Shu said.

1. The best headline（标题）for this newspaper article is ______.

A. Astonishing Medicine B. Farmer Loses Arm

C. Dangerous Bites D. Snake Doctor

2. The farmer lost his arm because ______.

A. the cloth was wrapped too tightly B. he cut it off to save his life

C. Shu wasn't there to help him D. he was alone in the fields

3. Shu decided to devote himself to snake medicine because ______.

A. he wanted to save people's arms and legs

B. he had studied it at a medical school

C. he had seen snakes biting people

D. his army service had finished

4. Why did Shu go into the mountains?

A. He wanted to study snake bites.

B. He wanted to help the farmers.

C. He was being trained to be a doctor.

D. He was expected to serve in the army.

5. Which of the following words can take the place of the word career in the first paragraph（段）?

A. conclusion B. story

C. incident D. job

14.5.1.5 多选择项听力理解题的设计

听力理解测试可以考查学生纯粹从语言角度理解所听信息，如辨别音素，辨别句法结构等，也可以考查学生对所听材料内容的理解（邹申等，2005：117）。这里主要介绍的是对材料内容理解的听力理解题的编写技巧。

多选择听力理解题可以考查学生对下面四类问题的理解（比较邹申等，2005：116～117）：

（1）理解主旨和要义；

（2）获取具体的、事实的信息；

（3）对所听内容作出判断；

（4）理解说话者的意图、观点和态度。

在听力理解测试中，多见的题型为多选择项的题型，它的问题可以印在试卷上（见高考题的全国卷），也可以不印在试卷上，只出现在录音里（见2008—2010年的上海卷）。广东省高考英语科中听取信息题要求考生写出听力材料中的相关信息，是一种称为填空听写的题型（李筱菊，1997：413），这里不作介绍。

编写多项选择的听力理解题主要可由三个步骤组成：第一，选取材料；第二，确定考点并编写题干或问题；第三，编写选择项。

选取听力材料要注意质和量两个方面（李筱菊，1997：414～418）。多用的听力材料为对话和独白。选取多少个话轮的对话要根据学生的水平而定。对话和独白两者之间的比例也应依据测试的要求和考纲而定。总的来说，材料的录音（含指令和供答题时间）一般应有约30分钟的长度。

选取听力材料时，要注意材料的真实性、多样性、口语体和难度适当等四个方面。要选取学生未来生活和学习中实际可能需要听目标语的真实情景的材料，最好是本族语者的对话或独白的材料。我们可以利用网络资源，选取和下载难度适中的材料作编题使用。

选好材料后，我们应按材料的内容和考试要求编出问题，问题可以用问句的形式出现，要按学生的水平和考纲的要求安排好各种题型的比例。

编写答案与干扰项时，除注意上面提到的技巧外，文字应简洁明了且易懂。

下面选取广东省 2007 年高考英语科听力理解的一段材料和三个考题让大家学习。从中我们可以了解到上面提到的一些编题技巧是如何落实的。

听第 2 段对话，回答第 4 ~6 题。

4. What do the speakers think of San Francisco?

A. It is a big city.

B. They both love the city.

C. It isn't so expensive to live there.

5. What does the woman think of cell phone interruption?

A. She likes it.

B. She doesn't mind it.

C. She considers it rude.

6. What reason does the man give to answer his cell phone?

A. He feels like answering.

B. He wants to know who's calling.

C. He thinks that it could be something important.

以下是该段对话的录音材料：

W：So I was just hanging out to San Francisco the other weekend.

M：I love San Francisco.

W：What a great town!

M：I mean if it wasn't so expensive，I would totally live there... er...

W：Me too，exactly!

M：John，you know there are so many things to do and ...

W：Did you run out of ...

(The telephone rings.)

M：Oh，hold on. Hello，yeah，hey，how is it going? No，I mean I am coming to visit tonight. I don't think I can't. Really? I will call you back. All right. OK. Bye.

M：I am sorry. Er，what were you saying?

W：You know，I just have to say I am sorry. I hate it when people do that. I think that is so rude when we're having a conversation and your phone rings，and you just . . . You are so impolite in your conversation I left ahead. Yes，I mean I think it is rude.

M：I am sorry. I mean when people call you，don't you feel like it could be something important，and I should leave and check?

W：I actually don't have a cellphone.

14. 5. 1. 6　客观性写作题的设计

写作题不一定都是主观性试题，英语考试中有一种测试书写单句能力的考题，属于客观性考题。下面是这种题型的几个例子。

1. Finish each of the following sentences in such a way that it means exactly the same as the sentence printed before it.

Example：I haven't enjoyed myself so much for years.

Answer：It's years since I enjoyed myself so much.

a）You can visit the United States unless you get a visa.

If you ________________.

b）She started working as a secretary five years ago.

She has __________.

c）They think the owner of the house is abroad.

The owner __________________.

（选自剑桥初级英语测验练习2，测试2）

2. 完成句子：在改写后的句子中填写适当的词，使句子完整，并与原句意思相符。每个空格只准填写一个英语单词，其他部分不得作任何改动。

例：The station is two miles from the town centre.

答案：It is two miles to the station from the town centre.

1）The garden has a swimming pool.

There is a swimming pool ______ the garden.

2）"Mary，do you agree with me?" John asked.

John asked Mary ______ she ______ with him.

3）She made the children keep their room clean and tidy.

The children were made ______ their room clean and tidy.

4）He has been in the army for 3 years.

It's three years ______ he ______ the army.

这种写作题除评分客观外，还有另一个其他写作题（如自由写作或指导性写作题）不可能有的优点，即它可以测出学生对语法、句型和词汇的掌握。

编写这种类型的写作题时，要注意原句与要求学生写出来的句子意义的一致性，并要把可能的答案都列出，以利于客观地评分。

14.5.2 主观性试题的设计

英语测试中，主观性的试题有不同的表现形式，如问答题、短文改错题、自由写作题、提导性作文题等。这里主要谈的是 NMET 出现的短文改错题和指导性作文题。

14.5.2.1 短文改错（Proofreading）

短文改错题又称段改错题，不但在 NMET 使用，而且也是高校英语专业四级和八级考试的一种题型。高考的短文改错是一篇约为 100 个单词的短文，其中 10 行右边标有题号，要求考生判断是否有错，如有错即将其改正。错误类型包括词法、句法、行文逻辑等。高考的短文改错题考查考生在语篇中综合运用英语的准确性。

下面是 NMET' 99 的短文改错题，能为我们展示该题型的形式和考查的项目。

短文改错（共 10 小题；每小题 1 分，满分 10 分）

此题要求改正所给短文中的错误。对标有题号的每一行作出判断：如无错误，在该行右边横线上画一个勾（√）；如有错误（每行只有一个错误），则按下列情况改正：

该行多一个词：把多余的词用斜线（\）划掉，在该行右边横线上写出该词，并也用斜线划掉。

该行缺一个词：在缺词处加一个漏字符号（∧），在该行右边横线上写出该加的词。

该行错一个词：在错的词下划一横线，在该行右边横线上写出改正后的词。

注意：原行没有错的不要改。

The Problem with Television

Now I can't watch much television but a few years ago 76. ______
I was used to watch it every night. I was often 77. ______
a little tired after a day's work and watch TV 78. ______
demands very little effort. Unfortunate, there are 79. ______
too many people among my family. Some wanted 80. ______
to see the programme while others preferred 81. ______
another. I am happy with any programme but 82. ______
the others spent a lot time arguing and there 83. ______
was no way of settling the matter except by 84. ______
selling the set. Now someone at home reads instead. 85. ______

编写短文改错题要注意以下七个方面（见李筱菊 1997）：

（1）选取的短文应为英、美人士书写的短文，短文文字必须正确、地道、得体。然后在规范的短文中，加插要考生改正的错误。

（2）错误类型最好是中学生常犯的错误。

（3）每行只能出现“无错”、“错词”、“多词”或“缺词”中的一种现象，只允许一个答案。

（4）避免一个错误点要改动两个词。如 John lost his sun glasses. It was a present from his wife.

（5）避免两处可改任何一处的项目。如 I've bought a few books.

（6）避免需要补缺的词落在行首或行尾。

（7）四种错误类型都应照顾到，考点分布要合理。

短文改错题要求考生不但要认出错误，而且能改正错误。因此，它不但考查了学生接受语言的能力（receptive skill），而且考查了学生语言产生的能力（productive skill）。

14.5.2.2 指导性作文题

高考试题中的书面表达题属于指导性作文题。下面是（MET88HK）的一例：

Ⅶ. 书面表达

某国际性英语刊物有一介绍各国风俗习惯的专栏。请为该专栏写一篇短文，简单介绍中国的农历新年（春节）。字数：80 ~ 140 词。请包括以下要点：

（1）春节在哪一天（农历：the lunar calendar）。

（2）年夜饭。

（3）爆竹迎新年。

（4）拜年。

（5）压岁钱（利是钱："luck money"）。

这种指导性的作文题用提供材料的方法，限制了写作的内容、体裁和长度，这样有利于客观地评分。

编写（书面表达）指导性作文题应考虑下列三个方面的内容：

第一，决定考查的内容。这包括适合中学生进行书面交际的情景和在这个情景中进行书面交际要使用的语言结构等。情景应符合实际，语言结构应为中学生所掌握，表达的形式（体裁）也应为中学生学习过。

第二，决定以何种方式提供书写的内容。书写的内容可以用文字说明的方式提供，也可以用图画的方式提供。

第三，应把各种要求，如字数、书写的形式等写清楚，也应把学生可能会碰到的生词列出。下面列出的是 NMET'94 的书面表达题，供大家学习。

提示：你校学生会将为来访的美国朋友举办一个晚会，要在学校广播中宣布此事，并欢迎大家参加。为使美国朋友听懂，请你用英语写一篇广播通知。要点如下：

宗旨：欢迎来访的美国朋友

组织者：学生会

时间：8 月 15 日（星期六）晚 7：30

地点：主楼屋顶花园

活动内容：音乐、跳舞、唱歌、游戏、交换小礼品（请包装好、签名并在包装外面写上几个祝愿词）

注意：

①广播稿约 100 词。

②应包括以上要点，但不要逐字翻译，要组织成一篇通顺连贯的短文。

③开头语已为你写好。

生词：交换礼品——to exchange gifts

学生会——the Student Union

14.5.2.3　与阅读结合的写作题

广东2007年迎来了按高中新课标要求进行教学的第一届毕业生。为按新课标的要求在大规模终结性评价中使用综合性的试题考查学生综合语言运用能力，广东省自2007年起，广东高考英语科出现了一种“读写任务”的新题型。这种考试方式是新课标倡导的题型（中华人民共和国教育部，2003：55），并通过研究证实是效度高的试题（张新玲、曾用强，2009：56～61）。以下是2010年高考试题的读写任务：

第二节 读写任务

阅读下面的短文，然后按照要求写一篇150词左右的英语短文。

In junior high school, one of my classmates, Ethan, was addicted to TV. This boy simply knew everything about such pop shows as Who's the Boss?

Then one day Ethan's mother made him an offer in order to draw him back to his school subjects. She promised that she would give him $200 if he could go a full month without watching any TV. None of us thought Ethan could do it, but he did quit TV. His mom paid him $200. He went out and bought a TV, the biggest he could find.

In recent years, hundreds of schools have carried out experiments with paying kids with cash for showing up or getting good grades. All school kids admire this trend. But it upsets adults. Teachers say that we are rewarding kids for doing what they should be doing of their own will. Psychologists warn that money can actually make kids perform worse by making the act of learning cheap. The debate has become a typical battle over why our kids are not learning at the rate they should be despite decades of reforms and budget increases.

写作内容

1. 以约30词概括上文的主要内容。

2. 以约120词对用金钱鼓励孩子学习的现象进行讨论，内容包括：

(1) 你对用金钱鼓励孩子学习的看法；

(2) 你的父母（或其他亲人）是如何鼓励你学习的；

(3) 你认为怎样才能更好地鼓励孩子学习。

写作要求

1. 作文中可以使用亲身经历或虚构的故事，也可以参照阅读材料的内容，但不得直接引用原文中的句子。

2. 作文中不能出现真实姓名和学校名称。

评分标准

概括准确，语言规范，内容合适，语篇连贯。

设计与阅读结合的写作题时，要描述清楚阅读和写作两个任务的具体要求。如上例题所示，阅读方面要求学生理解短文的主要内容并能以30词左右对短文中心思想进行概括。写作方面要求学生按短文描述的现象描述相关的事件和表达自己的观点。因此，设计读写任务时，要选好文章，文章内容应为学生熟悉的事物，使学生有话可写，有事可描述，有观点可表述。文章选好后就是写作内容指令的设计，指令要紧扣文章内容，提出具体的要求。

为要做好这样主观题型的评价工作，要制定较具体的评分标准，并在评分时培训作文阅卷员以获取更高的信度。

思考和练习

1. 你的老师曾使用什么样的方式评价你的英语学习，终结性评价还是形成性评价为主？

2. 你认为你的英语老师是否落实了新课程的评价理念和意见？举例说明。

3. 形成性评价有多少形式？在形成性评价中可以使用测试吗？

4. 为要考查学生综合语言运用能力，你认为怎样的题型较好？为什么？

5. 试以巴奇曼和帕尔默（Bachman & Palmer）评价语言测试素质的六个标准对广东省高考英语科的读写任务进行分析。

6. 什么叫试题难度，如何计算出试题的难度？主观题和客观题的难度计算能使用同一公式吗？

7. 你如何看待广东省高考采用的语法填空题？考查语法项目这种题型好还是单项选择的题型好？为什么？

8. 某教师编制了10个选择式的试题作单元测验。测试后教师把某班考试的20个学生的成绩从高分至低分排列如下。求各题的区分度。（1为做对得分，0为做错失分）

学生 \ 题号	1	2	3	4	5	6	7	8	9	10	总分	
A	1	1	1	1	1	1	1	1	1	1	10	高分组
B	1	1	1	1	1	1	0	1	1	1	9	高分组
C	1	1	1	1	1	0	1	1	1	1	9	高分组
D	1	1	1	1	1	0	1	1	0	1	8	高分组
E	1	1	1	1	1	0	1	0	1	1	8	高分组
F	1	1	1	1	0	1	0	1	1	1	8	高分组
G	1	1	1	1	0	0	1	1	0	1	7	
H	1	1	1	0	0	0	1	1	1	1	7	
I	1	0	0	1	1	1	0	1	1	1	7	
J	1	1	1	0	0	0	1	1	1	1	7	
K	1	0	0	1	0	0	1	1	1	1	6	
L	1	1	0	0	1	0	1	1	1	0	6	
M	1	1	1	0	0	1	1	0	1	0	6	
N	1	1	1	1	1	0	1	0	0	0	6	
O	1	0	1	1	1	0	0	1	0	0	5	低分组
P	1	1	1	0	1	0	1	0	0	0	5	低分组
Q	1	1	1	0	1	0	0	0	1	0	5	低分组
R	1	1	0	0	1	0	1	0	0	0	4	低分组
S	1	1	0	0	0	0	1	0	0	0	3	低分组
T	1	1	0	0	0	0	0	0	0	0	2	低分组
Σ	20	17	14	11	12	5	14	12	12	11		

参考书目

［1］Alderson, J. C., Clapham, C & Wall, D. *Language Test Construction and Evaluation*［M］. Beijing: Foreign Language Teaching and Research Press, 2000.

［2］Bachman, L. F. & A. S. Palmer. *Language Testing in Practice*［M］. Oxford: OUP, 1999.

［3］Cook, V. Second *Language Learning and Language Teaching*［M］. Beijing: Foreign Language Teaching and Research Press, 2000.

［4］Richards, J. C., Platt, J. & Platt, H. *Longman Dictionary of Language Teaching & Applied Linguistics*［M］. Beijing: Foreign Language Teaching and Research Press, 2000.

［5］Stern, H. H. *Fundamental Concepts of Language Teaching*［M］. Oxford: OUP, 1999.

［6］陈琳，王蔷，程晓堂. 普通高中英语课程标准（实验）解读［M］. 南京：江苏教育出版社，2004.

［7］冯晶. 背诵范文对提高中学生英语写作能力的作用［J］. 中小学外语教学，2005（9）.

［8］龚亚夫，罗少茜. 英语教学评估［M］. 北京：人民教育出版社，2002.

［9］广东省考试院. 广东高考年报［C］. 广州：广东高等教育出版社，2010.

［10］桂诗春，宁春岩. 语言学方法论［M］. 北京：外语教学与研究出版社，1997.

［11］标准化考试——理论、原则和方法［M］. 广州：广东教育出版社，1986.

［12］何安平，何广铿，陈霄，彭小凡. 高中英语教育评价的研究与实施［M］. 长春：东北师范大学出版社，2006.

［13］何广铿，黄冰，勒妍. 英语教学研究方法［M］. 广州：广东高等教

育出版社，2009.

[14] 李绍山. 语言研究中的统计学 [M]. 西安：西安交通大学出版社，2001.

[15] 李筱菊. 语言测试科学与艺术 [M]. 湖南：湖南教育出版社，1997.

[16] 元鲁霞. NMET的反拨作用 [J]. 外语教学与研究，2004 (5).

[17] 乔佳义. 大学英语课堂教学媒介语对比实验研究 [J]. 外语教学与研究，2004 (5).

[18] 王笃勤. 真实性评价——从理论到实践 [M]. 北京：外语教学与研究出版社，2007.

[19] 温植胜. 对外语学能研究的重新思考 [J]. 现代外语，2005 (4)。

[20] 张新玲，曾用强. 读写结合写作测试任务在大型考试中的构念效度验证 [J]. 解放军外国语学院学报，2009 (1) .

[21] 中华人民共和国教育部. 普通高中英语课程标准（实验）[S]. 北京：人民教育出版社，2003.

[22] 邹申，杨任明. 简明英语测试教程（第二版）[M]. 北京：高等教育出版社，2005.